U0133527

第二十九回　享福人福深还祷福
多情女情重愈斟情

一时，凤姐儿来了，因说起初一日在清虚观打醮的事来，约着宝钗、宝玉、黛玉等看戏去。宝钗笑道：

"罢，罢。怪热的，什么没看过的戏，我不去。"

凤姐道：

"他们那里凉快，两边又有楼。咱们要去，我头几天先打发人去把那些道士都赶出去，把楼上打扫了，挂起帘子来，一个闲人不许放进庙去，才是好呢！我已经回了太太了。你们不去，我自家去。这些日子也那些道士都赶出去，把楼上打扫了，挂起帘子来，一个闲人不许放进庙去，才是好呢！我已经回了太太了。你们不去，我自家去。这些日子也闷的很了！家里唱动戏，我又不得舒舒服服的看。"

贾母听说，就笑道：

"既这么着，我和你去。"

凤姐听说，笑道：

"老祖宗也去，敢仔好①，可就是我又不得受用了。"

贾母道：

"到明儿我在正面楼上，你在旁边楼上，你也不用到我这边来立规矩，可好不好？"

凤姐笑道：

"这就是老祖宗疼我了！"

贾母因向宝钗道：

"你也去，连你母亲也去。长天老日的，在家里也是睡觉。"

343

宝钗只得答应着。

贾母又打发人去请了薛姨妈，顺路告诉王夫人，要带了他们姊妹去。王夫人因一则身上不好，二则预备元春有人出来，早已回了不去的；听贾母如此说，笑道：

"还是这么高兴。打发人去到园里告诉，有要逛去的，只管初一跟老太太逛去。"

这个话一传开了，别人还可以，只是那些丫头们，天天不得出门槛儿，听了这话，谁不要去？就是各人的主子懒怠去，她也百般的撺掇了去。因此，李纨等都说去。贾母心中越发喜欢，早已吩咐人去打扫安置，不必细说。

单表到了初一这一日，荣国府门前车辆纷纷，人马簇簇。那底下执事人等听见是贵妃做好事，贾母亲去拈香，况是端阳佳节。因此，凡动用的物件，一色都是齐全的，不同往日。

少时，贾母等出来。贾母坐一乘八人大轿，李氏、凤姐、薛姨妈每人一乘四人轿，宝钗、黛玉二人共坐一辆翠盖珠缨八宝车，迎春、探春、惜春三人共坐一辆朱轮华盖车。然后贾母的丫头鸳鸯、鹦鹉、琥珀、珍珠，黛玉的丫头紫鹃、雪雁、鹦哥，宝钗的丫头莺儿、文杏，迎春的丫头司棋、绣橘，探春的丫头侍书、翠墨，惜春的丫头入画、彩屏，薛姨妈的丫头同喜、同贵，外带香菱，香菱的丫头臻儿，李氏的丫头素云、碧月，凤姐儿的丫头平儿、丰儿、小红，并王夫人的两个丫头金钏、彩云也跟了凤姐儿来，奶子抱着大姐儿，另在一辆车上，还有几个粗使的丫头，连上各房的老嬷嬷奶妈子并跟着出门的媳妇子们，黑压压的，站了一街的车。

那街上的人见是贾府去烧香，都站在两边观看。那些小门小户的妇女，也都开了门，在门口站着，七言八语，指手画脚，就像看那过会的一般。只见前头的全副执事②摆开，一位青年公子，骑着银鞍白马，彩辔朱缨，在那八人轿前领着那些车轿人马，浩浩荡荡，一片锦绣香烟，遮天压地而来。却是鸦雀无闻，只有车轮马蹄之声。

　　不多时,已到了清虚观门口。只听钟鸣鼓响,早有张法官执香披衣,带领众道士在路旁迎接。宝玉下了马。贾母的轿刚至山门以内,见了本境城隍土地各位泥塑圣像,便命住轿。贾珍带领各子弟上来迎接。凤姐儿的轿子却赶在头里先到了,带着鸳鸯等迎接上来,见贾母下了轿,忙要搀扶。可巧有个十二三岁的小道士儿,拿着个剪筒照管各处剪蜡花儿,正欲得便且藏出去,不想一头撞在凤姐儿怀里。凤姐便一扬手,照脸打了个嘴巴,把那小孩子打了一个筋斗,骂道:

　　"小野杂种! 往那里跑?"

　　"那小道士也不顾拾烛剪,爬起来往外还要跑。正值宝钗等下车,众婆娘媳妇正围随的风雨不透,但见一个小道士滚了出来,都喝声叫"拿,拿! 打,打!"

　　贾母听了,忙问是怎么了。贾珍忙过来问。凤姐上去搀住贾母,就回说:

　　"一个小道士儿,剪蜡花的,没躲出去,这会子混钻呢。"

　　贾母听说,忙道:

　　"快带了那孩子来,别唬着他。 小门小户的孩子,都是娇生惯养惯了的,那里见过这个势派? 倘或唬着他,倒怪可怜见儿的! 他老子娘岂不疼呢?"

　　说着,便叫贾珍去好生带了来。贾珍只得去拉了那孩子,一手拿着蜡剪,跪在地下乱颤。贾母命贾珍拉起来,叫他不用怕,问他几岁了。那孩子总说不出话来。贾母还说:

　　"可怜见儿的!"又向贾珍道:"珍哥,带他去罢。给他几个钱买果子吃,别叫人难为了他。"

　　贾珍答应,领出去了。

　　这里贾母带着众人,一层一层的瞻拜观玩。外面小厮们见贾母等进入二层山门,忽见贾珍领了个小道士出来,叫人来带了去,给他几百钱,别难为了他。家人听说,忙上来领去。

　　贾珍站在台阶上,因问管家在那里。底下站的小厮们见问,都

一齐喝声说:"叫管家!"登时林之孝一手整理着帽子跑进来,到了贾珍跟前。贾珍道:

"虽说这里地方儿大,今儿咱们人多,你使的人,你就带了在这院里罢;使不着的,打发到那院里去。把小么儿们多挑几个在这二层门上和两边的角门上,伺候着要东西传话。你可知道不知道?今儿姑娘奶奶们都出来,一个闲人也不许到这里来。"

林之孝忙答应"知道",又说了几个"是"。

贾珍道:

"去罢。"又问:"怎么不见蓉儿?"

一声未了,只见贾蓉从钟楼里跑出来了。贾珍道:

"你瞧瞧!我这里没热,他倒凉快去了!"喝命家人啐他。

那小厮们都知道贾珍素日的性子违拗不得,就有个小厮上来向贾蓉脸上啐了一口。贾珍还瞪着他,那小厮便问贾蓉:

"爷还不怕热,哥儿怎么先凉快去了?"

贾蓉垂着手,一声不敢言语。那贾芸、贾萍、贾芹等听见了,不但他们慌了,并贾琏、贾瑞、贾琼等也都忙了,一个一个都从墙根儿底下慢慢的溜下来了。

贾珍又向贾蓉道:

"你站着做什么?还不骑了马跑到家里告诉你娘母子③去?老太太和姑娘们都来了,叫她们快来伺候!"

贾蓉听说,忙跑了出来,一叠连声的要马,一面抱怨道:

"早都不知做什么的?这会子寻趁我!"一面又骂小子:"捆着手呢么?马也拉不来!"

贾蓉想要打发小厮去,又恐怕后来对出来,说不得亲自走一趟,骑马去了。

且说贾珍方要抽身进来,只见张道士站在旁边,陪笑说道:

"论理,我不比别人,应里头伺候;只因天气炎热,众位千金都出来了,法官不敢擅入。请爷的示下。恐老太太问,或要随喜那里,我只在这里伺候罢了。"

　　贾珍知道这张道士虽然是当日荣国公的替身,曾经先皇御口亲呼为"大幻仙人",如今现掌道录司印,又是当今封为终了真人,现今王公藩镇都称为"神仙",所以不敢轻慢。二则他又常往两个府里去,太太姑娘们都是见的。今见他如此说,便笑道:

　　"咱们自己人。你又说起这话来? 再多说,我把你这胡子还揪了你的呢! 还不跟我进来呢!"

　　那张道士呵呵的笑着,跟了贾珍进来。贾珍到贾母跟前,控身陪笑,说道:

　　"张爷爷进来请安。"

　　贾母听了,忙道:"请他来。"贾珍忙去搀过来。那张道士先呵呵笑道:

　　"无量寿佛! 老祖宗一向福寿康宁? 众位奶奶姑娘纳福! 一向没到府里请安,老太太气色越发好了。"

　　贾母笑道:

　　"老神仙,你好?

　　张道士笑道:

　　"托老太太的万福,小道也还康健。别的倒罢了,只记挂着哥儿。一向身上好? 前日——四月二十六——我这里做遮天大王的圣诞,人也来的少,东西也很干净,我说请哥儿来逛逛,怎么说不在家?"

　　贾母说道:

　　"果真不在家。"一面回头叫宝玉。

　　谁知宝玉解手儿去了才来,忙上前问张爷爷好。张道士也抱住问了好,又向贾母笑道:

　　"哥儿越发发福了!"

　　贾母道:

　　"他外头好,里头弱;又搭着他老子逼着他念书,生生儿的把个孩子逼出病来了。"

　　张道士道:

"前日我在好几处,看见哥儿写的字,做的诗,都好的了不得,怎么老爷还抱怨哥儿不大喜欢念书呢?依小道看来,也就罢了。"又叹道:

"我看见哥儿的这个形容身段,言谈举动,怎么就和当日国公爷一个稿子!"说着,两眼酸酸的。贾母听了,也由不得有些戚惨,说道:

"正是呢!我养了这些儿子,孙子,也没一个像他爷爷的,就只这玉儿还像他爷爷。"

那张道士又向贾珍道:

"当日国公爷的模样儿,爷们一辈儿的不用说了,自然没赶上,大约连大老爷,二老爷,也记不清楚了罢。"说毕,又呵呵大笑,道:"前日在一个人家儿看见位小姐,今年十五岁了,长的倒也好个模样儿。我想着哥儿也该提亲了。要论这小姐的模样儿、聪明智慧、根基家当,倒也配的过,但不知老太太怎么样?小道也不敢造次,等请了示下,才敢提去呢。"

贾母道:

"上回有个和尚说了,这孩子命里不该早娶,等再大一大儿再定罢。你如今也讯听着,不管他根基富贵,只要模样儿配的上,就来告诉我。就是那家子穷,也不过帮他几两银子就完了。只是模样儿,性格儿,难得好的。"

说毕,只见凤姐儿笑道:

"张爷爷,我们丫头的寄名符儿,你也不换去,前儿亏你还有那么大脸,打发人和我要鹅黄缎子去!要不给你,又恐怕你那老脸上下不来。"

张道士哈哈大笑道:

"你瞧!我眼花了,也没见奶奶在这里,也没道谢。寄名符早已有了。前日原想送去,不承望娘娘来做好事,也就混忘了。还在佛前镇着呢,等着我取了来。"

说着,跑到大殿上,一时,拿了个茶盘,搭着大红蟒缎经袱子,托出符来。大姐儿的奶子接了符。

张道士才要抱过大姐儿来，只见凤姐笑道：

"你就手里拿出来罢了，又拿个盘子托着。"

张道士道：

"手里不干不净的，怎么拿？用盘子洁净些。"

凤姐笑道：

"你只顾拿出盘子，倒唬了我一跳：我不说你是为送符，倒像和我们化布施来了！"

众人听说，哄然一笑，连贾琏也掌不住，笑了。贾母回头道：

"猴儿，猴儿！你不怕下割舌地狱？"

凤姐笑道：

"我们爷儿们不相干。他怎么常常的说我该积阴骘，迟了就短命呢？"

张道士也笑道：

"我拿出盘子来，一举两用，倒不为化布施，倒要把哥儿的那块玉请下来托出去给那些远来的道友和徒子徒孙们见识见识。"

贾母道：

"既这么着，你老人家老拔天拔地的跑什么呢？带着他去瞧了，叫他进来，就是了。"

张道士道：

"老太太不知道：看着小道是八十岁的人，托老太太的福，倒还硬朗；二则外头的人多，气味难闻；况且大暑热的天，哥儿受不惯，倘或哥儿中了腌脏气味，倒值多了。"

贾母听说，便命宝玉摘下"通灵玉"来，放在盘内。那张道士兢兢业业的，用蟒袱子垫着，捧出去了。

这里贾母带着众人各处游玩一回，方去上楼。只见贾珍回说：

"张爷爷送了玉来。"

刚说着，张道士捧着盘子，走到跟前，笑道：

"众人托小道的福，见了哥儿的玉，实在稀罕。都没什么敬贺

的,这是他们各人传道的法器,都愿意为敬贺之礼。虽不稀罕,哥
儿只留着玩耍赏人罢。"

贾母听说,向盘内看时,只见也有金璜,也有玉玦,或有事事如
意,或有岁岁平安,皆是珠穿宝嵌,玉琢金镂,共有三五十件。因说
道:

"你也胡闹。你们出家人是那里来的?何必这样?这断不能
收。"

道士笑道:

"这是他们一点敬意,小道也不能阻挡。老太太要不留下,倒
叫他们看着小道微薄,不像是门下出身了。"

贾母听如此说,方命人接下了。宝玉笑道:

"老太太,张爷爷既这么说,又推辞不得,我要这个也无用,不
如叫小子捧了这个,跟着我出去,散给穷人罢。"

贾母笑道:

"这话说的也是。"

张道士忙拦道:

"哥儿虽要行好,但这些东西虽说不甚稀罕,也到底是几件器
皿。若给了穷人,一则与他们也无益,二则反倒糟蹋了这些东西。
要舍给穷人,何不就散钱给他们呢?"

宝玉听说,便命收下:"等晚上拿钱施舍罢。"说毕,张道士方才
退出。

这里贾母和众人上了楼,在正面楼上归坐。凤姐等上了东
楼。众丫头等在西楼轮流伺候。一时,贾珍上来回道:

"神前拈了戏,头一本是《白蛇记》。"

贾母便问:

"是什么故事?"

贾珍道:

"汉高祖斩蛇起首的故事。第二本是《满床笏》。"

贾母点头道:

"倒是第二本也还罢了。神佛既这样，也只得如此。"又问第三本。

贾珍道：

"第三本是《南柯梦》。"

贾母听了，便不言语。

贾珍退下来，走至外边预备着申表，焚钱粮，[①]开戏。不在话下。

且说宝玉在楼上，坐在贾母旁边，因叫个小丫头子捧着方才那一盘子东西，将自己的玉带上，用手翻弄寻拨，一件一件的挑与贾母看。贾母因看见有个赤金点翠[⑥]的麒麟，便伸手拿起来，笑道：

"这件东西，好像是我看见谁家的孩子也带着一个的。"

宝钗笑道：

"史大妹妹有一个，比这个小些。"

贾母道：

"原来是云儿有这个。"

宝玉道：

"她这么往我们家去住着，我也没看见。"

探春笑道：

"宝姐姐有心，不管什么她都记得。"

黛玉冷笑道：

"她在别的上头心还有限，惟有这些人带的东西上她才是留心呢。"

> 作者常以宝玉金锁麒麟等物制造矛盾，此处又引起黛玉宝钗冲突，两人性格描写十分突出。

宝钗听说，回头装没听见。

宝玉听见史湘云有这件东西，自己便将那麒麟忙拿起来揣在怀里。忽又想到怕人看见他听史湘云有了，他就留着这件，因此，手里揣着，却拿眼睛瞟人。只见众人倒都不理论，有黛玉瞅着他点头儿，似有赞叹之意。宝玉心里不觉没意思起来，又掏出来，瞅着黛玉讪道：

351

"这个东西有趣儿,我替你拿着,到家里穿上个穗子你带,好不好?"

黛玉将头一扭:

"我不稀罕!"

宝玉笑道:

"你既不稀罕,我可就拿着了。"

说着,又揣起来。

刚要说话,只见贾珍之妻尤氏和贾蓉续娶的媳妇胡氏,婆媳两个来了。见过贾母,贾母道:

"你们又来做什么?我不过没事来逛逛。"

一句话说了,只见人报:

"冯将军家有人来了。"

"原来冯紫英家听见贾府在庙里打醮,连忙预备猪、羊、香烛、茶食之类,赶来送礼。凤姐听了,赶忙过正楼来,拍手笑道:

"嗳呀!我却没防着这个。只说咱们娘儿们来闲逛逛,人家只当咱们大摆斋坛的,来送礼。都是老太太闹的。这又不得预备赏封儿?"

刚说了,只见冯家的两个管家女人上楼来了。冯家两个未去,接着赵侍郎家也有礼来了。于是,接二连三,都听见贾府打醮,女眷都在庙里,凡应远亲近友世家相与,都来送礼。贾母才后悔起来,说:

"又不是什么正经斋事,我们不过闲逛逛,没的惊动人。"因此,虽看了一天戏,至下午便回来了,次日便懒怠去。

凤姐又说:

"'打墙也是动土⑩',已经惊动了人,今儿乐得还去逛逛。"

贾母因昨日见张道士提起宝玉说亲的事来,谁知宝玉一日心中不自在,回家来生气,嗔着张道士与他说了亲,口口声声说:"从今以后,再不见张道士了!"别人也并不知为什么原故。二则黛玉昨日回家又中了暑。因此二事,贾母便执意不去了。凤姐见不去,自己带了人去。也不在话下。

且说宝玉因见黛玉病了，心里放不下，饭也懒怠吃，不时来问，只怕她有个好歹。黛玉因说道：

"你只管听你的戏去罢。在家里做什么？"

宝玉因昨日张道士提亲之事，心中不大受用，今听见黛玉如此说，心里因想道：

"别人不知道我的心还可恕，连她也奚落起我来！"

因此，心中更比往日的烦恼加了百倍。要是别人跟前，断不能动这肝火，只是黛玉说了这话，倒又比往日别人说这话不同，由不得立刻沉下脸来说道：

"我白认得你了！罢了，罢了！"

黛玉听说，冷笑了两声道：

"你白认得了我吗？我那里能够像人家有什么配的上你的呢！"

宝玉听了，便走来直问到脸上道：

"你这么说，是安心咒我天诛地灭？"

黛玉一时解不过这话来。宝玉又道：

"昨儿还为这个起了誓呢，今儿你到底儿又重我一句。我就天诛地灭，你又有什么益处呢？"

黛玉一闻此言，方想起昨日的话来。今日原自己说错了，又是急，又是愧，便抽抽搭搭的哭起来，说道：

"我要安心咒你，我也天诛地灭！何苦来呢？我知道昨日张道士说亲，你怕拦了你的姻缘，你心里生气，来拿我煞性子。"

原来宝玉自幼生成来的有一种下流痴病，况从幼时和黛玉耳鬓厮磨，心情相对；如今稍知些事，又看了些邪书僻传，凡远亲近友之家所见的那些闺英闱秀，皆未有稍及黛玉者：所以早存一段心事，只不好说出来，故每每或喜或怒，变尽法子，暗中试探。那黛玉偏生也是个有些痴病的，也每用假情试探。因你也将真情真意瞒起来，我也将真情真意瞒起来，都只用假意试探，如此两假相逢，终有一真。其间琐琐碎碎，难保不有口角之事。

即如此刻，宝玉的心内想的是：

"别人不知我的心，还可恕，难道你就不想我的心里眼里只有你？你不能为我解烦恼，反来拿这个话堵噎我，可见我心里时时刻刻白有你，你心里竟没我了。"

宝玉是这个意思，只口里说不出来。

那黛玉心里想着：

"你心里自然有我，虽有金玉相对之说，你岂是重这邪说不重人的呢？我就时常提这金玉，你只管了然无闻的，方见的是待我重，无毫发私心了。怎么我只一提金玉的事，你就着急呢？可知你心里时时有这个金玉的念头，我一提，你怕我多心，故意儿着急，安心哄我。"

那宝玉心中又想着：

"我不管怎么样都好，只要你随意，我就立刻因你死了也是情愿的。你知也罢，不知也罢，只由我的心，那才是你和我近，不和我远。"

黛玉心里又想着：

"你只管你就是了，你好我自然好。你要把自己丢开，只管周旋我，是你不叫我近你，竟叫我远你了。"

看官，你道两个人原是一个心，如此看来，却都是多生了枝叶，将那求近之心反弄成疏远之意了。

此皆他二人素昔所存私心，难以备述。如今只说他们外面的形容。那宝玉又听见她说"好姻缘"三个字，越发逆了己意，心里干噎，口里说不出来，便赌气向颈上摘下"通灵玉"来，咬咬牙，狠命往地下一摔，道：

"什么劳什子！我砸了你，就完了事了！"

偏生那玉坚硬非常，摔了一下，竟文风不动。宝玉见不破，便回身找东西来砸。黛玉见他如此，早已哭起来，说道：

"何苦来，你砸那哑吧东西？有砸它的，不如来砸我！"

二人闹着，紫鹃雪雁等忙来解劝。后来见宝玉下死劲的砸那玉，忙上来夺，又夺不下来。见比往日闹的大了，少不得去叫袭人。袭人忙赶了来，才夺下来。宝玉冷笑道：

"我是砸我的东西，与你们什么相干！"袭人见他脸都气黄了，眉眼都变了，从来没气的这么样，便拉着他的手，笑道：

"你合妹妹拌嘴，不犯着砸它。倘或砸坏了，叫她心里脸上怎么过的去呢？"

黛玉一行哭着，一行听了这话说到自己心坎儿上来，可见宝玉连袭人不如，越发伤心大哭起来。心里一急，方才吃的'香薷饮'解暑汤便承受不住，哇的一声，都吐出来了。紫鹃忙上来用绢子接住，登时一口一口的，把块绢子吐湿。雪雁忙上来捶揉。紫鹃道：

"虽然生气，姑娘到底也该保重些。才吃了药好些儿，这会子因和宝二爷拌嘴又吐出来了，倘或犯了病，宝二爷心里怎么过的去呢？"

宝玉听了这话说到自己心坎儿上来，可见黛玉竟还不如紫鹃呢。又见黛玉脸红头胀，一行啼哭，一行气凑[①]，一行是泪，一行是汗，不胜怯弱。宝玉见了这般，又自己后悔方才不该和她较证。"这会子她这样光景，我又替不了她。"心里想着，也由不得滴下泪来了。

袭人守着宝玉，见他两个哭的悲痛，也心酸起来。又摸着宝玉的手冰凉，要劝宝玉不哭罢，一则恐宝玉有什么委屈闷在心里，二则又恐薄了黛玉，两头儿为难，正是女儿家的心性，不觉也流下泪来。紫鹃一面收拾了吐的药，一面拿扇子替黛玉轻轻的扇着，见三个人都鸦雀无声，各自哭各自的，索性也伤起心来，也拿着绢子拭泪。

> 作者写宝玉黛玉因爱生气的微妙心理极佳，用袭人紫鹃旁敲写两人心理反应，更收烘云托月之效。

四个人都无言对泣。还是袭人勉强笑向宝玉道：

"你不看别的，你看看这玉上穿了的穗子，也不该和林姑娘拌嘴呀。"

黛玉听了,也不顾病,赶来夺过去,顺手抓起一把剪子来就铰。袭人紫鹃刚要夺,已经剪了几段。黛玉哭道:

"我也是白效力,他也不稀罕,自有别人替他再穿好的去呢!"

袭人忙接了玉,道:

"何苦来?这是我才多嘴的不是了。"

宝玉向黛玉道:

"你只管铰!我横竖不带它,也没什么。"

只顾里头闹,谁知那些老婆子们见黛玉大哭大吐,宝玉又砸玉,不知道要闹到什么田地儿,便连忙的一齐往前头去回了贾母王夫人知道,好不至于连累了她们。那贾母王夫人见她们忙忙的做一件正经事来告诉,也都不知有了什么缘故,便一齐进园来瞧。急的袭人抱怨紫鹃:

"为什么惊动了老太太、太太?"

紫鹃又只当是袭人着人去告诉的,也抱怨袭人。

那贾母王夫人进来,见宝玉也无言,黛玉也无话,问起来又没为什么事,便将这祸移到袭人紫鹃两个人身上,说:

"为什么你们不小心伏侍,这会子闹起来都不管呢?"因此,将二人连骂带说,教训了一顿。二人都没的说,只得听着。还是贾母带出宝玉去了,方才平伏。

过了一日,至初三日,乃是薛蟠生日,家里摆酒唱戏,贾府诸人都去了。宝玉因得罪了黛玉,二人总未见面,心中正自后悔,无精打彩,那里有心肠去看戏?因而推病不去。黛玉不过前日中了些暑溽之气,本无甚大病,听见他不去,心里想:

"他是好吃酒听戏的,今日反不去,自然是因为昨儿气着了。再不然,他见我不去,他也没心肠去。只是昨儿千不该万不该铰了那玉上的穗子。管定他再不带了,还得我穿了他才带。"因而心中十分后悔。

那贾母见他两个都生气,只说趁今儿那边去看戏,他两个见了，也就完了，不想又都不去。老人家急的抱怨说：

"我这老冤家是那一世里造下的孽障，偏偏儿的遇见这么两个不懂事的小冤家儿，没有一天不叫我操心。真真的是俗语儿说的'不是冤家不聚头'了。"几时我闭了眼，断了这口气，任凭你们两个冤家闹上天去，我眼不见，心不烦，也就罢了。偏他娘的，又不咽这口气！"自己抱怨着，也哭起来了。

谁知这个话传到宝玉黛玉二人耳内。他二人竟从来没有听见过："不是冤家不聚头"的这句俗语儿，如今忽然得了这句话，好似参禅的一般，都低着头细嚼这句话的滋味儿，不觉的潸然泪下。虽然不曾会面，却一个在潇湘馆临风洒泪，一个在怡红院对月长吁，正是"人居两地，情发一心"了。

袭人因劝宝玉道："千万不是，都是你的不是。往日家里的小厮们和他的姐姐妹妹拌嘴，或是两口子分争，你要是听见了，还骂那些小厮们蠢，不能体贴女孩儿们的心肠，今儿怎么你也这么着起来了？明儿初五，大节下的，你们两个再这么仇人似的，老太太越发要生气了，一定弄的大家不安生。依我劝你：正经下个气儿，陪个不是，大家还是照常一样儿的，这么着不好吗？"宝玉听了，自然依从。而林黛玉自与宝玉口角后，也觉后悔，但又无去就他之理，因此日夜闷闷，如有所失。紫鹃也看出八九，便劝道：

"论前儿的事，竟是姑娘太浮躁了些。别人不知宝玉的脾气，难道咱们也不知道？为那玉也不是闹了一遭两遭了。"

黛玉啐道：

"呸！你倒来替人派我的不是！我怎么浮躁了？"紫鹃笑道：

> 作者写紫鹃与写袭人异曲同工。有此两个丫头衬托，可收绿叶扶持之效。

"好好儿的，为什么铰了那穗子？不是宝玉只有三分不是，姑娘倒有七分不是？我看他素日在姑娘身上就好，皆因姑娘小性儿，常要歪派他，才这么样。"

黛玉欲答话，只听院外叫门。紫鹃听了听，笑道：

"这是宝玉的声音,想必是来赔不是来了。"

黛玉听了说:

"不许开门!"

紫鹃道:

"姑娘又不是了:这么热天,毒日头底下,晒坏了他,如何使得呢!"

口里说着,便出去开门,果然是宝玉。一面让他进来,一面笑着说道:

"我只当宝二爷再不上我们的门了,谁知道这会子又来了。"宝玉笑道:

"你们把极小的事倒说大了。好好的为什么不来?我就死了,魂也要一日来一百遭! ——妹妹可大好了?"

紫鹃道:

"身上病好了,只是心里气还不大好。"

宝玉笑道:

"我知道了。有什么气呢!"

一面说着,一面进来,只见黛玉又在床上哭。

那黛玉本不曾哭,听见宝玉来,由不得伤心,止不住滚下泪来。宝玉笑着走近床来道:

"妹妹,身上可大好了?"

黛玉只顾拭泪,并不答应。宝玉因便挨在床沿上坐了,一面笑道:

"我知道你不恼我,但只是我不来,叫旁人看见,倒像是咱们又拌了嘴似的。要等他们来劝咱们,那时候儿,岂不咱们倒觉生分®了?不如这会子,你要打要骂,凭你怎么样,千万别不理我!"说着,又把"好妹妹"叫了几十声。

黛玉心里原是再不理宝玉的,这会子听见宝玉说"叫别人知道咱们拌了嘴就生分了似的"这一句话,又可见得比别人要亲近。因又掌不住,便哭道:

"你也不用来哄我！从今以后，我也不敢亲近二爷，权当我去了。"

宝玉听了，笑道：

"你往那里去呢？"

黛玉道：

"我回家去。"

宝玉笑道：

"我跟了去。"

黛玉道：

"我死了呢？"

宝玉道：

"你死了，我做和尚。"

黛玉一闻此言，登时把脸放下来，问道：

"想是你要死了？胡说的是什么？你们家倒有几个亲姐姐亲妹妹呢，明儿都死了，你几个身子做和尚去呢？等我把这话告诉别人评评理！"

> 作者一步步追逼，逼宝玉说出真心话。写黛玉的矜持，动作，神态，微妙微肖。

宝玉自知说的造次了，后悔不来，登时脸上红涨，低了头，不敢作声。幸而屋里没人。黛玉两眼直瞪瞪的瞅了他半天，气的"嗳"了一声，说不出话来。见宝玉憋的脸上紫涨，便咬着牙，用指头狠命的在他额上戳了一下，哼了一声，说道："你这个——"刚说了三个字，便又叹了一口气，仍拿起绢子来擦眼泪。

宝玉心里原有无限的心事，又兼说错了话，正自后悔；又见黛玉戳他一下子，要说也说不出来，自叹自泣；因此，自己也有所感，不觉掉下泪来。要用绢子揩拭，不想又忘了带来，便用衫袖去擦。

黛玉虽然哭着，却一眼看见了他穿着簇新藕合纱衫，竟去拭泪，便一面自己揩泪，一面回身，将枕上搭的一方绡帕拿起来，向宝玉怀里一掷，一语不发，仍掩面而泣。宝玉见她掷了帕子来，忙接住拭了泪，又挨近前些，伸手拉了她一只手，笑道：

"我的五脏都揉碎了，你还只是哭？走罢，我和你到老太太那里去罢。"

黛玉将手一摔,道:

"谁和你拉拉扯扯的! 一天大似一天,还这么涎皮赖脸的,连个理也不知道。"

一句话没说完,只听嚷道:"好了!"宝黛两个不防,都唬了一跳,回头看时,只见凤姐儿跑进来,笑道:

"老太太在那里抱怨天,抱怨地,只叫我来瞧瞧你们好了没有。我说不用瞧,过不了三天,他们自己就好了。老太太骂我,说我懒。我来了。果然应了我的话了。也没见你们两个有些什么可拌的,三日好了,两日恼了。越大越成了孩子了。有这会子拉着手哭的,昨儿为什么又成了乌眼鸡⑨似的呢? 还不跟着我到老太太跟前,叫老人家也放点儿心呢。"

说着,拉了黛玉就走。

> 凤姐妙语解颐,活灵活现,作者运用语言妙到毫颠。

黛玉回头叫丫头们,一个也没有。凤姐道:

"又叫他们做什么? 有我伏侍呢。"

一面说,一面拉着就走。宝玉在后头跟着。出了园门,到了贾母跟前,凤姐笑道:

"我说他们不用人费心,自己就会好的。老祖宗不信,一定叫我去说和。赶我到那里说和,谁知两个人在一块儿对赔不是呢,倒像黄鹰抓住鹞子的脚,两个人都扣了环⑩了。那里还要人去说呢?"

说的满屋里都笑起来。

---

① 敢仔好——自然好或当然好的意思。也说敢自好或敢情好。

② 全副执事——执事,这里指的是旗、伞、官衔牌等物。所谓全副,是以本人的官职来定应用的件数。

③ 娘母子——母子们,母女俩,婆媳们。

④ 申表,焚钱粮——申表是向神前焚烧申奏的表章;烧的钱粮是纸钱

和金银纸锭等一套东西的总称。

⑤　点翠——剪裁翡翠鸟的毛，平贴在金首饰上，构成图案的一部分，叫作点翠。

⑥　打墙也是动土——成语，"打墙也是动土，动土也是打墙。"如同说"一不做，二不休"。是既做了，索性做到底的意思。

⑦　气凑——急促的喘气。

⑧　生分——感情疏远。

⑨　乌眼鸡——拿斗鸡瞪着眼珠的神态来形容意见不合时怒目相视的态度。

⑩　扣了环了——鹰抓雀、兔等物时，爪距相对扣紧，不能轻易撒开，叫作扣环。打架不松手，也常拿扣环相比。这里是反喻亲密的不肯分手。

第三十回
宝钗借扇机带双敲
椿龄画蔷痴及局外

此时宝钗正在这里。那黛玉只一言不发,挨着贾母坐下。宝玉没什么说的,便向宝钗笑道:

"大哥哥好日子,偏我又不好,没有别的礼送,连个头也不磕去,大哥哥不知道我病,倒像我推故不去似的。倘或明儿姐姐闲了,替我分辩分辩。"

宝钗笑道:

"这也多事。你就要去,也不敢惊动,何况身上不好?弟兄们常在一处,要存这个心,倒生分了。"

宝玉又笑道:

"姐姐知道体谅我就好了。"又道:"姐姐怎么不听戏去?"

宝钗道:

"我怕热,听了两出,热的很,要走呢,客又不散。我少不得推身上不好,就躲了。"

宝玉听说,自己由不得脸上没意思,只得又搭讪笑道:

"怪不得他们拿姐姐比杨妃,原也富胎①些。"

宝钗听说,登时红了脸,待要发作,又不好怎么样,回思了一回,脸上越下不来,便冷笑了两声,说道:

"我倒像杨妃,只是没个好哥哥好兄弟可以做得杨国忠的。"

正说着,可巧小丫头靓儿因不见了扇子,和宝钗笑道:

"必是宝姑娘藏了我的。好姑娘赏我罢!"

宝钗指着她厉声说道:

"你要仔细!你见我和谁玩过?有和你素日嘻皮笑脸的那些

姑娘们,你该问她们去!"

说的靓儿跑了。宝玉自知又把话说造次了,当着许多人,比才在黛玉跟前更不好意思,便急回身,又同别人搭讪去了。

黛玉听见宝玉奚落宝钗,心中着实得意,才要搭言,也趁势取个笑儿,不想靓儿因找扇子,宝钗又发了两句话,她便改口说道:

"宝姐姐,你听了两句什么戏?"

宝钗因见黛玉面上有得意之态,一定是听宝玉方才奚落之言,遂了她的心愿,忽又见她问这话,便笑道:"我看的是李达骂了宋江,后来又赔不是。"

宝玉便笑道:

"姐姐通今博古,色色都知道,怎么连这一出戏的名儿也不知道,就说了这么一套?这叫做'负荆请罪'。"

宝钗笑道:

"原来这叫'负荆请罪'!你们通今博古,才知道'负荆请罪';我不知什么叫'负荆请罪'。"

一句话未说了,宝玉黛玉二人心里有病,听了这话,早把脸羞红了。

凤姐这些上虽不通,但只看他三人的形景,便知其意,也笑问道:

"这么大热的天,谁还吃生姜呢?"

众人不解,便道:

"没有吃生姜的。"

凤姐故意用手摸着腮,诧异道:

"既没人吃生姜,怎么这么辣辣的呢?"

> 作者写宝钗泼醋,与黛玉勾心斗角唇枪舌剑,妙语如珠。再加上凤姐的打趣,更是锦上添花。这也是宝钗第一次与宝玉黛玉正面冲突,作者写来有声有色。

宝玉黛玉二人听见这话,越发不好意思了。宝钗再欲说话,见宝玉十分羞愧,形景改变,也就不好再说,只得一笑收住。别人总没解过他们四个人的话来,因此,付之一笑。

一时宝钗凤姐去了。黛玉向宝玉道:

"你也试着比我利害的人了。谁都像我心拙口夯②的,由着人说呢?"

宝玉正因宝钗多心,自己没趣儿;又见黛玉问着他,越发没好气起来。欲待要说两句,又怕黛玉多心,说不得忍气,无精打彩,一直出来。谁知目今盛暑之际,又当早饭已过,各处主仆人等多半都因日长神倦,宝玉背着手到一处,一处鸦雀无声。从贾母这里出来,往西走过了穿堂,便是凤姐的院落。到她院门前,只见院门掩着,知道凤姐素日的规矩,——每到天热,午间必要歇一个时辰的——进去不便,遂进角门,来到王夫人上房里。只见几个丫头,手里拿着针线,却打盹儿。王夫人在里间凉床上睡着,金钏儿坐在旁边捶腿,也乜斜着眼乱晃。

宝玉轻轻的走到跟前,把她的耳朵上的坠子一摘,金钏儿睁眼,见是宝玉。宝玉便悄悄的笑道:"就困的这么着?"金钏儿抿嘴一笑,摆手叫他出去,仍合上眼。宝玉见了她,就有些恋恋不舍的。悄悄的探头瞧瞧王夫人合着眼,便自己向身边荷包里带的香雪润津丹,掏了一丸出来,向金钏儿嘴里一送。金钏儿也不睁眼,只管嚼了。

> 宝玉种下挨打祸苗。

宝玉上来,便拉着手,悄悄的笑道:"我和太太讨了你,咱们在一处罢。"

金钏儿不答。

宝玉又道:

"等太太醒了,我就说。"

金钏儿睁开眼,将宝玉一推,笑道:

"你忙什么?'金簪儿掉在井里头,有你的只是有你的',连这句俗语难道也不明白?我告诉你个巧方儿:你往东小院儿里拿环哥儿和彩云去。"

宝玉笑道:

"谁管他的事呢?咱们只说咱们的。"

只见王夫人翻身起来,照金钏儿脸上就打了个嘴巴,指着骂道:

　　"下作⑧小娼妇儿! 好好儿的爷们,都叫你们教坏了!"

　　宝玉见王夫人起来,早一溜烟跑了。

　　这里金钏儿半边脸火热,一声不敢言语。登时众丫头听见王夫人醒了,都忙进来。王夫人便叫玉钏儿:

　　"把你妈叫来,带出你姐姐去!"

　　金钏儿听见,忙跪下,哭道:

　　"我再不敢了! 太太要打要骂,只管发落,别叫我出去,就是天恩了。我跟了太太十来年,这会子撵出去,我还见人不见人呢?"

　　王夫人固然是个宽仁慈厚的人,从来不曾打过丫头们一下子。今忽见金钏儿行此无耻之事,这是平生最恨的,所以气忿不过,打了一下子,骂了几句。虽金钏儿苦求,也不肯收留,到底叫了金钏儿的母亲白老媳妇儿领出去了。那金钏儿含羞忍辱的出去。不在话下。

　　且说宝玉见王夫人醒了,自己没趣,忙进大观园来。只见赤日当天,树阴匝地,满耳蝉声,静无人语。刚到了蔷薇架,只听见有人哽噎之声。宝玉心中疑惑,便站住细听,果然那边架下有人。此时正是五月,那蔷薇花叶茂盛之际。宝玉悄悄的隔着药栏一看,只见一个女孩子蹲在花下,手里拿着根别头的簪子在地下抠土,一面悄悄的流泪。

　　宝玉心中想道:

　　"难道这也是个痴丫头,又像颦儿来葬花不成?"因又自笑道:"若真也葬花,可谓'东施效颦'了,不但不为新奇,而且更是可厌!"

　　想毕,便要叫那女子,说:"你不用跟着林姑娘学了。"话未出口,幸而再看时,这女孩子面生,不是个侍儿,倒像是那十二个学戏的女孩子里头的一个,却辨不出她是生、旦、净、丑那一个脚色来。

　　宝玉把舌头一伸,将口掩住,自己想道:

　　"幸而不曾造次! 上两回皆因造次了,颦儿也生气,宝儿也多心。如今再得罪了她们,越发没意思了。"

　　一面想,一面又恨不认得这个是谁。再留神细看,见这女孩子眉蹙春山,眼颦秋水,面薄腰纤, 袅袅婷婷,大有黛玉之态。宝玉早又不忍弃她而去,只管痴看。只见她虽然用金簪画地,并不是掘土埋花,竟是向土上画字。

宝玉拿眼随着簪子的起落,一直到底,一画、一点、一勾的看了去,数一数十八笔。自己又在手心里用指头按着她方才下笔的规矩写了,猜是个什么字。写成一想,原来就是个蔷薇花的"蔷"字。宝玉想道:

"必定是她也要做诗填词,这会子见了这花,因有所感,或者偶成了两句,一时兴至,怕忘了,在地下画着推敲也未可知。且看她底下再写什么。"

鹦鹉一面想,一面又看,只见那女孩子还在那里画呢。画来画去,还是个"蔷"字,再看,还是个"蔷"字。

里面的原是早已痴了,画完一个"蔷",又画一个"蔷",已经画了有几十个。外面的不觉也看痴了,两个眼睛珠儿只管随着簪子动,心里却想:

"这女孩子一定有什么说不出的心事,才这么个样儿。外面她既是这个样儿,心里还不知怎么熬煎呢。看她的模样儿,这么单薄,心里那里还搁的住煎熬呢?——可恨我不能替你分些过来!"

却说伏中阴晴不定,片云可以致雨。忽然凉风过处,飒飒的落下一阵雨来。宝玉看那女孩子头上往下滴水,把衣裳登时湿了。宝玉想道:

"这是下雨了。她这个身子,如何禁得骤雨一激?"因此,禁不住便说道:"不用写了。你看身上都湿了。"

> 作者写宝玉的"痴",绝。

那女孩子听说,倒唬了一跳,抬头一看,只见花外一个人叫她不用写了。一则宝玉脸面俊秀;二则花叶繁茂,上下俱被枝叶隐住,刚露着半边脸儿:那女孩子只当也是个丫头,再不想是宝玉。因笑道:

"多谢姐姐提醒了我。——难道姐姐在外头有什么遮雨的?"

一句提醒了宝玉,"嗳哟"了一声,才觉得浑身冰凉。低头看着

自己身上，也都湿了，说："不好!"只得一气跑回怡红院去了，心里
却还记挂着那女孩子没处避雨。

原来明日是端阳节，那文官等十二个女孩子都放了学，进园来
各处玩耍。可巧小生宝官、正旦玉官两个女孩子，正在怡红院和袭
人玩笑，被雨阻住。大家堵了沟，把水积在院内，拿些绿头鸭、花
鹨鹩、彩鸳鸯，捉的捉，赶的赶，缝了翅膀，放在院内玩耍，将院门关
了。袭人等都在游廊上嬉笑。

宝玉见关着门，便用手扣门，里面诸人只顾笑，那里听见? 叫
了半日，拍得门山响，里面方听见了。料着宝玉这会子再不回来
的，袭人笑道：

"谁这会子叫门? 没人开去。"

宝玉道：

"是我。"

麝月道：

"是宝姑娘的声音。"

晴雯道：

"胡说! 宝姑娘这会子做什么来?"

袭人道：

"让我隔着门缝儿瞧瞧，可开就开，别叫她淋着回去。"

说着，便顺着游廊到门前往外一瞧，只见宝玉淋得雨打鸡一
般。袭人见了，又是着忙，又是好笑，忙开了门，笑着，弯腰拍手，
道：

"那里知道是爷回来了! 你怎么大雨里跑了来?"

宝玉一肚子没好气，满心里要把开门的踢几脚；方开了门，并
不看真是谁，还只当是那些小丫头门，便一脚踢在肋上。袭人"嗳
哟"了一声。宝玉还骂道：

"下流东西们! 我素日担待你们得了意，一点儿也不怕，越发
拿着我取笑儿!"

口里说着，一低头见是袭人哭了，方知踢错了，忙笑道：

"嗳哟! 是你来了? 踢在那里了?"

袭人从来不曾受过一句大话儿的, 今忽见宝玉生气, 踢了她一下子, 又当着许多人, 又是羞, 又是气, 又是疼, 真一时置身无地。待要怎么样, 料着宝玉未必是安心踢她, 少不得忍着说道:

作者借宝玉一踢又写出了袭人的贤惠。

"没有踢着。还不换衣裳去呢。"

宝玉一面进房解衣, 一面笑道:

"我长了这么大, 头一遭儿生气打人, 不想偏偏儿就碰见你了!"

袭人一面忍痛换衣裳, 一面笑道:

"我是个起头儿的人, 也不论事大事小, 是好是歹, 自然也该从我起。但只是别说打了我, 明日顺了手, 只管打起别人来。"

宝玉道:

"我才也不是安心。"

袭人道:

"谁说是安心呢? 素日开门关门的都是小丫头们的事。她们是惯皮惯了的, 早已恨的人牙痒痒, 她们也没个怕惧。要是她们, 踢一下子唬唬也好。刚才是我淘气, 不叫开门的。"

说着, 那雨已住了, 宝官玉官也早去了。袭人只觉肋上疼的心里发闹, 晚饭也不曾吃。到晚间脱了衣服, 只见肋上青了碗大的一块, 自己倒唬了一跳, 又不好声张。一时睡下, 梦中作痛, 由不得"嗳哟"之声, 从睡中哼出。

宝玉虽说不是安心, 因见袭人懒懒的, 心里也不安稳。半夜里听见袭人"嗳哟", 便知踢重了, 自己下床来, 悄悄的秉灯来照。刚到床前, 只见袭人嗽了两声, 吐出一口痰来, "嗳哟"一声, 睁眼见了宝玉, 倒唬了一跳, 道:

"作什么?"

宝玉道:

"你梦里'嗳哟', 必是踢重了。我瞧瞧。"

袭人道:

　　"我头上发晕,嗓子里又腥又甜,你倒照一照地下罢。"

　　宝玉听说,果然持灯向地下一照,只见一口鲜血在地。宝玉慌了,只道:"了不得了!"袭人见了,也就心冷了半截。

　　① 富胎(胎字轻音)——胖的意思。恭维人,不直说胖,变称富胎。

　　② 夯——是建筑学上的名词,如夯土,砸夯。本书中都作笨字用。

　　③ 下作——下流,贪得无厌。

第三十一回　撕扇子佳人终欢笑　失麒麟公子最忧心

　　话说袭人见了自己吐的鲜血在地,也就冷了半截。想着往日常听人说,少年吐血,年月不保,纵然命长,终是废人了。想起此言,不觉将素日想着后来争荣夸耀之心,尽皆灰了,眼中不觉的滴下泪来。宝玉见她哭了,也不觉心酸起来,因问道:

　　"你心里觉着怎么样?"

　　袭人勉强笑道:

　　"好好儿的,觉怎么样呢?"

　　宝玉的意思即刻便要叫人烫黄酒,要山羊血嶔峒丸来。袭人拉着他的手,笑道:

　　"你这一闹不打紧,闹起多少人来,倒抱怨我轻狂。分明人不知道,倒闹的人知道了,你也不好,我也不好。正经明儿你打发小子问问王大夫去,弄点子药吃吃就好了。人不知鬼不觉的,不好吗?"

　　宝玉听了有理,也只得罢了,向案上斟了茶来,给袭人漱口。袭人知宝玉心内也不安,待要不叫他伏侍,他又必不依,况且定要惊动别人,不如且由他去罢:因此,倚在榻上,由宝玉去伏侍。

　　那天刚亮,宝玉也顾不得梳洗,忙穿衣出来,将王济仁叫来,亲自确问。王济仁问其原故,不过是伤损,便说了个丸药的名字,怎么吃,怎么敷。宝玉记了,回园来依方调治。不在话下。

　　这日正是端阳佳节,蒲艾簪门,虎符系臂。午间,王夫人治了酒席,请薛家母女等过节。宝玉见宝钗淡淡的,也不和他说话。自知是昨日的原故。王夫人见宝玉没精打彩,也只当是昨日金钏儿之事，他没好意思的，越发不理他。**黛玉见宝玉懒**懒的，只当是他因为得罪了宝钗的原故，心中不受用，**形容她就**懒懒的。凤姐昨日晚上，王夫人就告诉了她宝玉金钏儿的事，知道王夫人不喜欢，自己如何敢说笑？也就随着王夫人的气色行事，更觉淡淡的。迎春姐妹见众人没意思，也都没意思了。——因此，大家坐了一坐，就**散**了。

那黛玉天性喜散不喜聚，她想的也有个道理。她说："人有聚就有散，聚时喜欢，到散时岂不清冷？既清冷则生感伤，所以不如倒是不聚的好。比如那花儿开的时候儿叫人爱，到谢的时候儿便增了许多惆怅，所以倒是不开的好。"故此，人以为欢喜时，她反以为悲恸。那宝玉的情性只顾人常聚不散，花常开不谢；及到筵散花谢，虽有万种悲伤，也就没奈何了。因此，今日之筵，大家无兴散了，黛玉还不觉怎么着，倒是宝玉心中闷闷不乐，回至房中，长吁短叹。

偏偏晴雯上来换衣裳，不防又把扇子失了手，掉在地下，将骨子跌折。宝玉因叹道：

"蠢才，蠢才！将来怎么样？明日你自己当家立业，难道也是这么顾前不顾后的？"

晴雯冷笑道：

"二爷近来气大的很，行动①就给脸子瞧。前儿连袭人都打了，今儿又来寻找我的不是。要踢要打凭爷去。就是跌了扇子，也算不的什么大事。先时候儿，什么玻璃缸、玛瑙碗，不知弄坏了多少，也没见个大气儿；这会子，一把扇子就这么着。何苦来呢？嫌我们就打发了我们，再挑好的使，好离好散的，倒不好？"

宝玉听了这些话，气的浑身乱战，因说道：

"你不用忙，将来横竖有散的日子！"

袭人在那边早已听见，忙赶过来向宝玉道：

"好好儿的，又怎么了？可是我说的：一时我不到，就有事故儿？"

晴雯听了,冷笑道:

"姐姐既会说,就该早来呀,省了我们惹的生气。自古以来,就只是你一个人会伏侍,我们原不会伏侍。因为你伏侍的好,为什么昨儿才挨窝心脚啊!我们不会伏侍的,明日还不知犯什么罪呢!"

袭人听了这话,又是恼,又是愧,待要说几句话,又见宝玉已经气的黄了脸,少不得自己忍了性子道:

作者写袭人和晴雯个性完全不同,是一强烈对比。此两人性格之突出,不下于宝钗黛玉。

"好妹妹,你出去逛逛儿,原是我们的不是。"

晴雯听他说"我们"两字,自然是她和宝玉了,不觉又添了醋意,冷笑几声,道:

"我倒不知道你们是谁,别教我替你们害臊了!你们鬼鬼祟祟干的那些事,也瞒不过我去!不是我说正经,明公正道,连个姑娘还没挣上去呢,也不过和我似的,那里就称起'我们'来了?"

袭人羞得脸紫涨起来,想想原是自己把话说错了。宝玉一面说道:

"你们气不忿,我明日偏抬举她。"

袭人忙拉了宝玉的手,道:

"她一个糊涂人,你和她分证什么?况且你素日又是有担待的,比这大的,过去了多少,今日是怎么了?"

晴雯冷笑道:

"我原是糊涂人,我那里配和你说话?我不过奴才罢咧!"

袭人听说,道:

"姑娘到底是和我拌嘴,是和二爷拌嘴呢?要是心里恼我,你只和我说,不犯着当着二爷吵;要是恼二爷,不该这么吵的万人知道。我才也不过为了事,进来劝开了,大家保重,姑娘倒寻上我的晦气!又不像是恼我,又不像是恼二爷,夹枪带棒,终久是个什么主意?——我就不说,让你说去!"说着便往外走。

宝玉向晴雯道:

"你也不用生气，我也猜着你的心事了。我回太太去，你也大了，打发你出去，可好不好？

晴雯听了这话，不觉越伤起心来，含泪说道：

"我为什么出去？要嫌我，变着法儿打发我去，也不能够的！"

宝玉道：

"我何曾经过这样吵闹？一定是你要出去了。不如回太太，打发你去罢。"

说着，站起来就要走。袭人忙回身拦住，笑道：

"往那里去"

宝玉道：

"回太太去。"

袭人笑道：

"好没意思！认真的去回，你也不怕臊了她？就是她认真要去，也等把这气下去了，等无事中说话儿回了太太也不迟。这会子急急的当一件正经事去回，岂不叫太太犯疑？"

宝玉道：

"太太必不犯疑，我只明说是她闹着要去的。"

晴雯哭道：

"我多早晚闹着要去了？饶生了气，还拿话压派我！——只管去回！我一头碰死了，也不出这门儿！"

宝玉道：

"这又奇了，你又不去，你又只管闹。我经不起这么吵，不如去了倒干净！"说着，一定要去回。

袭人见拦不住，只得跪下了。碧痕、秋纹、麝月等众丫鬟，见吵闹的利害，都鸦雀无闻的在外头听消息，这会子，听见袭人跪下央求，便一齐进来，都跪下了。宝玉忙把袭人拉起来，叹了一声，在床上坐下，叫众人起去，向袭人道：

"叫我怎么样才好？这个心便碎了也没人知道！"说着，不觉滴下泪来。

袭人见宝玉流下泪来,自己也就哭了。晴雯在旁哭着,方欲说话,只见黛玉进来,晴雯便出去了。黛玉笑道:

"大节下,怎么好好儿的哭起来了?难道是为争粽子吃,争恼了不成?"

宝玉和袭人都扑嗤的一笑。黛玉道:

"二哥哥,你不告诉我,我不问就知道了。"一面说,一面拍着袭人的肩膀,笑道:"好嫂子,你告诉我。必定是你们两口儿拌了嘴了。告诉妹妹,替你们和息和息。"

袭人推她道:

"姑娘,你闹什么?我们一个丫头,姑娘只是混说。"

黛玉笑道:

"你说你是丫头,我只拿你当嫂子待。"

> 此话应了他自己的名言:"女儿是水做的骨肉,男人是泥做的骨肉。"在女人堆里宝玉是一团烂泥。作者处处把握住他这一气质。黛玉妙人妙语无限风情。

宝玉道:

"你何苦来替她招骂呢?饶这么着,还有人说闲话,还搁得住你来说这些个!"

袭人笑道:

"姑娘,你不知道我的心。除非一口气不来,死了倒也罢了!"

黛玉笑道:

"你死了,别人不知怎么样,我先就哭死了。"

宝玉笑道:

"你死了,我做和尚去。"

袭人道:

"你老实些儿罢。何苦还混说!"

黛玉将两个指头一伸,抿着嘴儿笑道:

"做了两个和尚了!我从今以后都记得你做和尚的遭数儿。"

宝玉听了,知道是点他前日的话,自己一笑,也就罢了。

一时,黛玉去了,就有人来说:"薛大爷请。"宝玉只得去了。原来是吃酒,不能推辞,只得尽席而散。晚间回来,已带了几分酒,跟趸来至自己院内,只见院中早把乘凉的枕榻设下,榻上有个人睡着。宝玉只当是袭人,一面在榻沿上坐下,一面推她,问道:

"疼的好些了?"

只见那人翻身起来,说:

"何苦来又招我!"

宝玉一看,原来不是袭人,却是晴雯。宝玉将她一拉拉在身旁坐下,笑道:

"你的性子越发惯娇了。早起就是跌了扇子,我不过说了那么两句,你就说上那些话。你说我也罢了,袭人好意劝你,又刮拉上她。你自己想想,该不该?"

晴雯道:

"怪热的,拉拉扯扯的做什么! 叫人看见,什么样儿呢! 我这个身子本不配坐在这里。"

宝玉笑道:

"你既知道不配,为什么躺着呢?"

晴雯没的说,嗤的又笑了。说道:

"你不来使的,你来了就不配了。起来,让我洗澡去。袭人麝月都洗了,我叫她们来。"

宝玉笑道:

"我才又喝了好些酒,还得洗洗。你既没洗,拿水来,咱们两个洗。"

晴雯摇手笑道:

"罢,罢,我不敢惹爷! 还记得碧痕打发你洗澡啊,足有两三个时辰,也不知道做什么呢,我们也不好进去。后来洗完了,进去瞧瞧,地下的水淹着床腿子,连席子上都汪着水,也不知是怎么洗的,笑了几天! 我也没工夫收拾水,你也不用和我一块儿洗。今儿也凉快,我也不洗了。我倒是舀一盆水来你洗洗脸,篦篦头。才鸳鸯送了好些果子来,都湃^⑧在那水晶缸里呢,叫她们打发你吃不好吗?"

宝玉笑道:

"既这么着,你不洗,就洗洗手给我拿果子来吃罢。"

晴雯笑道:

"可是说的,我一个蠢才,连扇子还跌折了,那里还配打发吃果子呢? 倘或再砸了盘子,更了不得了!"

宝玉笑道:

"你爱砸就砸。 这些东西原不过是借人所用,你爱这样,我爱那样,各自性情。 比如那扇子,原是扇的,你要撕着玩儿也可以使得,只是别生气时拿它出气;就如杯盘,原是盛东西的,你欢喜听那一声响,就故意砸了,也是使得的,只别在气头儿上拿它出气。——这就是爱物了。"

晴雯听了,笑道:

"既这么说,你就拿扇子来我撕。 我最喜欢听撕的声儿。"

宝玉听了,便笑着递给她。 晴雯果然接过来,"嗤"的一声,撕了两半,接着又听"嗤,嗤",几声。 宝玉在旁笑着说:

"撕的好,再撕响些。"

正说着,只见麝月走过来,瞪了一眼,啐道:

"少作点孽儿罢!"

宝玉赶上来,一把将她手里的扇子也夺了递给晴雯。 晴雯接了,也撕作几半子,二人都大笑起来。 麝月道:

"这是怎么说? 拿我的东西开心儿?"

宝玉笑道:

"你打开扇子匣子拣去。 什么好东西!"

麝月道:

"既这么说,就把扇子搬出来,让她尽力撕不好吗?"

宝玉笑道:

"你就搬去。"

麝月道:

"我可不造这样孽。 她没折了手,叫她自己搬去。"

晴雯笑着，便倚在床上，说道：

"我也乏了，明儿再撕罢。"

宝玉笑道：

"古人云：'千金难买一笑'，几把扇子，能值几何？"

一面说，一面叫袭人。袭人才换了衣服走出来。小丫头佳蕙过来拾去破扇，大家乘凉。不消细说。

作者借撕扇子表现晴雯的任性是好手法。与踢袭人一脚表现袭人的涵养异曲同工。

至次日午间，王夫人、宝钗、黛玉众姐妹正在贾母房中坐着，有人回道："史大姑娘来了。"一时，果见史湘云带领众多丫鬟、媳妇走进院来。宝钗黛玉等忙迎至阶下相见。青年姊妹，经月不见，一旦相逢，自然是亲密的。一时，进入房中，请安问好，都见过了。贾母因说：

"天热，把外头的衣裳脱脱罢。"

湘云忙起身宽衣。王夫人因笑道：

"也没见，穿上这些做什么？"

湘云笑道：

"都是二婶娘叫穿的。谁愿意穿这些！"

宝钗一旁笑道：

"姨妈不知道，她穿衣裳还更爱穿别人的。可记得？旧年三四月里，她在这里住着，把宝兄弟的袍子穿上，靴子也穿上，带子也系上，猛一瞧，活脱儿就像是宝兄弟，就是多两个耳坠子。她站在那椅子后头，哄的老太太只是叫：'宝玉，你过来，仔细那上头挂的灯穗子招下灰来迷了眼。她只是笑，也不过去。后来大家忍不住笑了，老太太才笑了，还说：'扮作小子样儿，更好看了。'"

黛玉道：

"这算什么？惟有前年正月里接了她来，住了两日，下起雪来，老太太和舅母那日想是才拜了'影'③回来，老太太的一件新大红猩猩毡的斗篷放在那里。谁知眼不见，她就披上了，又大又长，她

377

就拿了条汗巾子拦腰系上，和丫头们在后院子里扑雪人儿玩。一跤栽倒了，弄了一身泥！"说着，大家想起来，都笑了。

宝钗笑问那周奶妈道：

"周妈，你们姑娘还那么淘气不淘气了？"

周奶妈也笑了。迎春笑道：

"淘气也罢了，我就嫌她爱说话。也没见睡在那里还是咭咭呱呱，笑一阵，说一阵，也不知是那里来的那些谎话。"

王夫人道：

"只怕如今好了。前日有人家来相看，眼见有婆婆家了，还是那么着？"

贾母因问：

"今日还是住着，还是家去呢？"

周奶妈笑道：

"老太太没有看见衣裳都带了来了，可不住两天？"

湘云问道：

"宝哥哥不在家么？"

宝钗笑道：

"她再不想别人，只想宝兄弟。两个人好玩笑，这可见还没改了淘气。"

贾母道：

"如今你们大了，别提小名儿了。"

刚说着，只见宝玉来了，笑道：

"云妹妹来了？怎么前日打发人接你去，不来？"

王夫人道：

"这里老太太才说这一个，他又来提名道姓的了。"

黛玉道：

"你哥哥有好东西等着给你呢。"

湘云道：

"什么好东西？"

宝玉笑道:

"你信她! 几日不见,越发高了。"

湘云笑道:

"袭人姐姐好?"

宝玉道:

"好,多谢你想着。"

湘云道:

"我给她带了好东西来了。"

说着,拿出绢子来,挽着一个疙瘩。宝玉道:

"又是什么好物儿? 你倒不如把前日送来的那绛纹石的戒指儿带两个给她。"

湘云笑道:

"这是什么?"

说着,便打开。众人看时,果然是上次送来的那绛纹戒指,一包四个。

黛玉笑道:

"你们瞧瞧她这个人。前日一般的打发人给我们送来,你就把她的也带了来,岂不省事? 今日巴巴儿的自己带了来,我打量又是什么新奇东西呢,原来还是它。真真你是个糊涂人!"

湘云笑道:

"你才糊涂呢! 我把这理说出来,大家评评谁糊涂。给你们送东西,就是使来的人不用说话,拿进来一看,自然就知道是送姑娘们的;要带了他们的来,须得我告诉来人,这是那一个女孩儿的,那是那一个女孩儿的。那使来的人明白还好,再糊涂些,他们的名字多了,记不清楚,混闹胡说的,反倒连你们的都搅混了。要是打发个女人来还好,偏前日又打发小子来,可怎么说女孩儿们的名字呢? 还是我来给她们带了来,岂不清白?"说着,把戒指放下,说道:"袭人姐姐一个,鸳鸯姐姐一个,金钏儿姐姐一个,平儿姐姐一个,这倒是四个人的,难道小子们也记得这么清楚?"

众人听了，都笑道：

<table>
<tr><td>寥寥数笔，同时表现了四个人的微妙心理。</td><td>"果然明白。"
宝玉笑道：
"还是这么会说话，不让人。"
黛玉听了，冷笑道：</td></tr>
</table>

"她不会说话就配带'金麒麟'了？"一面说着，便起身走了。幸而诸人都不曾听见，只有宝钗抿嘴儿一笑。宝玉听见了，倒自己后悔又说错了话；忽见宝钗一笑，由不得也一笑。宝钗见宝玉笑了，忙起身走开，找了黛玉说笑去了。

贾母因向湘云道：

"喝了茶，歇歇儿，瞧瞧你嫂子们去罢。园里也凉快，和你姐姐们去逛逛。"

湘云答应了，因将三个戒指儿包上，歇了歇，便起身要瞧凤姐等去。众奶娘丫头跟着，到了凤姐那里，说笑了一回出来，便往大观园来。见过李纨，少坐片时，便往怡红院来找袭人。因回头说道：

"你们不必跟着，只管瞧你们的亲戚去，留下缕儿伏侍就是了。"

众人应了，自去寻姑觅嫂，单剩下湘云翠缕两个。翠缕道：

"这荷花怎么还不开？"

湘云道：

"时候儿还没到呢？"

翠缕道：

"这也和咱们家池子里的一样，也是楼子花儿。"

湘云道：

"他们这个还不及咱们的。"

翠缕道：

"他们那边有棵石榴，接连四五枝，真是楼子上起楼子。这也难为它长！"

湘云道：

"花草也是和人一样,气脉充足,长的就好。"

翠缕把脸一扭,说道:

"我不信这话! 要说和人一样,我怎么没见过头上又长出一个头来的人呢?"

湘云听了,由不得一笑,说道:

"我说你不用说话,你偏爱说。 这叫人怎么答言呢? 天地间都赋阴阳二气所生,或正或邪,或奇或怪,千变万化,都是阴阳顺逆。 就是一生出来,人人罕见的,究竟道理还是一样。"

翠缕道:

"这么说起来,从古至今,开天辟地,都是些阴阳了?"

湘云笑道:

"糊涂东西! 越说越放屁! 什么'都是些阴阳'! 况且'阴''阳'两个字还只是一个字:阳尽了就是阴,阴尽了就是阳,不是阴尽了又有一个阳生出来,阳尽了又有一个阴生出来。"

翠缕道:

"这糊涂死我了! 什么是个阴阳? 没影没形的。 我只问姑娘:这阴阳是怎么个样儿?"

湘云道:

"这阴阳不过是个气罢了。 器物赋了,才成形质。 譬如天是阳,地就是阴;水是阴,火就是阳;日是阳,月就是阴。"

翠缕听了,笑道:

"是了,是了! 我今儿可明白了。 怪道人都管着日头叫'太阳'呢,算命的管着月亮叫什么'太阴星',就是这个理了。"

湘云笑道:

"阿弥陀佛! 刚刚儿的明白了。"

翠缕道:

"这些东西有阴阳也罢了;难道那些蚊子、虼蚤、蠓虫儿、花儿、草儿、瓦片儿、砖头儿,也有阴阳不成?"

湘云道:

"怎么没有呢？比如那一个树叶儿，还分阴阳呢：向上朝阳的就是阳，背阴覆下的就是阴了。"

翠缕听了，点头笑道：

"原来这么着！我可明白了——只是咱们这手里的扇子怎么是阴，怎么是阳呢？"

湘云道：

"这边正面就为阳，那反面就为阴。"

翠缕又点头笑了，还要拿几件东西要问，因想不起什么来，猛低头看见湘云宫绦上的"金麒麟"，便提起来，笑道：

"姑娘，这个难道也有阴阳？"

湘云道：

"走兽飞禽，雄为阳，雌为阴，牝为阴，牡为阳：怎么没有呢？"

翠缕道：

"这是公的，还是母的呢？"

湘云啐道：

"什么'公的''母的'又胡说了！"

翠缕道：

"这也罢了。怎么东西都有阴阳，咱们人倒没有阴阳呢？"

湘云沉了脸，说道：

"下流东西！好生走罢。越问越说出好的来了。"

翠缕道：

"这有什么不告诉我的呢？我也知道了，不用难我！"

湘云扑嗤的笑道：

"你知道什么？"

翠缕道：

"姑娘是阳，我就是阴。"

湘云拿着绢子掩着嘴笑起来。

翠缕道：

"说的是了，就笑的这么样！"

湘云道:

"很是,很是!"

翠缕道:

"人家说主子为阳,奴才为阴,我连这个大道理也不懂得?"

湘云笑道:

"你很懂得!"

正说着,只见蔷薇架下金晃晃的一件东西。湘云指着,问道:

"你看那是什么?"

翠缕听了,忙赶去拾起来,看着笑道:

"可分出阴阳来了!"

说着,先拿湘云的"麒麟"瞧瞧。湘云要把拣的瞧瞧,翠缕只管不放手,笑道:

"是件宝贝,姑娘瞧不得! 这是从那里来的? 好奇怪! 我只从来在这里没见人有这个。"

湘云道:

"拿来我瞧瞧。"

翠缕将手一撒,笑道:

"姑娘请看。"

湘云举目一看,却是文彩辉煌的一个"金麒麟",比自己佩的又大又有文彩。湘云伸手擎在掌上,心里不知怎么一动,似有所感。忽见宝玉从那边来了,笑道:

"你在这日头底下做什么呢? 怎么不找袭人去呢?"

湘云连忙将那个麒麟藏起,道:

"正要去呢。咱们一处走。"

说着,大家进了怡红院来。袭人正在阶下倚槛迎风,忽见湘云来了,连忙迎下来,携手笑说一向别情,一面进来让坐。宝玉因问道:

"你该早来,我得了一件好东西,专等你呢。"

说着,一面在身上掏了半天,"嗳哟"了一声,便问袭人:

“那个东西,你收起来了么?”

袭人道:

“什么东西?”

宝玉道:

“前日得的麒麟。”

袭人道:

“你天天带在身上的,怎么问我?”

宝玉听了,将手一拍,说道:

“这可丢了! 往那里找去?”

就要起身自己寻去。

湘云听了,方知是宝玉遗落的,便笑问道:

“你几时又有个麒麟了!”

宝玉道:

“前日好容易得的呢,不知多早晚丢了。 我也糊涂了!”

湘云笑道:

“幸而是个玩的东西,还是这么慌张。”说着,将手一撒,笑道:
“你瞧瞧,是这个不是?”

宝玉一见,由不得欢喜非常。便伸手来拿,笑道:

“亏你拣着了! 你是怎么拾着的?”

湘云笑道:

“幸而是这个;明日倘或把印也丢了,难道也就罢了不成?”

宝玉笑道:

“倒是丢了印平常;若丢了这个,我就该死了。”

① 行动——这里是“动不动”的意思。

② 湃——用水镇或冷水浸,使东西变凉叫湃。

③ 拜了影——旧社会中供奉祖先,除木制神牌(又称牌位)之外还有画
像,叫做影(即影像),平日不悬挂,新年时才悬挂,子孙叩拜。 就是
这里所说的拜影。

第三十二回　诉肺腑心迷活宝玉
含耻辱情烈死金钏

却说袭人倒了茶来与湘云吃，一面笑道：

"大姑娘，我前日听你大喜呀。"

湘云红了脸，扭过头去吃茶，一声也不答应。袭人笑道：

"这会子又害臊了。你还记得那几年，咱们在西边暖阁上住着，晚上你和我说的话？那会子不害臊，这会子怎么又臊了？"

湘云的脸越发红了，勉强笑道：

"你还说呢！那会子咱们那么好，后来我们太太没了，我家去住了一程子，怎么就把你配给了他，我来了，你就不那么待我了。"

袭人也红了脸，笑道：

"罢呦。先头里姐姐长，姐姐短，哄着我替你梳头，洗脸，做这个，弄那个；如今拿出小姐款儿①来了。你既拿款，我敢亲近吗？"

湘云道：

"阿弥陀佛！冤枉！冤哉！我要这么着，就立刻死了。你瞧瞧，这么大热天，我来了，必定先瞧瞧你。你不信，问缕儿。我在家，时时刻刻，那一回不想念你几句？"

袭人和宝玉听了，都笑劝道：

"说玩话儿，你又认真了，还是这么性儿急。"

湘云道：

"你不说你的话咽人，倒说人性急。"

一面说一面打开绢子，将戒指递与袭人。袭人感谢不尽，因笑道：

"你前日送你姐姐们的，我已经得了；今日你亲自又送来，可见

385

是没忘了我:就为这个试出你来了。戒指儿能值多少? 可见你的心真。"

史湘云道:

"是谁给你的?"

袭人道:

"是宝姑娘给我的。"

湘云叹道:

> 作者写宝钗收买袭人,笼络湘云,已经奏效。黛玉完全孤立,但已赢得宝玉真情。故事又推进了一步。

"我只当林姐姐送你的,原来是宝姐姐给了你。我天天在家里,想着这些姐姐们,再没一个比宝姐姐好的。可惜我们不是一个娘养的。我但凡有这么个亲姐姐,就是没了父母,也没妨碍的!".

说着,眼圈儿就红了。宝玉道:

"罢,罢,罢! 不用提起这个话了。"

史湘云道:

"提这个便怎么? 我知道你的心病:恐怕你的林妹妹听见,又嗔我赞了宝姐姐了。可是为这个不是?"

袭人在旁,嗤的一笑,说道:

"云姑娘,你如今大了,越发心直嘴快了。"

宝玉笑道:

"我说你们这几个人难说话,果然不错。"

史湘云道:

"好哥哥,你不必说话,叫我恶心。只会在我跟前说话,见了你林妹妹,又不知怎么好了。"

袭人道:

"且别说玩话,正有一件事要求你呢。"

史湘云便问:

"什么事?"

袭人道:

"有一双鞋,抠了垫心子②,我这两日身上不好,不得做。你可有工夫替我做做?"

史湘云道:

"这又奇了。你家放着这些巧人不算,还有什么针线上的,裁剪上的,怎么叫我做起来? 你的活计,叫人做,谁好意思不做呢?"

袭人笑道:

"你又糊涂了。你难道不知道,我们这屋里的针线是不要那些针线上的人做的?"

史湘云听了,便知是宝玉的鞋,因笑道:

"既这么说,我就替你做做罢。只是一件: 你的我才做,别人的我可不能。"

袭人笑道:

"又来了。我是个什么儿,就敢烦你做鞋了? 实告诉你,可不是我的。你别管是谁的,横竖我领情就是了。"

史湘云道:

"论理,你的东西也不知烦我做了多少,今日我倒不做的原故,你必定也知道。"

袭人道:

"我倒也不知道。"

史湘云冷笑道:

"前日我听见把我做的扇套儿拿着和人家比,赌气又铰了。我早就听见了,你还瞒我? 这会子又叫我做,我成了你们奴才了。"

宝玉忙笑道:

"前日的那个本不知是你做的。"

袭人也笑道:

"他本不知是你做的,是我哄他的话,说是新近外头有个会做活的,扎的绝出奇的好花儿,叫她们拿了一个扇套儿试试看好不好。他就信了,拿出去给这个瞧,那个看的。不知怎么又惹恼了那一位,铰了两段,回来他还叫赶着做去,我才说了是你做的。他后悔的什么似的!"

史湘云道:

"这越发奇了。林姑娘也犯不上生气。她既会剪,就叫她做!"。

袭人道:

"她可不做呢。饶这么着,老太太还怕她劳碌着了。大夫又说好生静养才好。谁还肯烦她做呢?旧年好一年的工夫,做了个香袋儿;今年半年,还没见拿针线呢。"

正说着,有人来回说:

"兴隆街的大爷来了,老爷叫二爷出去会。"

宝玉听了,便知贾雨村来了,心中好不自在。袭人忙去拿衣服。宝玉一面登着靴子,一面抱怨道:

"有老爷和他坐着就罢了,回回定要见我!"

史湘云一边摇着扇子,笑道:

"自然你能迎宾接客,老爷才叫你出去呢,"

宝玉道:

"那里是老爷?都是他自己要请我见的。"

湘云笑道:

"'主雅客来劝',自然你有些警动他的好处,他才要会你。"

宝玉道:

"罢,罢! 我也不过俗中又俗的一个俗人罢了,并不愿和这些人来往!"

湘云笑道:

"还是这个性儿,改不了。如今大了,你就不愿意去考举人进士的,也该常会会这些为官作宦的,谈讲谈讲那些仕途经济⑨,也好将来应酬事务,日后也有个正经朋友。让你成年家只在我们队里,搅的出些什么来?"

宝玉听了,大觉逆耳,便道:

"姑娘请别的屋里坐坐罢,我这里仔细腌脏了你这样知经济的人!"

袭人连忙解说道：

"姑娘快别说他。上回也是宝姑娘说过一回，他也不管人脸上过不去，咳了一声，拿起脚来就走了。宝姑娘的话也没说完，见他走了，登时羞的脸通红，说不是，不说又不是。——幸而是宝姑娘，那要是林姑娘，不知又闹的怎么样，哭的怎么样呢。提起这些话来，宝姑娘叫人敬重，——自己过了一会子去了。我倒过不去，只当她恼了。谁知过后还是照旧一样。真真是有涵养，心地宽大的！谁知这一位，反倒和她生分了。那林姑娘见他赌气不理，他后来不知赔多少不是呢。"

宝玉道：

"林姑娘从来说过这些混帐话吗？要是她也说过这些混帐话，我早和她生分了！"

袭人和湘云都点头笑道：

"这原是'混帐话'么？"

原来黛玉知道史湘云在这里，宝玉一定又赶来说麒麟的原故。因心下忖度着：近日宝玉弄来的外传野史，多半才子佳人，都因小巧玩物上撮合，或有鸳鸯，或有凤凰，或玉环金佩，或鲛帕鸾绦，皆由小物而遂终身之愿。今忽见宝玉也有麒麟，便恐借此生隙，同湘云也做出那些风流佳事来。因而悄悄走来，见机行事，以察二人之意。不想刚走进来，正听见湘云说经济一事，宝玉又说：

"林妹妹不说这些混帐话；要说这话，我也和她生分了！"

黛玉听了这话，不觉又惊又喜，又悲又叹。所喜者：果然自己眼力不错，素日认他是个知己，果然是个知己。所惊者：他在人前，一片私心，称扬于我，其亲热厚密竟不避嫌疑。所叹者：你既为我的知己，自然我亦可为你的知己，既你我为知己，又何必有"金玉"之论呢？既有"金玉"之论，也该你我有之，又何必来

此处与《红楼梦》主题有关：宝玉反对科举干禄。他与黛玉投缘，不仅是男女之爱，而是基于共同的思想气质。所谓"红颜知己"是也。

一宝钗呢？所悲者：父母早逝，虽有铭心刻骨之言，无人为我主
张。况近日每觉神思恍惚，病已渐成，医者更云："气弱血亏，恐致
劳怯之症。"我虽为你的知己，但恐不能久待；你纵为我的知己，奈
我薄命何！——想到此间，不禁泪又下来。待要进去相见，自觉无
味，便一面拭泪，一面抽身回去了。

这里宝玉忙忙的穿了衣裳出来，忽见黛玉在前面慢慢的走着，
似乎有拭泪之状，便忙赶着上来，笑道：

"妹妹，往那里去？怎么又哭了？又是谁得罪了你了？"

黛玉回头见是宝玉，便勉强笑道：

"好好的，我何曾哭来？"

宝玉笑道：

"你瞧瞧，眼睛上的泪珠儿没干，还撒谎呢。"

一面说，一面禁不住抬起手来替她拭泪。黛玉忙向后退了几
步，说道：

"你又要死了！又这么动手动脚的。"

宝玉笑道：

"说话忘了情，不觉的动了手，也就顾不得死活。"

黛玉道：

"死了倒不值什么，只是丢下了什么金，又是什么麒麟，可怎么
好呢！"

一句话又把宝玉说急了，赶上来问道：

"你还说这些话，到底是咒我，还是气我呢？"

黛玉见问，方想起前日的事来，遂自悔这话又说造次了，忙笑
道：

"你别着急，我原说错了。这有什么要紧？筋都叠暴起来，急
的一脸汗！"一面说，一面也近前伸手替他拭面上的汗。

宝玉瞅了半天，方说道：

"你放心！"

黛玉听了，怔了半天，说道：

"我有什么不放心的？我不明白你这个话。你倒说说，怎么放心不放心？"

宝玉叹了一口气，问道：

"你果然不明白这话？难道我素日在你身上的心都用错了？连你的意思若体贴不着，就难怪你天天为我生气了。"

黛玉道：

"我真不明白放心不放心的话。"

宝玉点头叹道：

"好妹妹！你别哄我。你真不明白这话，不但我素日白用了心，且连你素日待我的心也都辜负了。你皆因总是不放心的原故，才弄了一身的病了。但凡宽慰些，这病也不得一日重似一日了！"

> 写宝玉黛玉真情流露，生动之至。是神来之笔。

黛玉听了这话，如轰雷掣电，细细思之，竟比自己肺腑中掏出来的还觉恳切。竟有万句言语，满心要说，只是半个字也不能吐出，只管怔怔的瞅着他。此时宝玉心中也有万句言词，不知一时从那一句说起，却也怔怔的瞅着黛玉。两个人怔了半天，黛玉只咳了一声，眼中泪直流下来，回身便走。宝玉忙上前拉住道：

"好妹妹，且略站住，我说一句话再走。"

黛玉一面拭泪，一面将手推开，说道：

"有什么可说的？你的话，我都知道了。"

口里说着，却头也不回，竟去了。

宝玉望着只管发起呆来，原来方才出来忙了，不曾带得扇子，袭人怕他热，忙拿了扇子赶来送给他。猛抬头看见黛玉和他站着，一时，黛玉走了，他还站着不动，因而赶上来说道："你也不带了扇子去？亏了我看见，赶着送来。"

宝玉正出了神，见袭人和他说话，并未看出是谁，只管呆着脸，说道：

"好妹妹！我的这个心，从来也不敢说；今日胆大说出来，就是死了也是甘心的！我为你，也弄

> 写宝玉出神，妙极，作者此一安排更见巧思。

了一身的病,又不敢告诉人,只好捱着。等你的病好了,只怕我的病才得好呢。——睡里梦里也忘不了你!"

袭人听了,惊疑不止,又是怕,又是急,又是臊,连忙推他道:
"这是那里的话?你是怎么着了?还不快去吗?"

宝玉一时醒过来,方知是袭人。虽然羞的满面紫涨,却仍是呆呆的,接了扇子,一句话也没有,竟自走去。

这里袭人见他去后,想他方才之言是因黛玉而起,如此看来,倒怕将来难免不才之事,令人可惊可畏。却是如何处治,方能免此丑祸?想到此间,也不觉呆呆的发起怔来。

谁知宝钗恰从那边走来,笑道:
"大毒日头底下,出什么神呢?"

袭人见问,忙笑说道:
"我才见两个雀儿打架,倒很有个玩意儿,就看住了。"

宝钗道:
"宝兄弟才穿了衣服,忙忙的那里去了?我要叫住问他呢。只是他慌慌张张的走过去,竟像没理会我的,所以没问。"

袭人道:
"老爷叫他出去的。"

宝钗听了,忙说道:
"嗳哟!这么大热的天,叫他做什么?别是想起什么来,生了气,叫他出去教训一场罢。"

袭人笑道:
"不是这个,想必有客要会。"

宝钗笑道:
"这个客也没意思,这么热天,不在家里凉快,跑什么?"

袭人笑道:
"你可说么?"

宝钗因问:
云丫头在你们家做什么呢?"

袭人笑道：

"才说了会子闲话儿，又瞧了会子我前日粘的鞋帮子，明日还求她做去呢。"

宝钗听见这话，便两边回头，看无人来往，笑道：

"你这么个明白人，怎么一时半刻的就不会体谅人？我近来看着云姑娘的神情儿，风里言，风里语①的，听起来，在家里一点儿做不得主。他们家嫌费用大，竟不用那些针线上的人，差不多儿的东西都是她们娘儿们动手。为什么这几次她来了，她和我说话儿，见没人在跟前，她就说家里累的慌？我再问她两句家常过日子的话，她就连眼圈儿都红了，嘴里含含糊糊，待说不说的。看她的形景儿，自然从小儿没了父母是苦的。我看见她也不觉的伤起心来！"

袭人见说这话，将手一拍，道：

"是了，是了！怪道上月我求她打十根蝴蝶儿结子，过了那些日子才打发人送来，还说：'这是粗打的，且在别处将就使罢；要匀净的，等明日来住着，再好生打。'如今听姑娘这话，想来我们求她。她不好推辞。不知她在家里怎么三更半夜的做呢！——可是我也糊涂了！早知道是这么着，我也不该求她。"

宝钗道：

"上次她告诉我说：在家里做活做到三更天，要是替别人做一点半点儿，那些奶奶太太们还不受用呢。"

袭人道：

"偏我们那个牛心的小爷，凭着小的大的活计，一概不要家里这些活计上的人做，我又弄不开这些。"

宝钗笑道：

"你理他呢，只管叫人做去就是了。"

袭人道：

"那里哄的过他？他才是认得出来呢！说不得我只好慢慢的累去罢了。"

宝钗笑道：

“你不必忙，我替你做些就是了。”

袭人笑道：

“当真的？这可就是我的造化④了！晚上我亲自过来。”

一句话未了，忽见一个老婆子忙忙走来，说道：

“这是那里说起！金钏儿姑娘好好儿的投井死了！”

袭人听得，唬了一跳，忙问：

“那个金钏儿？”

那老婆子道：

“那里还有两个金钏儿呢？就是太太屋里的。前日不知为什么撵出去，在家里哭天抹泪的，也都不理会她。谁知找不着她，才有打水的人说，那东南角上井里打水，见一个尸首。赶着叫人打捞起来，谁知是她！他们还只管乱着要救，那里中用了呢！”

宝钗道：

“这也奇了！”

袭人听说，点头赞叹，想素日同气之情，不觉流下泪来。宝钗听见这话，忙向王夫人处来。这里袭人自回去了。

宝钗来至王夫人房里，只见鸦雀无闻，独有王夫人在里间房内坐着垂泪。宝钗便不好提这事，只得一旁坐下。王夫人便问：

“你打那里来？”

宝钗道：

“打园里来。”

王夫人道：

“你打园里来，可曾见你宝兄弟？”

宝钗道：

“才倒看见他了。穿着衣裳出去了，不知那里去。”

王夫人点头叹道：

“你可知道一件奇事？金钏儿忽然投井死了！”

宝钗见说，道：

“怎么好好儿的投井？这也奇了！”

王夫人道：

"原是前日她把我一件东西弄坏了，我一时生气，打了她两下子，撵了下去。我只说气她几天，还叫她上来，谁知她这么气性大，就投井死了。岂不是我的罪过！"

宝钗笑道：

"姨娘是慈善人，固然是这么想。据我看来，她并不是赌气投井，多半是在井旁边儿玩，失了脚掉下去的。她在上头拘束惯了，这一出去，自然要到各处去玩玩逛逛儿，岂有这样大气的理？纵然有这样大气，也不过是个糊涂人，也不为可惜。"

王夫人点头叹道：

"虽然如此，到底我心里不安！"

宝钗笑道：

"姨娘也不劳关心。十分过不去，不过多赏她几两银子发送她，也就尽了主仆之情了。"

王夫人道：

"刚才我赏了五十两银子给她妈。原要还把你姐妹们的新衣裳给她。两件妆裹，谁知可巧都没有什么新的衣裳，只有你林妹妹做生日的两套。我想你林妹妹那个孩子，素日是个有心的；况且她也三灾八难的，既说了给她作生日，这会子又给人去妆裹，岂不忌讳？因这么着，我才现叫裁缝赶着做一套给她。要是别的丫头，赏她几两银子，也就完了；金钏儿虽然是个丫头，素日在我跟前，比我的女孩儿差不多儿！"

口里说着，不觉流下泪来。宝钗忙道：

"姨娘这会子何用叫裁缝赶去？我前日倒做了两套，拿来给她。岂不省事？况且她活的时候儿也穿过我的旧衣裳，身量也相对。"

王夫人道：

"虽然这样，难道你不忌讳？"

宝钗笑道：

"姨娘放心，我从来不计较这些。"

一面说，一面起身就走。王夫人忙叫了两个人跟宝钗去。

一时，宝钗取了衣服回来，只见宝玉在王夫人旁边坐着垂泪。王夫人正才说他，因见宝钗来了，就掩住口不说了。宝钗见此景况。察言观色，早知觉了七八分。于是将衣服交明王夫人。王夫人便将金钏儿的母亲叫来拿了去了。

① 拿款儿——摆出身分来，摆出架子来。
② 抠了垫心子——抠，挖出的意思，这里是说将做鞋面的材料上挖空，背后衬上其他颜色的材料，成为各色图案。
③ 经济——这里是经世济民，办理国家事务的意思。
④ 风里言，风里语——非正式透露出来的意见。
④ 造化——福气的意思。与指天地自然说的"造化"不同。

第三十三回　手足眈眈小动唇舌
不肖种种大承笞挞

却说王夫人唤上金钏儿的母亲来，拿了几件簪环，当面赏了；又吩咐请几众僧人念经超度她。金钏儿的母亲磕了头谢了出去。

原来宝玉会过雨村回来，听见了金钏儿含羞自尽，心中早已五内摧伤；进来又被王夫人数说教训了一番，也无可回说。看见宝钗进来，方得便走出，茫然不知何往，背着手，低着头，一面感叹，一面慢慢的信步走至厅上。刚转过屏门，不想对面来了一人，正往里走，可巧撞了个满怀。只听那人喝一声：

"站住！"

宝玉唬了一跳，抬头看时，不是别人，却是他父亲。早不觉倒抽了一口凉气，只得垂手一旁站着。

贾政道：

"好端端的，你垂头丧气的'嗐'什么？方才雨村来了，要见你，那半天才出来！既出来了，全无一点慷慨挥洒的谈吐，仍是委委琐琐的。我看你脸上一团私欲愁闷气色！这会子又嗳声叹气，你那些还不足，还不自在？无故这样，是什么缘故？"

宝玉素日虽然口角伶俐，此时一心却为金钏儿感伤，恨不得也身亡命殒。如今见他父亲说这些话，究竟不曾听明白了，只是怔怔的站着。

贾政见他惶悚，应对不似往日，原本无气的，这一来倒生了三分气。方欲说话，忽有门上人来回：

"忠顺亲王府里有人来，要见老爷。"

贾政听了，心下疑惑，暗暗思忖道：

"素日并不与忠顺府来往,为什么今日打发人来？……"

一面想,一面命:"快请厅上坐。"急忙进内更衣。出来接见时,却是忠顺府长府官。一面彼此见了礼,归坐献茶。未及叙谈,那长府官先就说道:

"下官此来,并非擅造潭府,皆因奉命而来,有一件事相求。看王爷面上,敢烦老先生做主。不但王爷支情,且连下官辈亦感谢不尽！"

贾政听了这话,摸不着头脑,忙陪笑起身问道:

"大人既奉王命而来,不知有何见谕？望大人宣明,学生好遵谕承办。"

那长府官冷笑道:

"也不必承办,只用老先生一句话就完了。我们府里有一个做小旦的琪官,一向好好在府,如今竟三五日不见回去。各处去找,又摸不着他的道路,因此各处察访。这一城内,十停人倒有八停人都说,他近日和衔玉的那位令郎相与甚厚。下官辈听了,尊府不比别家,可以擅来索取,因此,启明王爷。王爷亦说:'若是别的戏子呢,一百个也罢了;只是这琪官随机应答,谨慎老成,甚合我老人家的心境,断断少不得此人。'故此求老先生转致令郎,请将琪官放回:一则可慰王爷谆谆奉恳之意,二则下官辈也可免操劳求觅之苦。"说毕,忙打一躬。

贾政听了这话,又惊又气,即命唤宝玉出来。宝玉也不知是何原故,忙忙赶来。贾政便问:

"该死的奴才！你在家不读书也罢了,怎么又做出这些无法无天的事来？那琪官现是忠顺王爷驾前承奉的人,你是何等草蟒,无故引逗他出来,如今祸及於我！"

宝玉听了,唬了一跳,忙回道:

"实在不知此事。究竟'琪官'两个字,不知为何物,况更加以'引逗'二字！"说着,便哭。

贾政未及开口,只见那长府官冷笑道:

"公子也不必隐饰。或藏在家，或知其下落，早说出来，我们也少受些辛苦。岂不念公子之德呢？"

宝玉连说：

"实在不知。恐是讹传，也未见得。"

那长府官冷笑两声，道：

"现有证据，必定当着老大人说出来，公子岂不吃亏？——既说不知此人，那红汗巾子怎么到了公子腰里？"

宝玉听了这话，不觉轰了魂魄，目瞪口呆，心下自思：

"这话他如何知道？他既连这样机密事都知道了，大约别的瞒不过他，不如打发他去了，免得再说出别的事来。"因说道："大人既知他的底细，如何连他置买房舍这样大事倒不晓得？听得说：他如今在东郊，离城二十里，有个什么紫檀堡，他在那里置了几亩田地，几间房舍。想是在那里也未可知。"

那长府官听了，笑道：

"这样说，一定是在那里了。我且去找一回。若有了便罢，若没有，还要来请教。"说着，便忙忙的告辞走了。

贾政此时气得目瞪口歪，一面送那官员，一面回头命宝玉：

"不许动！回来有话问你！"一直送那官去了，才回身时，忽见贾环带着几个小厮一阵乱跑，贾政喝命小厮："给我快打！"

贾环见了他父亲，吓得骨软筋酥，赶忙低头站住。贾政便问：

"你跑什么？带着你的那些人都不管你，不知往那里去，由你野马一般！"喝叫："跟上学的人呢？"

贾环见他父亲甚怒，便乘机说道：

"方才原不曾跑，只因从那井边一过，那井里淹死了一个丫头，我看脑袋这么大，身子这么粗，泡的实在可怕，所以才赶着跑过来了。"

贾政听了，惊疑问道：

"好端端，谁去跳井？我家从无这样事情。自祖宗以来，皆是宽柔待下。——大约我近年于家务疏懒，自然执事人操克夺之权，致使弄出这暴殒轻生的祸来！若外人知道，祖宗的颜面何在！"喝命叫贾琏赖大来。

小厮们答应了一声，方欲去叫，贾环忙上前，拉住贾政袍襟，贴膝跪下，道：

"老爷不用生气。此事除太太屋里的人，别人一点也不知道。我听见我母亲说——"说到这句，便回头四顾一看。贾政知其意，将眼色一丢，小厮们明白，都往两边后面退去。贾环便悄悄说道："我母亲告诉我说：宝玉哥哥前日在太太屋里，拉着太太的丫头金钏儿强奸不遂，打了一顿，金钏儿便赌气投井死了。"

话未说完，把个贾政气得面如金纸，大叫：

"拿宝玉来！"一面说，一面便往书房去。喝命："今日再有人来劝我，我把这冠带家私一应就交与他和宝玉过去！我免不得做个罪人，把这几根烦恼鬓毛剃去，寻个干净去处自了，也免得上辱先人，下生逆子之罪！"

众门客仆从见贾政这个形景，便知又是为宝玉了，一个个咬指吐舌，连忙退出。贾政喘吁吁直挺挺的坐在椅子上，满面泪痕，一叠连声：

| 写贾环进谗，贾政方正，气极之情，绘声绘影。

急惊风遇着慢郎中，这个悬宕制造得好。 | "拿宝玉来！拿大棍，拿绳来！把门都关上！有人传信到里头去，立刻打死！"

众小厮们只得齐齐答应着，有几个来找宝玉。

那宝玉听见贾政吩咐他不许动，早知凶多吉少。那里知道贾环又添了许多的话。正在厅上旋转，怎得个人来往里头捎信，偏偏的没个人来，连焙茗也不知在那里。正盼望时，只见一个老妈妈出来，宝玉如得了珍宝，便赶上来拉她，说道："快 |

进去告诉：老爷要打我呢！快去，快去！要紧，要紧！"

宝玉一则急了，说话不明白；二则老婆子偏偏又耳聋，不曾听见是甚么话，把"要紧"二字只听做"跳井"二字。便笑道：

“跳井让她跳去，二爷怕什么？”

宝玉见是个聋子，便着急道：

“你出去叫我的小厮来罢！”

那婆子道：

“有什么不了的事？老早的完了，太太又赏了银子，怎么不了事呢？”

宝玉急的手脚正没抓寻处。只见贾政的小厮走来，逼着他出去了。贾政一见，眼都红了，也不暇问他在外流荡优伶，表赠私物；在家荒疏学业，逼淫母婢。只喝命：

“堵起嘴来，着实打死！”

小厮们不敢违，只得将宝玉按在凳上，举起大板，打了十来下。宝玉自知不能讨饶，只是呜呜的哭。贾政还嫌打的轻，一脚踢开掌板的，自己夺过板子来，狠命的又打了十几下。

宝玉生来未经过这样的苦楚，起先觉得打的疼不过，还乱嚷乱哭；后来渐渐气弱声嘶，哽咽不出。众门客见打的不祥了，赶上来，恳求夺劝。贾政那里肯听？说道：

“你们问问他干的勾当，可饶不可饶！素日皆是你们这些人把他酿坏了，到这步田地，还来劝解！明日酿到他弑父弑君，你们才不劝不成？”

众人听这话不好，知道气急了，忙乱着觅人进去给信。王夫人听了，不及去回贾母，便忙穿衣出来，也不顾有人没人，忙忙扶了一个丫头，赶往书房中来。慌得众门客小厮等避之不及。贾政正要再打，一见王夫人进来，更加火上浇油，那板子越下去的又狠又快。按宝玉的两个小厮忙松手走开。宝玉早已动弹不得了。

贾政还欲打时，早被王夫人抱住板子。贾政道：

“罢了，罢了！今日必定要气死我才罢！”

王夫人哭道：

“宝玉虽然该打，老爷也要保重！且炎暑天气，老太太身上又不大好，打死宝玉事小，倘或老太太一时不自在了，岂不事大？”

贾政冷笑道：

"倒休提这话！我养了这不肖的孽障，我已不孝！平昔教训他一番，又有众人护持，不如趁今日结果了他的狗命，绝将来之患！"

说着，便要绳来勒死。王夫人连忙抱住哭道：

"老爷虽然应当管教儿子，也要看夫妻分了！我如今已五十岁的人，只有这个孽障，必定苦苦的以他为法，我也不敢深劝。今日越发要弄死他，岂不是有意绝我呢？既要勒死他，索性先勒死我，再勒死他！我们娘儿们不如一同死了，在阴司里也得个倚靠！"

说毕，抱住宝玉，放声大哭起来。

贾政听了此话，不觉长叹一声，向椅上坐了，泪如雨下。王夫人抱着宝玉，只见他面白气弱，底下穿着一条绿纱小衣，一片皆是血渍。禁不住解下汗巾去，由腿看至豚胫，或青或紫，或整或破，竟无一点好处，不觉失声大哭起"苦命的儿"来，因哭出"苦命的儿"来，又想起贾珠来，便叫着贾珠，哭道：

"若有你活着，便死一百个，我也不管了！"

此时里面的人闻得王夫人出来，李纨、凤姐及迎探姊妹两个都出来了。王夫人哭着贾珠的名字，别人还可，惟有李纨禁不住也抽抽搭搭的哭起来了。贾政听了，那泪更似走珠一般滚了下来。

正没开交处，忽听丫鬟来说：

"老太太来了。"

一言未了，只听窗外颤巍巍的声气说道：

"先打死我，再打死他，就干净了！"

贾政见母亲来了，又急又痛，连忙迎出来。只见贾母扶着丫头，摇头喘气的走来。贾政上前躬身陪笑说道：

"大暑热的天，老太太有什么吩咐，何必自己走来？只叫儿子进去吩咐便了。"

贾母听了，便止步喘息，一面厉声道：

"你原来和我说话！我倒有话吩咐，只是我一生没养个好儿子，却叫我和谁说了去？"

贾政听这话不像，忙跪下含泪说道：

"儿子管他也为的是光宗耀祖。老太太这话，儿子如何当的起？"

贾母听说，便啐了一口，说道：

"我说了一句话，你就禁不起；你那样下死手的板子，难道宝玉儿就禁的起了？你说教训儿子是光宗耀祖，当日你父亲怎么教训你来着？"

说着，也不觉泪往下流。贾政又陪笑道：

"老太太也不必伤感，都是儿子一时性急。从此以后，再不打他了。"

贾母便冷笑两声道：

"你也不必和我赌气！你的儿子，自然要打你就打。——想来你也厌烦我们娘儿们，不如我们早离了你，大家干净！"说着，便命人："去看轿！我和你太太宝玉儿立刻回南京去。"

家下人只得答应着。

贾母又叫王夫人道：

"你也不必哭了。如今宝玉儿年纪小，你疼他；他将来长大，为官作宦的，也未必想着你是他母亲了。你如今倒是不疼他，只怕将来还少生一口气呢！"

贾政听说，忙叩头，说道：

"母亲如此说，儿子无立足之地了！"

贾母冷笑道：

"你分明使我无立足之地，你反说起我来？只是我们回去了，你心里干净，看有谁来不许你打！"一面说，一面只命："快打点行李车辆轿马回去！"

贾政直挺挺跪着，叩头谢罪。

贾母一面说，一面来看宝玉，只见今日这顿打，不比往日，又是

王夫人的哭求，表现了夫妻母子之情；老太太的气话，都关系祖孙母子三代的情感。如此盘根节错，作者都丝丝不乱，层次分明，恰到好处。曹雪芹真是探索人性表现人性的高手。

心疼,又是生气,也抱着哭个不了。王夫人与凤姐等劝解了一会,方渐渐的止住。

早有丫鬟媳妇等,上来要搀宝玉。凤姐便骂:

"糊涂东西! 也不睁开眼瞧瞧。这个样儿,怎么搀着走的? 还不快进去把藤屉子春凳①抬出来呢?"

众人听了,连忙飞跑进去,果然抬出春凳来,将宝玉放上,随着贾母王夫人等进去,送至贾母屋里。

彼时贾政见贾母怒气未消,不敢自便,也跟着进来。看看宝玉果然打重了,再看看王夫人一声"肉"一声"儿"的哭道:

"你替珠儿早死了,留着珠儿,也免你父亲生气,我也不白操这半世的心了! 这会子,你倘或有个好歹,撂下我,叫我靠那一个!"数落②一场,又哭"不争气的儿!"

贾政听了,也就灰心,自己不该下毒手打到如此地步。先劝贾母,贾母含泪说道:

"儿子不好,原是要管的,不该打到这个分儿。你不出去,还在这里做什么? 难道于心不足,还要眼看着他死了才算吗?"

贾政听说,方诺诺退出去了。

此时薛姨妈、宝钗、香菱、袭人、湘云等也都在这里。袭人满心委屈,只不好十分使出来。见众人围着,灌水的灌水,打扇的打扇,自己插不下手去,便索性走出门,到二门前,命小厮们找了焙茗来细问:

"方才好端端的,为什么打起来? 你也不早来透个信儿!"

焙茗急的说:

"偏我没在跟前! 打到半中间,我才听见了。忙打听原故,却是为琪官儿和金钏儿姐姐的事。"

袭人道:

"老爷怎么知道了?"

焙茗道:

"那琪官儿的事,多半是薛大爷素昔吃醋,没法儿出气,不知在外头挑唆了谁来在老爷跟前下的蛆。那金钏儿姐姐的事，大约是三爷说的。——我也是听见跟老爷的人说。"

　　袭人听了这两件事都对景，心中也就信了八九分，然后回来，只见众人都替宝玉疗治。调停完备，贾母命好生抬到他屋里去。众人一声答应，七手八脚，忙把宝玉送入怡红院内自己床上卧好。又乱了半日，众人渐渐的散去了，袭人方才进前来经心服侍细问。

　　① 春凳——长条的比较宽大的凳子。
　　② 数落——说话时絮叨、罗嗦的情状。这里含有责备的意思。

第三十四回 情中情因情感妹妹 错里错以错劝哥哥

话说袭人见贾母王夫人等去后，便走来宝玉身边坐下，含泪问他：

"怎么就打到这步田地？"

宝玉叹气说道：

"不过为那些事，问它做什么！只是下半截疼的很，你瞧瞧，打坏了那里。"

袭人听说，便轻轻的伸手进去，将中衣脱下。略动一动，宝玉便咬着牙叫"嗳哟"，袭人连忙停住手，如此三四次才褪下来了。袭人看时，只见腿上半段青紫，都有四指阔的僵痕高起来。袭人咬着牙说道：

"我的娘！怎么下这般的狠手？你但凡听我一句话，也不到这个分儿。幸而没动筋骨，倘或打出个残疾来，可叫人怎么样呢！"

正说着，只听丫鬟们说：

"宝姑娘来了。"

袭人听见，知道穿不及中衣，便拿了一床夹纱被替宝玉盖了。只见宝钗手里托着一丸药，走进来向袭人说道：

"晚上把这药用酒研开，替他敷上，把那淤血的热毒散开就好了。"说毕，递与袭人。又问："这会子可好些？"

宝玉一面道谢，说："好些了。"又让坐。

宝钗见他睁开眼说话，不像先时，心中也宽慰了些，便点头叹道：

"早听人一句话，也不至有今日！别说老太太，太太心疼，就是

406

我们看着,心里也———"

　　刚说了半句,又忙咽住,不觉眼圈微红,双腮带赤,低头不语了。

　　宝玉听得这话如此亲切,大有深意。忽见她又咽住,不往下说,红了脸,低下头,含着泪只管弄衣带,那一种软怯娇羞轻怜痛惜之情,竟难以言语形容。越觉心中感动,将疼痛早已丢在九霄云外去了。想道:

　　"我不过挨了几下打,她们一个个就有这些怜惜之态,令人可亲可敬! 假若我一时竟别有大故,她们还不知何等悲感呢! 既是她们这样,我便一时死了,得她们如此,一生事业,纵然尽付东流,也无足叹惜了。"

　　正想着,只听宝钗问袭人道:

　　"怎样好好的动了气就打起来了?"

　　袭人便把焙茗的话悄悄说了。宝玉原来还不知贾环的话,见袭人说出,方才知道。因又拉上薛蟠,惟恐宝钗沉心[①],忙又止住袭人,道:

　　"薛大哥从来不是这样,你们别混猜度。"

　　宝钗听说,便知宝玉是怕她多心,用话拦袭人。因心中暗暗想道:

　　"打得这个形像,疼还顾不过来,还这样细心,怕得罪了人。你既这样用心,何不在外头大事上做功夫? 老爷也欢喜了,也不能吃这样亏。你虽然怕我沉心,所以拦袭人的话,难道我就不知我哥哥素日恣心纵欲,毫无防范的那种心性吗? 当日为个秦钟还闹的天翻地覆,自然如今比先又加利害了。"想毕,因笑道:"你们也不必怨这个,怨那个。据我想,到底宝兄弟素日肯和那些人来往,老爷才生气。就是我哥哥说话不防头,一时说出宝兄弟来,也不是有心挑唆: 一则也是本来的实话;二则他原不理论这些防嫌小事。袭姑娘从小儿只见过宝兄弟这样细心的人,何曾见过我哥哥那天不怕地不怕,心里有什么口里说什么的人呢?"

　　> 作者让宝钗先来,很有道理。此回更表现了宝钗与黛玉对宝玉情感的份量,深浅大不相同。

　　袭人因说出薛蟠来，见宝玉拦她的话，早已明白自己说造次了，恐宝钗没意思；听宝钗如此说，更觉羞愧无言。宝玉又听宝钗这一番话半是堂皇正大，半是体贴自己的私心，更觉比先心动神移。方欲说话时，只见宝钗起身道：

　　"明日再来看你。好生养着罢。方才我拿了药来交给袭人，晚上敷上，管就好了。"

　　说着，便走出门去。袭人赶着送出院外，说：

　　"姑娘，倒费心了。改日宝二爷好了，亲自来谢。"

　　宝钗回头笑道：

　　"这有什么的？你只劝他好生养着，别胡思乱想，就好了。要想什么吃的，玩的，悄悄的往我那里只管取去，不必惊动老太太、太太、众人。倘或吹到老爷耳朵里，虽然彼时不怎么样，将来对景，终是要吃亏的。"说着，去了。

　　袭人抽身回来，心内着实感激宝钗。进来见宝玉沉思默默，似睡非睡的模样，因而退出房外栉沐。宝玉默默的躺在床上，无奈臀上作痛，如针挑刀挖一般，更热如火炙，略辗转时，禁不住嗳哟之声。那时天色将晚，因见袭人去了，却有两三个丫鬟伺候，此时并无呼唤之事，因说道：

　　"你们且去梳洗，等我叫时再来。"

　　众人听了，也都退出。

　　这里宝玉昏昏沉沉，只见蒋玉函走进来了，诉说忠顺府拿他之事；一时，又见金钏儿进来，哭说为他投井之情。宝玉半梦半醒，刚要诉说前情，忽又觉有人推他，恍恍惚惚，听得悲切之声。宝玉从梦中惊醒，睁眼一看，不是别人，却是黛玉。犹恐是梦，忙又将身子欠起来，向脸上细细一认，只见她两个眼睛肿得桃儿一般，满面泪光，不是黛玉，却是那个？宝玉还欲看时，怎奈下半截疼痛难禁，支持不住，便"嗳哟"一声，仍旧倒下，叹了口气，说道：

　　"你又做什么来了？太阳才落，那地上还是怪热的，倘或又受了暑，怎么好呢？我虽然捱了打，却也不很觉疼痛。这个样儿是装出来哄他们，好在外头布散给老爷听。其实是假的，你别信真了。"

此时黛玉虽不是嚎啕大哭，然越是这等无声之泣，气噎喉堵，更觉利害。听了宝玉这些话，心中提起万句言词，要说时却不能说得半句，半天方抽抽噎噎的道：

"你可都改了罢！"

宝玉听说，便长叹一声道：

"你放心。别说这样话。我便为这些人死了，也是情愿的！"

一句话未了，只见院外人说：

"二奶奶来了。"

黛玉便知是凤姐来了，连忙立起身，说道：

"我从后院子里去罢，回来再来。"

宝玉一把拉住，道：

"这又奇了。好好的，怎么怕起她来了？"

黛玉急得跺脚，悄悄的说道：

"你瞧瞧我的眼睛！又该她们拿咱们取笑儿了。"

宝玉听说，赶忙的放了手。黛玉三步两步，转过床后，刚出了后院，凤姐从前头已进来了，问宝玉：

> 作者写宝钗黛玉探病，手法大不相同，黛玉两眼红肿，满面泪光，宝钗说了许多话，抵不上黛玉抽抽噎噎的一句"你可都改了罢！"的话。黛玉是肺腑之言，两相比较，宝钗的话便淡如水了。

"可好些了？想什么吃，叫人往我那里取去。"

接着薛姨妈又来了。一时，贾母又打发了人来。

至掌灯时分，宝玉只喝了两口汤，便昏昏沉沉的睡去。接着周瑞媳妇、吴新登媳妇、郑好时媳妇这几个有年纪长来往的，听见宝玉捱了打，也都进来。袭人忙迎出来，悄悄的笑道：

"婶娘们略来迟了一步，二爷睡着了。"

说着，一面陪她们到那边屋里坐着，倒茶给她们吃。那几个媳妇子都悄悄的坐了一回，向袭人说：

"等二爷醒了，你替我们说罢。"

袭人答应了，送她们出去。刚要回来，只见王夫人使个老婆子

409

来,说:

"太太叫一个跟二爷的人呢。"

袭人见说,想了一想,便回身悄悄的告诉晴雯、麝月、秋纹等人说:

"太太叫人,你们好生在屋里,我去了就来。"说毕,同那婆子一迳出了园子,来至上房。

王夫人正坐在凉榻上,摇着芭蕉扇子,见她来了,说道:

"你不管叫谁来也罢了,又撂下他来了,谁伏侍他呢?"

袭人见说,连忙陪笑回道:

"二爷才睡了。那四五个丫头如今也好了,会伏侍了。太太请放心。恐怕太太有什么话吩咐,打发她们来,一时听不明白,倒耽误了事。"

王夫人道:

"也没什么话,白问问他这会子疼的怎么样了。"

袭人道:

"宝姑娘送来的药,我给二爷敷上了,比先好些了。先疼的躺不住,这会子都睡沉了,可见好些。"

王夫人又问:

"吃了什么没有?"

袭人道:

"老太太给的一碗汤,喝了两口,只嚷干渴,要吃酸梅汤。我想酸梅是个收敛东西,刚才捱打,又不许叫喊,自然急的热毒热血未免存在心里,倘或吃下这个去,激在心里,再弄出病来,那可怎么样呢?因此,我劝了半天,才没吃,只拿那糖腌的玫瑰卤子吃了,吃了小半碗,嫌吃絮②了,不香甜。"

王夫人道:

"嗳哟!你何不早来和我说?前日倒有人送了几瓶子香露来,原要给他一点子,我怕胡糟蹋了,就没给。既是他嫌那玫瑰膏子吃絮了,把这个拿两瓶子去。一碗水里,只用挑上一茶匙就香的了不得呢。"

说着，就唤彩云来把前日的那几瓶香露拿了来。袭人道：

"只拿两瓶来罢，多也白糟蹋。等不够，再来取也是一样。"

彩云听了，去了半日，果然拿了两瓶来，付与袭人。袭人看时，只见两个玻璃小瓶，却有三寸大小，上面螺丝银盖，鹅黄笺上写着"木樨清露"，那一个写着"玫瑰清露"。袭人笑道：

"好尊贵东西！这么个小瓶儿，能有多少？"

袭人答应着，方要走时，王夫人又叫：

"站着，我想起一句话来问你。"

袭人忙又回来。王夫人见房内无人，便问道：

"我恍惚听见宝玉今日捱打是环儿在老爷跟前说了什么话，你可听见这个话没有？"

袭人道：

"我倒没听见这个话，只听见说为二爷认得什么王府的戏子，人家来和老爷说了，为这个打的。"

王夫人摇头说道：

"也为这个，只是还有别的原故呢。"

袭人道：

"别的原故，实在不知道。"

又低头迟疑了一会，说道：

"今日大胆在太太跟前说句冒撞话。论理——"说了半截，却又咽住。

王夫人道：

"你只管说。"

袭人道：

"太太别生气，我才敢说。"

王夫人道：

"你说就是了。"

袭人道：

"论理,宝二爷也得老爷教训教训才好呢;要老爷再不管,不知将来还要做出什么事来呢。"

王夫人听见了这话,便点头叹息,由不得赶着袭人叫了一声:

"我的儿! 你这话说的很明白,和我的心里想的一样。其实我何曾不知道宝玉该管? 比如先时你珠大爷在,我是怎么样管他?难道我如今倒不知管儿子了? 只是有个原故: 如今我想,我已经五十岁的人了,通共剩了他一个,他又长的单弱,况且老太太宝贝似的,要管紧了他,倘或再有个好歹儿,或是老太太气着,那时上下不安,倒不好,所以就纵坏了他了。 我时常掰着嘴儿说一阵,劝一阵,哭一阵,彼时也好,过后来还是不相干,到底吃了亏才罢! 设若打坏了,将来我靠谁呢!"说着,由不得又滴下泪来。

袭人见王夫人这般悲感,自己也觉伤了心,陪着落泪。 又道:

"二爷是太太养的,太太岂不心疼? 就是我们做下人的,伏侍一场,大家落个平安,也算造化了。 要这样起来,连平安都不能了。 那一日那一时我不劝二爷? 只是再劝不醒! 偏偏那些人又肯亲近他,也怨不得他这样。 ——如今我们劝的倒不好了。 今日太太提起这话来,我还惦记着一件事,要来回太太,讨太太个主意;只是我怕太太疑心,不但我的话白说了,且连葬身之地都没有了。"

王夫人听了这话内中有因,忙问道:

袭人建议对黛玉不利,作者此一安排是逐渐向悲剧方向发展。

"我的儿,你只管说。 近来我因听见众人背前面后都夸你。 我只说你不过在宝玉身上留心,或是诸人跟前和气,这些小意思;谁知你方才和我说的话全是大道理,正合我的心事。 你有什么,只管说什么,只别叫别人知道就是了。"

袭人道:

"我也没什么别的说,我只想着讨太太一个示下,怎么变个法儿,以后竟还叫二爷搬出园外来住好了。"

王夫人听了,吃一大惊,忙拉了袭人的手,问道:

"宝玉难道和谁作怪了不成?"

袭人连忙回道:

"太太别多心,并没有这话,这不过是我的小见识。如今二爷
也大了,里头姑娘们也大了,况且林姑娘宝姑娘又是两姨姑表姐妹
——虽说是姐妹们,到底是男女之分,日夜一处,起坐不方便,由不
得叫人悬心。既蒙老太太和太太的恩典把我派在二爷屋里,如今
跟在园中住,都是我的干系。太太想,多有无心中做出,有心人看
见当做有心事,反说坏了的,倒不如预告防着点儿。况且二爷素日
的性格,太太是知道的;他又偏好在我们队里闹。倘或不防前后,
错了一点半点,不论真假,人多嘴杂,——那起坏人的嘴,太太还不
知道呢:心顺了,说的比菩萨还好;心不顺,就没有忌讳了。二爷将
来倘或有人说好,不过大家落个直过儿;设若叫人哼出一声不是
来,我们不用说,粉身碎骨,还是平常,后来二爷一生的声名品行,
岂不完了呢? 那时老爷太太也白疼了,白操了心了。不如这会子
防避些,似乎妥当。太太事情又多,一时固然想不到。我们想不到
便罢了;既想到了,要不回明了太太,罪越重了。近来我为这件事,
日夜悬心,又恐怕太太听着生气,所以总没敢言语。"

王夫人听了这话,正触了金钏儿之事,直呆了半晌,思前想后,
心下越发感爱袭人,笑道:

"我的儿,你竟有这个心胸,想得这样周全! 我何曾又不想到
这里? 只是这几次有事就混忘了。你今日这话提醒了我,难为你
这样细心。真真好孩子! ——也罢了,你且去罢,我自有道理。只
是还有一句话:你如今既说了这样的话,我索性就把他交给你了。
好歹留点心儿,别叫他糟蹋了身子才好,自然不辜负你。"

袭人低了一回头,方道:

"太太吩咐,敢不尽心吗?"

说着,慢慢的退出,回到院中,宝玉方醒,袭人回明香露之事。
宝玉甚喜,即命调来吃,果然香妙非常。因心下惦着黛玉,要打发
人去,只是怕袭人拦阻,便设法先使袭人往宝钗那里去借书。

袭人去了,宝玉便命晴雯来,吩咐道:

"你到林姑娘那里看她做什么呢。她要问我,只说我好了。"

晴雯道:

"白眉赤眼儿的③,作什么去呢? 到底说句话儿,也像件事啊。"

宝玉道:

"没有什么可说的么。"

晴雯道:

"或是送件东西,或是取件东西。不然,我去了,怎么搭讪呢?"

宝玉想了一想,便伸手拿了两条旧绢子撂与晴雯,笑道:

"也罢,就说我叫你送这个给她去了。"

晴雯道:

"这又奇了。她要这半新不旧的两条绢子! 她又要恼了,说你打趣她。"

宝玉笑道:

"你放心,她自然知道。"

晴雯听了,只得拿了绢子,往潇湘馆来。只见春纤正在栏杆上晾手巾,见她进来,忙摇手儿,说:

"睡下了。"

晴雯走进来,满屋漆黑,并未点灯。黛玉已睡在床上,问:

"是谁?"

晴雯忙答道:

"晴雯"。

黛玉道:

"做什么?"

晴雯道:

> 作者借送旧绢,表现两人心心相印。

"二爷叫给姑娘送绢子来了。"

黛玉听了,心中发闷,暗想:

"做什么送绢子来给我?"因问:"这绢子是谁送他的? 必定是好的。叫他留着送给别人罢,我这会子不用这个。"

晴雯笑道：

"不是新的，就是家常旧的。"

黛玉听了，越发闷住了，细心揣度，一时方大悟过来，连忙说：

"放下，去罢。"

晴雯只得放下，抽身回去。一路盘算，不解何意。

这黛玉体贴出绢子的意思来，不觉神痴心醉。想到"宝玉能领会我这一番苦意，又令我可喜。我这番苦意，不知将来可能如意不能，又令我可悲。要不是这个意思，忽然好好的送两块帕子来，竟又令我可笑了。再想到私相传递，又觉可惧。他既如此，我却每每烦恼伤心，反觉可愧。"如此左思右想，一时五内沸然，由不得余意缠绵。便命掌灯，也想不起嫌疑避讳等事，研墨蘸笔，便向那块旧帕上写道：

其　一

眼空蓄泪泪空垂，暗洒闲抛更向谁？

尺幅鲛绡劳惠赠，为君那得不伤悲？

其　二

抛珠滚玉只偷潸，镇日无心镇日闲。

枕上袖边难拂拭，任他点点与斑斑。

其　三

彩线难收面上珠，湘江旧迹已模糊。

窗前亦有千竿竹，不识香痕渍也无？

那黛玉还要往下写时，觉得浑身火热，面上作烧，走至镜台，揭起锦袱一照，只见腮上通红，真合压倒桃花，却不知病由此起。一时方上床睡上，犹拿着绢子思索。不在话下。

却说袭人来见宝钗，谁知宝钗不在园内，往她母亲那里去了。袭人不便空手回来，等至起更，宝钗方回。

原来宝钗素知薛蟠情性，心中已有一半疑是薛蟠挑唆了人来告宝玉了；谁知又听袭人说出来，越发信了。究竟袭人是焙茗说的,那焙茗也是私心窥度,并未据实。大家都是一半猜度,竟认作十分真切了。

可笑那薛蟠因素日有这个名声,其实这一次却不是他干的,竟被人生生的把个罪名坐定。这日正从外头吃了酒回来,见过了母亲,只见宝钗在这里坐着,说了几句闲话儿,忽然想起,因问道:

"听见宝玉挨打,是为什么?"

薛姨妈正为这个不自在,见他问时,便咬着牙道:

"不知好歹的冤家! 都是你闹的,你还有脸来问?"

薛蟠见说,便怔了,问道:

"我闹什么?"

薛姨妈道:

"你还装腔呢! 人人都知道是你说的。"

薛蟠道:

"人人说我杀了人也就信了罢?"

薛姨妈道:

"连你妹妹都知道是你说的,难道她也赖你不成?"

宝钗忙劝道:

"妈妈和哥哥且别叫喊,消消停停的就有个青红皂白了。"又向薛蟠道:"是你说的也罢,不是你说的也罢,事情已过去了,不必较正,把小事倒弄大了。我只劝你从此以后少在外头胡闹,少管别人的事。天天一处大家胡逛,你是个不防头的人,过后没事就罢了;倘或有事,不是你干的,人人都也疑惑,说是你干的。不用别人,我先就疑惑你。"

薛蟠本是个心直口快的人,见不得这样藏头露尾的事:又是宝钗劝他别再胡逛去;他母亲又说他犯舌,宝玉之打,是他治的,早已急得乱跳,赌神发誓的分辨。又骂众人:

"谁这么编派我? 我把那囚攮的牙敲了! 分明是为打了宝玉,没的献勤儿,拿我来做幌子。难道宝玉是天王? 他父亲打他一顿,一家子定要闹几天。那一回为他不好,姨父打了他两下子,过后儿老太太不知怎么知道了，说是珍大哥治的，好好儿的叫了去，骂了一顿。今日越发拉上我了。——既拉上我，也不怕，索性进去把宝玉打死了，我替他偿命！"

一面嚷，一面找起一根门闩来就跑。慌的薛姨妈拉住骂道：

"作死的孽障！你打谁去？你先打我来！"

薛蟠的眼急的铜铃一般，嚷道：

"何苦来！又不叫我去，为什么好好的赖我？将来宝玉活一日，我耽一日的口舌，不如大家死了清净！"

宝钗忙也上前劝道：

"你忍耐些儿罢！妈妈急的这个样儿，你不说来劝，你倒反闹的这样。别说是妈妈，就是旁人来劝你，也是为好，倒把你的性子劝上来！"

薛蟠道：

"你这会子又说这话。都是你说的！"

宝钗道：

"你只怨我说，再不怨你那顾前不顾后的形景。"

薛蟠道：

"你只会怨我顾前不顾后，你怎么不怨宝玉外头招风惹草的呢？别说别的，就拿前日琪官儿的事比给你们听：那琪官儿，我们见了十来次，他并没和我说一句亲热话；怎么前儿他见了，连姓名还不知道，就把汗巾子给他？难道这也是我说的不成？"

薛姨妈和宝钗急的说道：

"还提这个！可不是为这个打他呢！可见是你说的了。"

薛蟠道：

"真真的气死人了！赖我说的我不恼，我只气一个宝玉闹的这么天翻地覆的！"

宝钗道：

"谁闹来着？你先持刀动杖的闹起来，倒说别人闹。"

薛蟠见宝钗说的话句句有理, 难以驳正, 比母亲的话反难回答, 因此便要设法拿话堵回她去, 就无人敢拦自己的话了。也因正在气头儿上, 未曾想话之轻重, 便道:

"好妹妹, 你不用和我闹, 我早知道你的心了。从先妈妈和我说: 你这金锁要拣有玉的才可配。你留了心, 见宝玉有那劳什子, 你自然如今行动护着他。"

话未说了, 把个宝钗气怔了, 拉着薛姨妈哭道:

"妈妈! 你听哥哥说的是什么话!"

薛蟠见妹子哭了, 便知自己冒撞, 便赌气走到自己屋里安歇。不提。

宝钗满心委屈气忿, 待要怎样, 又怕她母亲不安, 少不得含泪别了母亲, 各自回来, 到屋里整哭了一夜。次日一早起来, 也无心梳洗, 胡乱整理了衣裳, 便出来瞧母亲。可巧遇见黛玉独立在花阴之下, 问她那里去。宝钗因说: "家去。"口里说着, 便只管走。黛玉见她无精打彩的去了, 又见眼上好似有哭泣之状, 大非往日可比, 便在后面笑道:

"姐姐也自己保重些儿。就是哭出两缸泪来, 也医不好棒疮!"

> 黛玉的话俏皮之至, 伤人而不见血, 这些话也最表现她的性格。作者运用语言出神入化, 宝玉捱打, 三角关系更加尖锐。宝玉黛玉靠得更近, 周围形势却在支援宝钗。

① 沉心——又作嗔心、吃心, 怀疑旁人指说自己, 因而不愉快。

② 絮——感觉厌烦, 常说絮或絮烦。吃厌了说吃絮了, 听厌了说听絮了。

③ 白眉赤眼儿的——平白无故、没有题目的意思。

第三十五回　白玉钏亲尝莲叶羹
黄金莺巧结梅花络

　　话说宝钗分明听见黛玉克薄了,因惦记着母亲哥哥,并不回头,一径去了。这里黛玉仍旧立于花阴之下,远远的却向怡红院内望着。只见李纨、迎春、探春、惜春并丫鬟等都向怡红院内去过之后,一起一起的散尽了,只不见凤姐儿来。心里自己盘算,说道:

　　"她怎么不来瞧瞧宝玉呢?便是有事缠住了。她必定也是要来打个'花胡哨'①,讨老太太、太太的好儿才是呢。今儿这早晚不来,必有原故。"

　　一面猜疑,一面抬头再看时,只见花花簇簇一群人,又向怡红院内来了。定睛看时,却是贾母搭着凤姐的手,后头邢夫人、王夫人,跟着周姨娘并丫头、媳妇等人,都进院去了。

　　黛玉看了,不觉点头,想起有父母的好处来,早又泪珠满面。少顷,只见薛姨妈宝钗等也进去了。忽见紫鹃从背后走来说道:

　　"姑娘,吃药去罢,开水又冷了。"

　　黛玉道:

　　"你到底是怎么样,只见催?我吃不吃,与你什么相干?"

　　紫鹃笑道:

　　"咳嗽的才好了些,又不吃药了。如今虽是五月里,天气热,到底也还该小心些。大清早起,在这个潮地上站了半日,也该回去歇歇了。"

　　一句话提醒了黛玉,方觉得有点儿腿酸,呆了半日,方慢慢的扶着紫鹃,回到潇湘馆来。一进院门,只见满地下竹影参差,苔痕浓淡,不觉又想起西厢记中所云"幽僻处可有人行?点苍苔白露泠

419

泠"二句来。因暗暗的叹道:"双文虽然命薄,尚有媚母弱弟;今日我黛玉之薄命,一并连媚母弱弟俱无!"想到这里,又欲下泪来。不防廊下的鹦哥见黛玉来了,嘎的一声,扑了下来,倒唬了一跳,因说道:

"你作死呢! 又扇了我一头灰。"

那鹦哥又飞上架去,便叫:

"雪雁,快掀帘子,姑娘来了。"

黛玉便止住步,以手扣架,道:

"添了食水不曾?"

那鹦哥便长叹一声,竟大似黛玉素日吁嗟音韵。接着念道:

"侬今葬花人笑痴,他年葬侬知是谁?"

黛玉紫鹃听了,都笑起来。紫鹃笑道:

"这都是素日姑娘念的,难为它怎么记了。"

黛玉便命将架摘下来,另挂在月洞窗外的钩上,于是进了屋子,在月洞窗内坐了。吃毕药,只见窗外竹影映入纱窗,满屋内阴阴翠润,几簟生凉。黛玉无可释闷,便隔着纱窗,调逗鹦哥做戏,又将素日所喜的诗词也教与它念。这且不在话下。

且说宝钗来至家中,只见母亲正梳头呢。看见她进来,便笑着说道:"你这么早就梳上头了?"

宝钗道:

"我瞧瞧妈妈身上好不好。昨儿我去了,不知他可又过来闹了没有?"

一面说,一面在她母亲身旁坐下,由不得哭将起来。薛姨妈见她一哭,自己掌不住,也就哭了一场,一面又劝她:

"我的儿,你别委屈了。你等我处分那孽障。你要有个好歹,叫我指望那一个呢?"

薛蟠在外听见,连忙的跑过来,对着宝钗左一个揖,右一个揖,只说:

"好妹妹,恕我这次罢! 原是我昨儿吃了酒,回来的晚了,路上撞着客了,来家没醒,不知胡说了些什么,连自己也不知道,怨不得你生气。"

宝钗原是掩面而哭,听如此说,由不得也笑了,遂抬头向地下啐了一口,说道:

"你不用做这些像生儿了! 我知道你的心里多嫌我们娘儿们,你是变着法儿叫我们离了你就心净了。"

薛蟠听说,连忙笑道:

"妹妹,这从那里说起? 妹妹从来不是这么多心说歪话的人哪。"

薛姨妈忙又接着道:

"你只会听你妹妹的歪话,难道昨儿晚上你说的那些话就使得吗? 当真是你发昏了!"

薛蟠道:

"妈妈也不必生气,妹妹也不用烦恼。 从今以后,我再不和他们一块儿喝酒了,好不好?"

宝钗笑道:

"这才明白过来了。"

薛姨妈道:

"你要有个横劲,那龙也下蛋了!"

薛蟠道:

"我要再和他们一处喝,妹妹听见了,只管啐我,再叫我畜生,不是人,如何? 何苦来,为我一个人,娘儿两个天天儿操心! 妈妈为我生气,还犹可,要只管叫妹妹为我操心,我更不是人了。 如今父亲没了,我不能多孝顺妈妈,多疼妹妹,反叫娘母子生气,妹妹烦恼,连个畜生不如了!"口里说着,眼睛里掌不住掉下泪来。

薛姨妈本不哭了,听他一说,又伤起心来。 宝钗勉强笑道:

"你闹够了,这会子又来招着妈妈哭了。"

薛蟠听说,忙收泪笑道:

"我何曾招着妈妈哭来着? 罢,罢,罢! 扔下这个别提了。 叫香菱来倒茶妹妹喝。"

宝钗道:

"我也不喝茶。等妈妈洗了手,我们就进去了。"

薛蟠道:

"妹妹的项圈,我瞧瞧,只怕该炸②一炸去了。"

宝钗道:

"黄澄澄的,又炸它做什么?"

薛蟠又道:

"妹妹如今也该添补些衣裳了。要什么颜色花样,告诉我。"

宝钗道:

"连那些衣裳我还没穿遍了,又做什么?"

一时,薛姨妈换了衣裳,拉着宝钗进去,薛蟠方出去了。

这里薛姨妈和宝钗进园来看宝玉,到了怡红院中,只见抱厦里外回廊上,许多丫头、老婆站着,便知贾母等都在这里。母女两个进来,大家见过了,只见宝玉躺在榻上,薛姨妈问他:

"可好些?"

宝玉忙欲欠身,口里答应着"好些",又说:

"只管惊动姨妈、姐姐,我当不起。"

薛姨妈忙扶他睡下,又问他:

"想什么,只管告诉我。"

宝玉笑道:

"我想起来,自然和姨妈要去。"

王夫人又问:

"你想什么吃?回来好给你送来。"

宝玉笑道:

"也倒不想什么吃,倒是那一回做的那小荷叶儿小莲蓬儿的汤还好些。"

凤姐一旁笑道:

"都听听:口味倒不算高贵,只是太磨牙了。巴巴儿的想这个吃。"

贾母便一叠连声的叫做去。凤姐笑道:

"老祖宗别急,我想想,这模子是谁收着呢?……"因回头吩咐个老婆问管厨房的去要。

那老婆去了半天,来回话:

"管厨房的说,四副汤模子都缴上来了。"

凤姐听说,又想了一想,道:

"我也记得交上来了,就只不记得交给谁了。多半是在茶房里。"又道人去问管茶房,也不曾收,次后还是管金银器的送了来了。

薛姨妈先接过来瞧时,原来是个小匣子,里面装有四副银模子,都有一尺多长,一寸见方。上面凿着豆子大小,也有菊花的,也有梅花的,也有莲蓬的,也有菱角的,共有三四十样。打的十分精巧。因笑向贾母王夫人道:

"你们府上也都想绝了,吃碗汤还有这些样子。要不说出来,我见了这个也认不得是做什么用的。"

凤姐儿也不等人说话,便笑道:

"姑妈不知道。这是旧年备膳的时候儿,他们想的法儿。不知弄什么面印出来,借点新荷叶的清香,全仗着好汤。我吃着,究竟也没什么意思。谁家长吃它?那一回呈样做了一回,他今儿怎么想起来了?"

说着,接过来递与个妇人,吩咐厨房里立刻拿几只鸡,另外添了东西,做十碗汤来。王夫人道:

"要这些做什么?"凤姐笑道:

"有个原故。这一宗东西,家常不大做,今儿宝兄弟提起来了,单做给他吃,老太太、姑妈、太太都不吃,似乎不大好,不如就势儿弄些大家吃吃,托赖着连我也尝个新儿。"

贾母听了,笑道:

"猴儿,把你乖的! 拿着官中的钱做人情。"

说的大家笑了。凤姐忙笑道：

"这不相干。这个小东道儿我还孝敬的起。"便回头吩咐妇人说给厨房里："只管好生添补着做，在我帐上领银子。"

婆子答应着，去了。

宝钗一旁笑道："我来了这么几年，留神看起来，二嫂子凭她怎么巧，再巧不过老太太。"

贾母听说，便答道：

"我的儿！我如今老了，那里还巧什么？当日我像凤丫头这么大年纪，比她还来得呢。她如今虽说不如我，也就算好了，比你姨妈强远了。你姨妈可怜见的，不大说话，和木头似的，公婆跟前就不献好儿。凤儿嘴乖，怎么怨得人疼她？"

> 宝玉有心赞黛玉，贾母却赞宝钗。贾母是老祖宗，她的话一言九鼎。作者此一安排，无异决定了黛玉的命运，《红楼梦》的结局。

宝玉笑道：

"要这么说，不大说话的就不疼了？"

贾母道：

"不大说话的又有不大说话的可疼之处，嘴乖的也有一宗可嫌的，倒不如不说的好。"

宝玉笑道：

"这就是了。我说大嫂子倒不大说话呢，老太太也是和凤姐姐一样的疼。要说单是会说话的可疼，这些姐妹里头也只凤姐姐和林妹妹可疼了。"

贾母道：

"提起姐妹，不是我当着姨太太的面奉承，千真万真，从我们家里四个女孩儿算起，都不如宝丫头。"

薛姨妈听了，忙笑道："这话是老太太说偏了。"

王夫人忙又笑道：

"老太太时常背地里和我说宝丫头好，这倒不是假话。"

宝玉勾着贾母，原为要赞黛玉，不想反赞起宝钗来，倒也意出望外，便看着宝钗一笑。宝钗早扭过头去和袭人说话去了。

忽有人来请吃饭，贾母方立起身来，命宝玉："好生养着罢。"把

丫头们又嘱咐了一回,方扶着凤姐儿,让着薛姨妈,大家出房去了,犹问:

"汤好了不曾?"又问薛姨妈等:"想什么吃,只管告诉我,我有本事叫凤丫头弄了来咱们吃。"

薛姨妈笑道:

"老太太也会怄她。时常她弄了东西来孝敬,究竟又吃不多儿。"

凤姐儿笑道:

"姑妈倒别这么说。我们老祖宗只是嫌人肉酸,要不嫌人肉酸,早已把我还吃了呢!"

一句话没说了,引的贾母众人都哈哈的大笑起来。宝玉在屋里,也掌不住笑了。袭人笑道:

"真真的二奶奶的嘴怕死人!"

宝玉伸手拉着袭人,笑道:

"你站了这半日,可乏了?"

一面说,一面拉她身旁坐下。袭人笑道:

"可是又忘了。趁宝姑娘在院子内,你和她说,烦她们莺儿来打上几根绦子。"

宝玉笑道:

"亏了你提起来!"说着,便仰头向窗外道:"宝姐姐,吃过饭,叫莺儿来,烦她打几根绦子,可得闲儿?"

宝钗听见,回头道:

"是了。一会儿就叫她来。"

贾母等尚未听真,都止步问宝钗何事。宝钗说明了。贾母便说道:

"好孩子,你叫她来替你兄弟打几根罢。你要人使,我那里闲的丫头多着呢。你喜欢谁,只管叫来使唤。"

薛姨妈宝钗等都笑道:

"只管叫她来做就是了。有什么使唤的去处?她天天也是闲着淘气。"

大家说着,往前走,忽见湘云、平儿、香菱等在山石边掐凤仙花呢。见了她们走来,都迎上来了。

少顷,出至园外,王夫人恐贾母乏了,便欲让至上房内坐。贾母也觉脚酸,便点头依允。王夫人便命丫头忙先去铺设坐位。那时赵姨娘推病,只有周姨娘与那老婆丫头们忙着打帘子,立靠背,铺褥子。贾母扶着凤姐儿进来,与薛姨妈分宾主坐了。宝钗湘云坐在下面。王夫人亲自捧了茶来,奉与贾母,李宫裁捧与薛姨妈。贾母向王夫人道:

"让她们小姑娌们伏侍罢,你在那里坐下,好说话儿。"。

王夫人方向一张小杌子上坐下,便吩咐凤姐儿道:

"老太太的饭放在这里,添了东西来。"

凤姐儿答应出去,便命人去贾母那边告诉。那边的老婆们忙往外传了。丫头们忙都赶过来,王夫人便命请姑娘们去。请了半天,只有探春惜春两个来了。迎春身上不耐烦,不吃饭,那黛玉是不消说,十顿饭只好吃五顿,众人也不着意了。

少顷饭至,众人调放了桌子。凤姐儿用手巾裹了一把牙箸,站在地上,笑道:

"老祖宗和姨妈不用让,还听我说就是了。"

贾母笑向薛姨妈道:

"我们就是这样。"

薛姨妈笑着应了。于是凤姐放下四双箸,上面两双是贾母薛姨妈,两边是宝钗湘云的。王夫人李宫裁等都站在地下看着放菜。凤姐先忙着要干净家伙来替宝玉拣菜。

少顷,莲叶汤来了。贾母看过了。王夫人回头见玉钏儿在那里,便命玉钏儿与宝玉送去。凤姐道:

"她一个人难拿。"可巧莺儿和同喜都来了。宝钗知道她们已吃了饭,便向莺儿道:

"宝二爷正叫你去打绦子,你们两个同去罢。"

莺儿答应着和玉钏儿出来，莺儿道：

"这么远，怪热的，那可怎么端呢？"

玉钏儿笑道：

"你放心，我自有道理。"

说着，便命一个婆子来将汤饭等类放在一个捧盒里，命她端了跟着，她两个却空着手走。一直到了怡红院门口，玉钏儿方接过来了，同着莺儿进入房中。袭人、麝月、秋纹三个人正和宝玉玩笑呢，见她两个来了，都忙起来笑道：

"你们两个来的怎么碰巧，一齐来了？"

一面说，一面接过来。玉钏儿便向一张杌子上坐下，莺儿不敢坐，袭人便忙端了个脚踏来，莺儿还不敢坐。

宝玉见莺儿来了，却倒十分欢喜。见了玉钏儿，便想起他姐姐金钏儿来了，又是伤心，又是惭愧，便把莺儿丢下，且和玉钏儿说话。袭人见把莺儿不理，恐莺儿没好意思的，又见莺儿不肯坐，便拉了莺儿出来，到那边屋里去吃茶说话儿去了。

这里麝月等预备了碗箸来，伺候吃饭。宝玉只是不吃，问玉钏儿道：

"你母亲身上好？"

玉钏儿满脸娇嗔，正眼也不看宝玉，半日，方说了一个"好"字。宝玉便觉没趣，半日，只得又陪笑问道："谁叫你替我送来的？"

玉钏儿道：

"不过是奶奶、太太们。"

宝玉见她还是哭丧着脸，便知她是为金钏儿的缘故。待要虚心下气哄她，又见人多不好下气的，因而便寻方法，将人都支出去，然后又陪笑问长问短。那玉钏儿先虽不欲理他，只管见宝玉一些性气也没有，凭她怎么丧谤⑨，还是温存和气，自己倒不好意思的了，脸上方有三分喜色。

宝玉便笑央道：

"好姐姐，你把那汤端了来我尝尝。"

玉钏儿道:

"我从不会喂人东西,等她们来了再喝。"

宝玉笑道:

"我不是要你喂我。我因为走不动,你递给我喝了,你好赶早回去交代了,好吃饭去。我只管耽误了时候,岂不饿坏了你? 你要懒怠动,我少不得忍着疼下去取去。"

说着,便要下床,挣扎起来,禁不住嗳哟之声。

玉钏儿见他这般,也忍不过,起身说道:

"躺下去罢。那世里造的孽,这会子现世现报! 叫我那一个眼睛瞧的上!"

一面说,一面哧的一声又笑了,端过汤来。宝玉笑道:

"好姐姐,你要生气,只管在这里生罢。见了老太太、太太,可和气着些,若还这样,你就要挨骂了。"

玉钏儿道:

"吃罢,吃罢! 你不用和我甜嘴蜜舌的了。我都知道啊!"

说着,催宝玉喝了两口汤。宝玉故意说:

"不好吃。"

玉钏儿撇嘴道:

"阿弥陀佛! 这个还不好吃,也不知甚么好吃呢?"

宝玉道:

"一点味儿也没有。你不信,尝一尝就知道了。"

玉钏儿果真赌气尝了一尝。宝玉笑道:

"这可好吃了!"

玉钏儿听说,方解过他的意思来,原是宝玉哄她喝一口,便说道:

"你既说不喝,这会子说好吃也不给你喝了。"

宝玉只管陪笑央求要喝。玉钏儿又不给他,一面又叫人打发吃饭。

丫头方进来时,忽有人来回话,说:

"傅二爷家的两个嬷嬷来请安，来见二爷。"

宝玉听说，便知是通判傅试家的嬷嬷来了。那傅试原是贾政的门生，原来都赖贾家的名声得意，贾政也着实看待，与别的门生不同。他那里常遣人来走动。

宝玉素昔最厌勇男蠢妇的，今日却如何又命这两个婆子进来？其中原来有个缘故。只因那宝玉闻得傅试有个妹子，名唤傅秋芳，也是个琼闺秀玉，常听人说，才貌俱全。虽目未亲睹，然遐思遥爱之心，十分诚敬。不命她们进来，恐薄了傅秋芳，因此，连忙命让进来。

那傅试原是暴发的。因傅秋芳有几分姿色，聪明过人，那傅试安心仗着妹子，要与豪门贵族结亲，不肯轻意许人，所以耽误到如今。目今傅秋芳已二十三岁，尚未许人。怎奈那些豪门贵族又嫌她本是穷酸，根基浅薄，不肯求配。那傅试与贾家亲密，也自有一段心事。

今日遣来的两个婆子，偏偏是极无知识的，闻得宝玉要见，进来只刚问了好，说了没两句话。那玉钏儿见生人来，也不和宝玉厮闹了，手里端着汤，却只顾听。宝玉又只顾和婆子说话，一面吃饭，伸手去要汤。两个人的眼睛都看着人，不想伸猛了手，便将碗撞翻，将汤泼了宝玉手上。玉钏儿倒不曾烫着，唬了一跳，忙笑道：

"这是怎么了？"

慌的丫头们忙上来接碗。宝玉自己烫了手，倒不觉的，只管问玉钏儿：

"烫了那里了？疼不疼？"

玉钏儿和众人都笑了。玉钏儿道：

"你自己烫了，只管问我。"

宝玉听了，方觉自己烫了。众人上来，连忙收拾。宝玉也不吃饭了，洗手吃茶，又和那两个婆子说了两句话，然后两个婆子告辞去。晴雯等送至桥边方回。

那两个婆子见没人了，一行走，一行谈论，这一个笑道：

"怪道有人说他们家的宝玉是相貌好,里头糊涂,中看不中吃。果然竟有些呆气! 他自己烫了手,倒问别人疼不疼,这可不是呆了吗?"那个又笑道:

"我前一回来,还听见他家里许多人说,千真万真,有些呆气。大雨淋的水鸡儿似的,他反告诉别人:'下雨了,快避雨去罢。'你说可笑不可笑? 时常没人在跟前,就自哭自笑的;看见燕子,就和燕子说话;河里看见了鱼,就和鱼儿说话;见了星星、月亮,他不是长吁短叹的,就是咭咭哝哝的。且一点刚性儿也没有,连那些毛丫头的气都受到了。 爱惜起东西来,连个线头儿都是好的;糟蹋起来,那怕值千值万,都不管了。"

两个人一面说,一面走出园来回去。 不在话下。

且说袭人见人去了,便携了莺儿过来,问宝玉打甚么绦子。宝玉笑向莺儿道:

"才只顾说话,就忘了你了。 烦你来不为别的,替我打几根络子。"

莺儿道:

"装甚么络子?"

宝玉见问,便笑道:

"不管装甚么的,你都每样打几个罢。"

莺儿拍手笑道:

"这还了得! 要这样,十年也打不完了。"

宝玉笑道:

"好姑娘,你闲着也没事,都替我打了罢。"

袭人笑道:

"那里一时都打的完? 如今先拣要紧的打几个罢。"

莺儿道:

"甚么要紧? 不过是扇子,香坠儿,汗巾子。"

宝玉道:

"汗巾子就好。"

莺儿道：

"汗巾子是什么颜色?"

宝玉道：

"大红的。"

莺儿道：

"大红的须是黑络子才好看,或是石青的,才压得住颜色。"

宝玉道：

"松花色配什么?"

莺儿道：

"松花配桃红。"

宝玉笑道：

"这才姣艳。再要雅淡之中带些姣艳。"

莺儿道：

"葱绿柳黄,可倒还雅致。"

宝玉道：

"也罢了。也打一条桃红,再打一条葱绿。"

莺儿道：

"什么花样呢?"

宝玉道：

"也有几样花样?"

莺儿道：

"一炷香,朝天凳,象眼块,方胜,连环,梅花,柳叶。"

宝玉道：

"前儿你替三姑娘打的那花样是什么?"

莺儿道：

"是'攒心梅花'。"

宝玉道：

"就是那样好。"

一面说,一面袭人刚拿了线来。窗外婆子说：

"姑娘们的饭都有了。"

宝玉道：

"你们吃饭去，快吃了来罢。"

袭人笑道：

"有客在这里，我们怎么好意思去呢？"

莺儿一面理线，一面笑道：

"这打那里说起？正经快吃去罢。"

袭人等听说，方去了，只留下两个小丫头呼唤。

宝玉一面看莺儿打络子，一面说闲话。因问她：

"十几岁了？"

莺儿手里打着，一面答话：

"十五岁了。"

宝玉道：

"你本姓什么？"

莺儿道：

"姓黄。"

宝玉笑道：

"这个姓名倒对了，果然是个'黄莺儿'。"

莺儿笑道：

"我的名字本来是两个字，叫做金莺。姑娘嫌拗口，只单叫莺儿，如今就叫开了。"

宝玉道：

"宝姐姐也就算疼你了。明儿宝姐姐出嫁，少不得是你跟了去了。"

莺儿抿嘴一笑。宝玉笑道：

"我常常和你花大姐姐说，明儿也不知那一个有造化的消受你们主儿两个呢！"

莺儿笑道：

"你还不知我们姑娘有几样世上的人没有的好处呢，模样儿还在其次。"

宝玉见莺儿姣腔婉转，语笑如痴，早不胜其情了，那堪更提起宝钗来？便问道：

"什么好处？你细细儿的告诉我听。"

莺儿道：

"我告诉你，你可不许告诉她。"

宝玉笑道：

"这个自然。"

正说着，只听见外头说道：

"怎么这样静悄悄的？"

二人回头看时，不是别人，正是宝钗来了。宝玉忙让坐。宝钗坐下，因问莺儿：

"打什么呢？"

一面问，一面向她手里去瞧，才打了半截儿。宝钗笑道：

"这有什么趣儿？倒不如打个络子，把玉络上呢。"

一句话提醒了宝玉，便拍手笑道：

"倒是姐姐说的是，我就忘了。只是配个什么颜色才好？"

宝钗道：

"用鸦色断然使不得，大红又犯了色，黄的又不起眼，黑的太暗——依我说，竟把你的金线拿来，配着黑珠儿线，一根一根的拈上，打成络子，那才好看。"

宝玉听说，喜之不尽，一叠连声就叫袭人来取金线。正值袭人端了两碗菜走进来，告诉宝玉道：

"今儿奇怪：刚才太太打发人给我送了两碗菜来。"

宝玉笑道：

"必定是今儿菜多，送给你们大家吃的。"

袭人道：

"不是。说指名给我的，还不叫过去磕头。这可是奇了？"

宝钗笑道：

"给你的你就吃去,这有什么猜疑的?"

袭人道:

"从来没有的事,倒叫我不好意思的。"

宝钗抿嘴一笑,说道:

"这就不好意思了? 明儿还有比这个更叫你不好意思的呢!"

袭人听了话内有因,素知宝钗不是轻嘴薄舌奚落人的,自己想起上日王夫人的意思来,便不再提了,将菜给宝玉看了,说:"洗了手来拿线。"说毕,便一直出去了,吃过饭,洗了手,进来拿金线给莺儿打络子。此时宝钗早被薛蟠遣人来请出去了。

这里宝玉正看着打络子,忽见邢夫人那边遣了两个丫头送了两样果子来给他吃,问他:

"可走得的么? 要走的动,叫哥儿明儿过去散散心。太太着实惦记着呢。"

宝玉忙道:

"要走得了,必定过来请太太的安去。疼的比先好些,请太太**放心**罢。"

一面叫她两个坐下,一面又叫秋纹来把才那果子拿一半送给林姑娘去。秋纹答应了,刚欲去时,只听黛玉在院内说话,宝玉忙叫快请。

> 王夫人送菜给袭人,和前面贾母赞宝钗,是作者的双重暗示,两道伏笔,与《红楼梦》结局完全一样。宝玉黛玉已经输定了! 说后四十回不是曹雪芹写的人是太不了解创作了。

---

① 打花胡哨——花言巧语和口头敷衍世故的行动。

② 炸——金器旧了,加一次工,使它重增光彩,术语叫炸。

③ 丧谤(都念平声)——态度不柔和。物件的韧性不够(如厚布硬皮等)也说丧谤。

第三十六回　绣鸳鸯梦兆绛芸轩
　　　　　　识分定情悟梨香院

　　话说贾母自王夫人处回来,见宝玉一日好似一日,心中自是欢喜。因怕将来贾政又**叫他**,遂命人将贾政的亲随小厮头儿唤来,吩咐:

　　"以后倘有会人待客诸样的事,你老爷要叫宝玉,你不用上来传话,就回他说,我说的:一则打重了,得着实将养几个月才走得。二则他的星宿不利,祭了星,不见外人,过了八月才许出二门。"

　　那小厮头儿听了,领命而去。贾母又命李嬷嬷袭人等来,将此话说与宝玉,使他放心。

　　那宝玉素日本就懒与士大夫诸男人接谈,又最厌峨冠礼服贺吊往还等事;今日得了这句话,越发得意了,不但将亲戚朋友一概杜绝了,而且连家庭中晨昏定省,一发都随他的便了。日日只在园中游玩坐卧,不过每日一清早到贾母王夫人处走走就回来了,却每日甘心为诸丫头充役,倒也得十分消闲日月。或如宝钗辈有时见机劝导,反生起气来,只说:

　　"好好的一个清净洁白女子,也学的钓名沽誉,入了国贼禄鬼之流! 这总是前人无故生事,立意造言,原为引导后世的须眉浊物;不想我生不幸,亦且琼闺绣阁中亦染此风,真真有负天地钟灵毓秀之德了!"众人见他如此,也都不向他说正经话了。独有黛玉自幼儿不会劝他去立身扬名,所以深敬黛玉。

　　闲言少述。如今且说凤姐自见金钏儿死后,忽见几家仆人常来孝敬她些东西,又不时的来请安奉承,自己倒生了疑惑,不知何意。这日,又见人来孝敬她东西,因晚间无人时,笑问平儿。平儿

冷笑道:

"奶奶连这个都想不起来？我猜他们的女孩儿都必是太太屋里的丫头。如今太太屋里有四个大的，一个月一两银子的分例，下剩的都是一个月只几百钱。如今金钏儿死了，必定他们要弄这一两银子的窝儿呢。"

凤姐听了，笑道:

"是了，是了，倒是你想的不错。只是这起人也太不知足。钱也赚够了，苦事情又摊不着，他们弄个丫头搪塞身子儿也就罢了，又要想这个巧宗儿。他们几家的钱也不是容易花到我跟前的，这可是他们自寻，送什么我就收什么，横竖我有主意。"

凤姐儿安下这个心，所以只管耽延着，等那些人把东西送走了，然后乘空方回王夫人。

这日午间，薛姨妈、宝钗、黛玉等正在王夫人屋里，大家吃西瓜。凤姐儿得便回王夫人道:

"自从玉钏儿的姐姐死了，太太跟前少着一个人。太太或看准了那个丫头，就吩咐了下月好发放月钱。"王夫人听了，想了一想，道:"依我说，什么是例，必定四个五个的？够使就罢了。竟可以免了罢。"

凤姐笑道:

"论理，太太说的也是，只是原是旧例。别人屋里还有两个哩，太太倒不按例了？况且省下一两银子，也有限的。"

王夫人听了，又想了想，道:

"也罢，这个分例只管开了来，不用补人，就把这一两银子给她妹妹玉钏儿罢。她姐姐伏侍了我一场，没个好结果，剩下她妹妹跟着我，吃个双分儿也不为过。"

凤姐答应着，回头望着玉钏儿笑道:

"大喜，大喜！"

玉钏儿过来磕了头。王夫人又问道:

"正要问你：如今赵姨娘周姨娘的月例①多少？"

　　凤姐道：

　　"那是定例，每人二两。赵姨娘有环兄弟的二两，共是四两，另外四串钱。"

　　王夫人道：

　　"月月可都按数给她们？"

　　凤姐见问得奇，忙道：

　　"怎么不按数给呢？"

　　王夫人道：

　　"前儿恍惚听见有人抱怨，说短了一串钱，什么缘故？"

　　凤姐忙笑道：

　　"姨娘们的丫头月例，原是人各一串钱；从旧年她们外头商量的，姨娘们每位丫头，分例减半，人各五百钱。每位两个丫头，所以短了一串钱。这事其实在我手里，我倒乐得给她们呢，只是外头扣着。这里我不过是接手儿，怎么来，怎么去，由不得我做主。我倒说了两三回，仍旧添上这两分儿为是；他们说了只有这个数儿，叫我也难再说了。如今我手里给她们，每月连日子都不错。先时候儿在外头关②，那个月不打饥荒？何曾顺顺溜溜的得过一遭儿呢？"

　　王夫人听说，就停了半晌，又问：

　　"老太太屋里几个一两的？"

　　凤姐道：

　　"八个。如今只有七个。那一个是袭人。"

　　王夫人道：

　　"这就是了。你宝兄弟也并没有一两的丫头，袭人还算老太太房里的人。"

　　凤姐笑道：

　　"袭人还是老太太的人，不过给了宝兄弟使，她这一两银子还在老太太的丫头分例上领。如今说，因为袭人是宝玉的人，裁了这一两银子，断乎使不得。若说再添一个人给老太太，这个还可以裁她。若不裁她，须得环兄弟屋里也添上一个，才公道均匀了。就是晴雯麝月她们七个大丫头，每月人各月钱一吊，佳蕙她们八个小丫头们，每月人各月钱五百，还是老太太的话，别人也恼不得气不得呀。"

薛姨妈笑道：

"你们只听凤丫头的嘴，倒像倒了核桃车子似的！帐也清楚，理也公道。"

凤姐笑道：

"姑妈，难道我说错了吗？"

薛姨妈笑道：

"说的何尝错？只是你慢着些儿说，不省力些？"

凤姐才要笑，忙又忍住了，听王夫人示下。王夫人想了半日，向凤姐道：

"明儿挑一个丫头送给老太太使唤，补袭人，把袭人的一分裁了。把我每月的月例二十两银子里，拿出二两银子一吊钱来给袭人去。以后凡事有赵姨娘周姨娘的，也有袭人的，只是袭人的这一分都从我的分例上匀出来，不必动官中的就是了。"

凤姐一一的答应了，笑推薛姨妈道：

"姑妈听见了？我素日说的话如何？今儿果然应了。"

薛姨妈道：

"早就该这么着。那孩子模样儿不用说，只是她那行事儿的大方，见人说话儿的和气里头着着刚硬要强，倒实在难得的。"

王夫人含泪说道：

"你们那里知道袭人那孩子的好处？比我的宝玉还强十倍呢！宝玉果然有造化，能够得她长长远远的伏侍一辈子，也就罢了！"

凤姐道：

> 王夫人将袭人与赵姨娘周姨娘同等看待，等于确定了袭人的妾侍地位。袭人拥宝钗，黛玉的困难就更大了。作者是在步步进逼。

"既这么样，就开了脸③，明放她在屋里不好？"

王夫人道：

"这不好。一则年轻；二则老爷也不许；三则宝玉见袭人是他的丫头，纵有放纵的事，倒能听她的劝，如今做了跟前人④，那袭人该劝的也不敢十分劝了。如今且浑着，等再过二三年再说。"

说毕，凤姐见无话，便转身出来。刚至廊檐下，只见有几个执事的媳妇子正等她回事呢。见她出来，都笑道：

"奶奶今儿回什么事，说了这半天？可别热着罢。"

凤姐把袖子挽了几挽，趷⑤着那角门的门槛子，笑道：

"这里过堂风倒凉快，吹一吹再走。"

又告诉众人道：

"你们说我回了这半日的话，太太把二百年的事都想起来问我，难道我不说罢？"又冷笑道："我从今以后，倒要干几件刻薄事了。抱怨给太太听，我也不怕！糊涂油蒙了心，烂了舌头，不得好死的下作娼妇们，别做娘的春梦了！明儿一裹脑子⑥扣的日子还有呢。如今裁了丫头的钱，就抱怨了咱们。也不想想，自己也配使三个丫头？"

一面骂，一面走了，自去挑人，回贾母话去。不在话下。

却说薛姨妈等这里吃毕西瓜，又说了一回闲话儿，各自散去。宝钗与黛玉回至园中，宝钗要约着黛玉往藕香榭去，黛玉因说还要洗澡，便各自散了。宝钗独自行来，顺路进了怡红院，意欲寻宝玉去说话儿，以解午倦。不想步入院中，鸦雀无声，一并连两只仙鹤在芭蕉下都睡着了。宝钗便顺着

此处写仙鹤在芭蕉下睡觉，足证二十六回仙鹤在松树下剔翎是笔误。

游廊，来至房中，只见外间床上横三竖四，都是丫头们睡觉。转过十锦槅子，来至宝玉的房内，宝玉在床上睡着了，袭人坐在身旁，手里做针线，旁边放着一柄白犀尘。

宝钗走近前来，悄悄的笑道：

"你也过于小心了。这个屋里还有苍蝇蚊子？还拿蝇刷子赶

什么?"

袭人不防,猛抬头见宝钗,忙放针线起身,悄悄笑道:

"姑娘来了? 我倒不妨,唬了一跳。姑娘不知道,虽然没有苍蝇蚊子,谁知有一种小虫子,从这纱眼里钻进来,人也看不见。只睡着了,咬一口,就像蚂蚁叮的。"

宝钗道:

"怨不得。这屋子里头又近水,人都是香花儿,这屋子里头又香,这种虫子都是花心里长的,闻香就扑。"说着,一面就瞧她手里的针线。原来是个白绫红里的兜肚,上面扎着"鸳鸯戏莲"的花样,红莲绿叶,五色鸳鸯。宝钗道:"嗳哟! 好鲜亮活计! 这是谁的? 也值的费这么大工夫?"

袭人向床上努嘴儿。

宝钗笑道:

"这么大了。还带这个?"

袭人笑道:

"他原是不带,所以特特的做的好了,叫他看见,由不得不带。如今天热,睡觉都不留神,哄他带上了,就是夜里纵盖不严些儿,也就罢了。你说这一个就用了工夫,还没看见他身上带的那一个呢。"

宝钗笑道:

"也亏你耐烦!"

袭人道:

"今儿做的工夫大了,脖子低的怪酸的。"又笑道:"好姑娘,你略坐一坐,我出去走走就来。"说着,就走了。

宝钗只顾看着活计,便不留心,一蹲身,刚刚的也坐在袭人方才坐的那个所在。因又见那个活计实在可爱,不由的拿起针来,就替她作。

不想黛玉因遇见湘云,约她来与袭人道喜。二人来至院中,见静悄悄的,湘云便转身先到厢房里去找袭人去了。那黛玉却来至窗外,隔着窗纱,往里一看,只见宝玉穿着银红纱衫子,随便睡着在床上。宝钗坐在身旁做针线,旁边放着蝇刷子。

黛玉见了这个景况,早已呆了,连忙把身子一躲。半日,又抿着嘴笑,却不敢笑出来,便招手儿叫湘云。湘云见她这般,只当有什么新闻,忙也来看。才要笑,忽然想起宝钗素日待她厚道,便忙掩住口。知道黛玉口里不让人,怕她取笑,便忙拉过她来,道:

"走罢。我想起袭人来,她说晌午要到池子里去洗衣裳,想必去了,咱们找她去罢。"

黛玉心下明白,冷笑了两声,只得随她走了。

这里宝钗只刚做了两三个花瓣,忽见宝玉在梦中喊骂,说:

"和尚道士的话如何信得? 什么'金玉姻缘'! 我偏说'木石姻缘'!"

宝钗听了这话,不觉怔了。忽见袭人走进来,笑道:

"还没醒呢吗?"

宝钗摇头。袭人又笑道:

"我才碰见林姑娘史大姑娘。她们进来了吗?"

宝钗道:"没见她们进来。"

因向袭人笑道:"她们没告诉你什么?"

袭人红了脸,笑道:

"总不过是她们那些玩话,有什么正经说的!"

宝钗笑道:

"今儿她们说的可不是玩话,我正要告诉你呢,你又忙忙出去了。"

一句话未完,只见凤姐打发人来叫袭人。宝钗笑道:

"就是为那话了。"

袭人只得叫起两个丫头来,同着宝钗出怡红院,自往凤姐这里

> 作者此安排极具匠心,而又让黛玉看见更巧。湘云拥薛对黛玉更不利,在形势上,黛玉是败了,但宝玉在梦中喊骂,却是给宝钗最大的难堪,也是黛玉爱情的胜利。作者写此两种势力相激相荡,极佳。

来。果然是告诉她这话，又教她给王夫人磕头，且不必去见贾母，倒把袭人说的甚觉不好意思，及见过王夫人回来，宝玉已醒，问起缘故，袭人且含糊答应。至夜间人静，袭人方告诉了。

宝玉喜不自禁，又向她笑道：

"我可看你回家去不去了！那一回往家里走了一趟，回来就说你哥哥要赎你，又说在这里没着落，终久算什么，说那些无情无义的生分话唬我。从今我可看谁敢来叫你去？"

袭人听了，冷笑道：

"你倒别这么说。从此以后，我是太太的人了，我要走，连你也不必告诉，只回了太太就走。"

宝玉笑道：

"就算我不好，你回了太太去了，叫别人听见，说我不好，你去了：你有什么意思呢？"

袭人笑道：

"有什么没意思的？难道下流人，我也跟着罢？再不然，还有个死呢！人活百岁，横竖要死。这口气没了，听不见，看不见，就罢了。"

宝玉听见这话，便忙握她的嘴，说道：

"罢，罢！你别说这些话了。"

袭人深知宝玉性情古怪——听见奉承吉利话，又压虚而不实；听了这些近情的实话，又生悲感——也后悔自己冒撞，连忙笑着，用话截开。只拣宝玉那素日喜欢的，说些春风秋月，粉淡脂红，然后又说到女儿如何好——不觉又说到女儿死的上头，袭人忙掩住口。

宝玉听至浓快处，见她不说了，便笑道：

"人谁不死？只要死的好。那些须眉浊物只听见'文死谏'、'武死战'这二死是大丈夫的名节，便只管胡闹起来。那里知道有昏君方有死谏之臣，只顾他邀名，猛拼一死，将来置君父于何地？必定有刀兵，方有死战，他只顾图汗马之功，猛拼一死，将来弃国于何地?"

袭人不等说完,便道:

"古时候儿这些人,也因出于不得已,他才死啊。"

宝玉道:

"那武将要是疏谋少略的,他自己无能,白送了性命:这难道也是不得已么?那文官更不比武官了。他念两句书,记在心里,若朝廷少有瑕疵,他就胡弹乱谏,邀忠烈之名;倘有不合,浊气一涌,即是拼死:这难道也是不得已?要知道那朝廷是受命于天,若非圣人,那天也断断不把这万几重任交代。可知那些死的都是沽名钓誉,并不知君臣的大义。比如我此时若果有造化,趁着你们都在眼前,我就死了,再能够你们哭我的眼泪流成大河,把我的尸首漂起来,送到那鸦雀不到的幽僻去处,随风化了,自此,再不托生为人,这就是我死的得时了!"

袭人忽见说出这些疯话来,忙说困了,不再答言,那宝玉方合眼睡着。次日也就丢开。

> 作者借宝玉之口一吐胸中块垒。

一日,宝玉因各处游的腻烦,便想起牡丹亭曲子来,自己看了两遍,犹不惬怀。因闻得梨香院的十二个女孩儿中有个小旦龄官唱的最好,因出了角门来找时,只见葵官药官都在院内。见宝玉来了,都笑迎让坐。宝玉因问:

"龄官在那里?"

都告诉他说:

"在她屋里呢。"

宝玉忙至她屋内,只见龄官独自躺在枕上,见他进来,动也不动。宝玉在身旁坐下,因素昔与别的女孩子玩惯了的,只当龄官也和别人一样,遂近前陪笑,央她起来唱一套《袅晴丝》。不想龄官见他坐下,忙抬起身来躲避,正色说道:

"嗓子哑了。前儿娘娘传进我们去,我还没有唱呢。"

宝玉见她坐正了,再一细看,原来就是那日蔷薇花下画"蔷"字的那一个。又见如此景况,从来未经过这样被人弃厌,自己便讪讪的，红了脸，只得出来了。药官等不解何故，因问其所以，宝玉便告诉了她。药官笑说道：

"只略等一等，蔷二爷来了，他叫唱，是必唱的。"

宝玉听了，心下纳闷，因问：

"蔷哥儿那里去了？"

药官道：

"才出去了。一定就是龄官儿要什么，他去变弄去了。"

宝玉听了，以为奇特。少站片时，果见贾蔷从外头来了，手里提着个雀儿笼子，上面扎着小戏台并一个雀儿，兴兴头头往里来找龄官。见了宝玉，只得站住。宝玉问他：

"是个什么雀儿？"

贾蔷笑道：

"是个玉顶儿。还会衔旗串戏。"

宝玉道：

"多少钱买的？"

贾蔷道：

"一两八钱银子。"

一面说，一面让宝玉坐，自己往龄官屋里来。

宝玉此刻把听曲子的心都没了，且要看他和龄官是怎么样。只见贾蔷进去笑道：

"你来瞧这个玩意儿。"

龄官起身，问是什么。贾蔷道：

"买了个雀儿给你玩，省了你天天儿发闷。我先玩个你瞧瞧。"

说着，便拿些谷子哄的那个雀儿果然在那戏台上衔着鬼脸儿和旗帜乱串。众女孩子都笑了，独龄官冷笑两声，赌气仍睡着去了。贾蔷还只管陪笑问她好不好。龄官笑：

"你们家把好好儿的人弄了来开在这牢坑里学这个还不算，你这会儿又弄个雀儿来，也干这个浪事。你分明弄了来打趣形容我们，还问我好不好！"

贾蔷听了,不觉站起来,连忙赌神起誓,又笑:

"今儿我那里的糊涂油蒙了心! 费一二两银子买它,原说解闷儿,就没想到这上头。罢了! 放了生,倒也免你的灾。"

说着,果然将那雀儿放了,一顿便把笼子拆了。龄官还说:

"那雀儿虽不如人,它也有个老雀儿在窝里,你拿了它来弄个劳什子⑦也忍得? 今儿我咳嗽出两口血来,太太打发人来找你,叫你请大夫来细问问,你且弄这个来取笑儿! 偏是我这没人管没人理的又偏爱害病!"

贾蔷听说,连忙说道:

"昨儿晚上,我问了大夫,他说不相干,吃两剂药,后儿再瞧。谁知今儿又吐了? 这会子就请他去。"说着,便要请去。龄官又叫:"站住,这会子大毒日头底下,你赌气去请了来,我也不瞧!"

贾蔷听了如此说,只得又站住。

宝玉见了这般景况,不觉痴了,这才领会过画"蔷"深意。自己站不住,便抽身走了。贾蔷一心都在龄官身上,竟不曾理会,倒是别的女孩子送出来了。

那宝玉一心裁夺盘算,痴痴的回至怡红院中,正值黛玉和袭人坐着说话儿呢。宝玉一进来就和袭人长叹,说道:

"我昨儿晚上的话,竟说错了。怪不得老爷说我是'管窥蠡测'。昨夜说你们的眼泪单葬我,这就错了,看来我竟不能全得。从此后,只好各人得各人的眼泪罢了。"

袭人只道昨夜不过是些玩话,已经忘了,不想宝玉又提起来,便笑道:

"你可真真有些个疯了!"

宝玉默默不对。自此,深悟人生情缘各有分定,只是每每暗伤:"不知将来葬我洒泪者为谁?"

且说黛玉当下见宝玉如此形像,便知是又从那里着了魔来,也不便多问,因说道:

"我才在舅母跟前听见说,明儿是薛姨妈的生日,叫我顺便来

问你出去不出去。你打发人前头说一声去。"宝玉道:

"上回连大老爷的生日我也没去,这会子我又去,倘或碰见了人呢? 我一概都不去。这么怪热的,又穿衣裳,我不去,姨妈也未必恼。"

袭人忙道:

"这是什么话? 她比不得大老爷:这里又住的近,又是亲戚。你不去,岂不叫她思量? 你怕热,就清早起来,到那里磕个头,吃钟茶再来,岂不好看?"

宝玉尚未说话,黛玉便先笑道:

"你看着人家赶蚊子的分上,也该去走走。"

宝玉不解,忙问:

"怎么赶蚊子?"

袭人便将昨日睡觉,无人作伴,宝姑娘坐了一坐的话告诉宝玉。宝玉听了,忙说:

"不该! 我怎么睡着了就亵渎了她?"一面又说:"明日必去。"

正说着,忽见湘云穿得齐齐整整的,走来辞说家里打发人来接她。宝玉黛玉听说,忙站起来让坐。湘云也不坐,宝黛两个只得送她至前面。那湘云只是眼泪汪汪的,见有她家的人在跟前,又不敢十分委屈。少时,宝钗赶来,愈觉缱绻难舍。还是宝钗心内明白:她家里人若回去告诉了她婶娘,待她家去了,又恐怕她受气,因此,倒催着她走了。众人送至二门前,宝玉还要往外送她,倒是湘云拦住了。一时,回身又叫宝玉到跟前,悄悄的嘱咐道:

"就是老太太想不起我来,你时常提着,好等老太太打发人接我去。"

宝玉连连答应了。眼看着她上车去了,大家方才进来。

---

① 月例——在封建大家庭里的成员,主人或奴婢,每月都有一定的用费,由管家的人发给,叫作月例。

② 关——领俸、领钱粮、领薪水叫作关。

③ 这里说给袭人开脸,意思是正式收房做妾。

④ 跟前人——指在身边服侍的人,就是被收房的丫头,与"屋里人"意
思相同。

⑤ 跐——脚尖着地,脚跟抬起,叫做跐脚。蹬在门槛上叫跐门槛,旧时
认为妇女跐门槛是轻浮的举动。

⑥ 一裹脑子——一总,一齐。也作一古脑儿。

⑦ 劳什子——这里是指玩意儿。"学了这劳什子",是指行当。

第三十七回　秋爽斋偶结海棠社
　　　　　　　蘅芜院夜拟菊花题

　　话说史湘云回家后，宝玉等仍不过在园中嬉游吟咏。不提。

　　且说贾政自元妃归省之后，居官更加勤慎，以期仰答皇恩。皇上见他人品端方，风声清肃，虽非科第出身，却是书香世代，因特将他点了学差，也无非是选拔真才之意。这贾政只得奉了旨，择于八月二十日起身。是日，拜别过宗祠及贾母，便起身而去。宝玉等如何送行，以及贾政出差，外面诸事，不及细述。

　　单表宝玉自贾政起身之后，每日在园中任意纵性游荡，真把光阴虚度，岁月空添。这日甚觉无聊，便往贾母王夫人处来混了一混，仍旧进园来了。刚换了衣裳，只见翠墨进来，手里拿着一幅花笺，送与他看。宝玉因道：

　　"可是我忘了，才要瞧瞧三妹妹去。你来的正好。可好些了？"

　　翠墨道：

　　"姑娘好了，今儿也不吃药了，不过是冷着一点儿。"

　　宝玉听说，便展开花笺看时，上面写道：

　　　　妹探谨启二兄文几：前夕新霁，月色如洗，因惜清景难逢，未忍就卧，漏已三转，犹徘徊桐槛之下，竟为风露所欺，致获采薪之患。昨亲劳抚嘱，已复遣侍儿问切，兼以鲜荔并真卿墨迹见赐，抑何惠爱之深耶？今因伏几处默，忽思历来古人处名攻利夺之场，犹置些山滴水之区，远招近揖，投辖攀辕，务结二三同志，盘桓其中，或竖词坛，或开吟社：虽因一时之偶兴，每成千古之佳谈。妹虽不才，幸叨陪泉石之间，兼慕薛林雅调。风庭月榭，惜未燕集诗人；帘杏溪桃，或可醉飞吟盏。孰谓雄才莲社，独许须眉，不教雅会东山，让余脂粉耶？若蒙造雪而来，敢请扫花以俟。谨启。

宝玉看了，不觉喜的拍手笑道：

"倒是三妹妹高雅！我如今就去商议。"

一面说，一面就走。翠墨跟在后面。刚到了沁芳亭，只见园中后门上值日的婆子，手里拿着一个字帖儿走来。见了宝玉，便迎上去，口内说道：

"芸哥儿请安，在后门等着呢。这是叫我送来的。"

宝玉打开看时，写道：

　　　　不肖男芸恭请父亲大人万福金安。男思自蒙天恩，认于膝下，日夜思一孝顺，竟无可孝顺之处。前因买办花草，上托大人洪福，况认得许多花儿匠，并认得许多名园。前因忽见有白海棠一种，不可多得，故变尽方法，只弄得两盆。大人若视男是亲男一般，便留下赏玩。因天气暑热，恐园中姑娘们妨碍不便，故不敢面见，谨奉书恭启，并叩福安。男芸跪书。

宝玉看了，笑问道：

"他独来了？还有什么人？"

婆子道：

"还有两盆花儿。"

宝玉道：

"你出去说，我知道了，难为他想着。你就把花儿送到我屋里去就是了。"

一面说，一面同翠墨往秋爽斋来。只见宝钗、黛玉、迎春、惜春已都在那里了。

众人见他进来。都大笑说：

"又来了一个！"

探春笑道：

449

“我不算俗，偶然起了个念头，写了几个帖儿试一试，谁知一招皆到。”

宝玉笑道：

“可惜迟了！早该起个社的。”

黛玉说道：

“此时还不算迟，也没什么可惜；但只你们只管起社，可别算我，我是不敢的。”

迎春笑道：

“你不敢，谁还敢呢？”

宝玉道：

“这是一件正经大事，大家鼓舞起来，别你谦我让的，各有主意，只管说出来，大家评论。宝姐姐也出个主意，林妹妹也说句话儿。”

宝钗道：

“你忙什么？人还不全呢。”

一语未了，李纨也来了，进门笑道：

“雅的很哪！要起诗社！我自举我掌坛。前儿春天，我原有这个意思的，我想了一想，我又不会做诗，瞎闹什么！因而也忘了，就没有说。既是三妹妹高兴，我就帮着你作兴起来。”

黛玉道：

“既然定要起诗社，咱们就是诗翁了，先把这些‘姐妹叔嫂’的字样改了才不俗。”

李纨道：

“极是。何不起个别号彼此称呼倒雅？我是定了‘稻香老农’，再无人占的。”

探春笑道：

“我就是‘秋爽居士’罢。”

宝玉道：

“居士主认，到底不雅，又累赘。这里梧桐芭蕉尽有，或指桐蕉起个倒好。"

探春笑道：

"有了，我却爱这芭蕉，就称'蕉下客'罢。"

众人都道：

"别致！有趣！"

黛玉笑道：

"你们快牵了她来炖了肉脯子来吃酒！"

众人不解。黛玉笑道：

"庄子说的：'蕉叶覆鹿。'她自称'蕉下客'，可不是一只鹿么？快做了鹿脯来！"

众人听了，都笑起来。探春因笑道：

"你又使巧话来骂人。你别忙，我已替你想了个极当的美号了。"

又向众人道：

"当日娥皇女英洒泪在竹上成斑，故今斑竹又名湘妃竹；如今她住的是潇湘馆，她又爱哭，将来她那竹子想来也是要变成斑竹的：以后都叫她做'潇湘妃'就完了。"

大家听说，都拍手叫妙。黛玉低了头，也不言语。李纨笑道：

"我替薛大妹妹也早已想了个好的，也只三个字。"

众人忙问：

"是什么？"

李纨道：

"我是封她为'葡芜君'，不知你们以为如何？"

探春道：

"这个封号极好。"

宝玉道：

"我呢？你们也替我想一个。"

宝钗笑道：

"你的号早有了，'无事忙'三字恰当得很。"

李纨道：

"你还是你的旧号'绛洞花主'就是了。"

宝玉笑道：

"小时候干的营生，还提他做什么？"

宝钗道：

"还是我送你个号罢。有最俗的一个号，却于你最当。天下难得的是富贵，又难得的是闲散，这两样再不能兼，不想你兼有了，就叫你'富贵闲人'也罢了。"

宝玉笑道：

"当不起！当不起！倒是随你们混叫去罢。"

黛玉道：

"混叫如何使得？你既住怡红院，索性叫'怡红公子'不好？"

众人道：

"也好。"

李纨道：

"二姑娘，四姑娘，起个什么？"

迎春道：

"我们又不大会诗，白起个号做什么？"

探春道：

"虽如此，也起个才是。"

宝钗道：

"她住的是紫菱洲，就叫她'菱洲'；四丫头在藕香榭，就叫她'藕榭'就完了。"

李纨道：

"就是这样好。但序齿我大，你们都要依我的主意，管教说了，大家合意。我们七个人起社，我和二姑娘四姑娘都不会做诗，须得让出我们三个人去。我们三个人各分一件事。"

探春笑道：

"已有了号，还只管这样称呼，不如不有了。以后错了，也要立个罚约才好。"

李纨道:

"立定了社,再定罚约。我那里地方儿大,竟在我那里作社。我虽不能做诗,这些诗人竟不厌俗,容我做个东道主人,我自然也清雅起来了。还要推我做社长,我一个社长,自然不够,必要再请两位副社长。就请菱洲藕榭二位学究来:一位出题限韵,一位誊录监场。亦不可拘定了我们三个不做,若遇见容易些的题目韵脚,我们也随便做一首。你们四个,却是要限定的。是这么着就起;若不依我,我也不敢附骥了。"

迎春惜春本性懒于诗词,又有薛林在前,听了这话,深合己意。二人皆说:"是极。"探春等也知此意,见她二人悦服,也不好相强,只得依了。因笑道:

"这话罢了,只是自想好笑:好好儿的,我起了个主意,反叫你们三个来管起我来了。"

宝玉道;

"既这样,咱们就往稻香村去。"

李纨道:

"都是你忙。今日不过商议了,等我再请。"

宝钗道:

"也要议定几日一会才好。"

探春道:

"若只管会多了,又没趣儿了。一月之中,只可两三次。"

宝钗说道:

"一月只要两次就够了。拟定日期,风雨无阻。除这两日外,倘有高兴的,他情愿加一社,或请到他那里去,或附就了来,也使得,岂不活泼有趣?"

众人都道:

"这个主意更好。"

探春道:

“这原系我起的意，我须得先做个东道，方不负我这番高兴。”

李纨道：

“既这样说，明日你就先开一社，不好吗？”

探春说：

“明日不如今日，就是此刻好。你就出题。菱洲限韵，藕榭监场。”

迎春道：

“依我说，也不必随一人出题限韵，竟是拈阄儿公道。”

李纨道：

“方才我来时，看见他们抬进两盆白海棠来，倒很好。你们何不就咏起它来呢？”

迎春道：

“花还未赏，先倒做诗？”

宝钗道：

“不过是白海棠，又何必定要见了才做？古人的诗赋，也不过都是寄兴寓情。要等见了做，如今也没这些诗了。”

迎春道：

“这么着，我就限韵了。”

说着，走到书架前，抽出一本诗来，随手一揭，这首诗竟是一首七言律，递与众人看了，都该做七言律。迎春掩了诗，又向一个小丫头道：

“你随口说个字来。”

那丫头正倚门站着，便说了个‘门’字。迎春笑道：

“就是‘门’字韵，‘十三元’了。起头一个韵定要‘门’字。”

说着，又要了韵牌匣子过来，抽出“十三元”一屉，又命那丫头随手拿四块。那丫头便拿了“盆”“魂”“痕”“昏”四块来。

宝玉道：

“这‘盆’‘门’两个字不大好做呢。”

侍书一样预备下四份纸笔，便都悄然各自思索起来。独黛玉或抚弄梧桐，或看秋色，或又和丫鬟们嘲笑。迎春又命丫鬟点了一支"梦甜香"。原来这"梦甜香"只有三寸来长，有灯草粗细，以其易烬，故以此为限。如香烬未成，便要受罚。

一时，探春便先有了，自己提笔写出，又改抹了一回，递与迎春。因问宝钗：

"蘅芜君，你可有了？"

宝钗道：

"有却有了，只是不好。"

宝玉背着手在回廊上踱来踱去，因向黛玉说道：

"你听，他们都有了。"

黛玉道：

"你别管我。"

宝玉又见宝钗已誊写出来，因说道：

"了不得！香只下了一寸了，我才有了四句！"

又向黛玉道：

"香要完了，只管蹲在那潮地下做什么？"

黛玉也不理。宝玉道：

"我可顾不得你了，管它好歹，写出来罢。"

说着，走到案前写了。

李纨道：

"我们要看诗了。若看完了，还不交卷，是必罚的。"

宝玉道：

"稻香老农虽不善作，却善看，又最公道，你的评阅，我们是都服的。"

众人点头。于是，先看探春的稿，上写道：

　　　　咏白海棠

　　斜阳寒草带重门，苔翠盈铺雨后盆。

　　玉是精神难比洁，雪为肌骨易销魂。

　　芳心一点娇无力，倩影三更月有痕，

　　　　莫道缟仙能羽化，多情伴我咏黄昏。

大家看了，称赏一回，又看宝钗的道：

　　　　珍重芳姿昼掩门，自携手瓮灌苔盆。

　　　　胭脂洗出秋阶影，冰雪招来露砌魂。

　　　　淡极始知花更艳，愁多焉得玉无痕？

　　　　欲偿白帝宜清洁，不语婷婷日又昏。

　　李纨笑道：

　　"到底是蘅芜君！"说着，又看宝玉的道：

　　　　秋容浅淡映重门，七节攒成雪满盆。

　　　　出浴太真冰作影，捧心西子玉为魂。

　　　　晓风不散愁千点，宿雨还添泪一痕。

　　　　独倚画栏如有意，清砧怨笛送黄昏。

　　大家看了，宝玉说：

　　"探春的好。"李纨终要推宝钗：

　　"这诗有身分"因又催黛玉。黛玉道："你们都有了？"说着，提笔一挥而就，掷与众人。李纨等看她写的道：

　　"半掩湘帘半掩门，碾冰为土玉为盆。"

　　看了这两句，宝玉先喝起彩来，说：

　　"从何处想来！"又看下面道：

　　"偷来梨蕊三分白，借得梅花一缕魂。"

　　众人看了，也都不禁叫好，说：

　　"果然比别人又是一样心肠！"又看下面道：

　　　　月窟仙人缝缟袂，秋闺怨女拭啼痕。

　　　　娇羞默默同谁诉？倦倚西风夜已昏。

　　众人看了，都道：

　　"是这首为上。"

　　李纨道：

　　"若论风流别致，自是这首，若论含蓄浑厚，终让蘅稿。"

　　探春道：

456

"这评的有理。潇湘妃子当居第二。"

李纨道：

"怡红公子是压尾，你服不服？"

宝玉道：

"我的那首原不好，这评的最公。"

又笑道："

"只是蘅潇二首还要斟酌。"

李纨道：

"原是依我评论，不与你们相干，再有多说者必罚。"

宝玉听说，只得罢了。李纨道：

"从此后，我定于每月初二、十六这两日开社。出题，限韵，都要依我。这其间你们有高兴的，只管另择日子补开，那怕一个月每天都开社，我也不管。只是到了初二、十六这两日，是必往我那里去。"

宝玉道：

"到底要起个社名才是。"

探春道：

"俗了又不好，忒新了刁钻古怪也不好，可巧才是海棠诗开端，就叫'海棠诗社'罢。虽然俗些，因真有此事，也就不碍了。"

说毕，大家又商议了一回，略用些酒果，方各自散去，也有回家的，也有往贾母王夫人处去了。当下无话。

且说袭人因见宝玉看了字帖儿，便慌慌张张同翠墨去了，也不知何事。后来又见后门上婆子送了两盆海棠花来，袭人问那里来的，婆子们便将前番缘故说了。袭人听说，便命她们摆好，让她们在下房里坐了，自己走到屋里，称了六钱银子封好，又拿了三百钱走来，都递给那两个婆子，道：

"这银子赏那抬花儿的小子们，这钱你们打酒喝罢。"

那婆子们站起来，眉开眼笑，千恩万谢的不肯受；见袭人执意

> 作者写李纨及众人扬薛抑林，独宝玉不以为然，乃情有独钟也。就诗论诗，林诗亦最富才情灵性，我也评她第一。但此回为下回欲扬先抑张本，是小说写作手法。

不收,方领了。袭人又道:

"后门上外头可有该班的小子们?"

婆子忙应道:

"天天有四个,原预备里头差使的。姑娘有什么差使,我们吩咐去。"

袭人笑道:

"我有什么差使?今儿宝二爷要打发人到小侯爷家给史大姑娘送东西去,可巧你们来了,顺便出去,叫后门上小子们雇辆车来。回来你们就往这里拿钱,不用叫他们往前头混碰去。"

婆子答应着去了。

袭人回至房中,拿碟子盛东西与湘云送去,却见橱子上碟子槽儿空着。因回头见晴雯、秋纹、麝月等都在一处做针黹,袭人问道:

"那个缠丝白玛瑙碟子那里去?"

众人见问,你看我,我看你,都想不起来。半日,晴雯笑道:

"给三姑娘送龙眼去了,还没送来呢。"

袭人道:

"家常送东西的家伙多着呢,巴巴儿的拿这个。"

晴雯道:

"我也这么说,但只那碟子配上鲜龙眼才好看。我送去,三姑娘也见了,说好看,连碟子放着,就没带来。你再瞧,那橱子尽上头的一对联珠瓶还没收来呢。"

秋纹笑道:

"提起这个瓶来,我又想起笑话儿来了。我们宝二爷说声孝心一动,也孝敬到二十分:那日见园里桂花,折了两枝,原是自己要插瓶的,忽然想起来说,这是自己园里才开的新鲜花儿,不敢自己先玩。巴巴儿的把那对瓶拿下来,亲自灌水插好了,叫个人拿着,亲自送一瓶进老太太,又进一瓶给太太。谁知他孝心一动,连跟的人都得了福了。可巧那日是我拿去的,老太太见了,喜的无可不可,见人就说:'到底是宝玉孝顺我,连一枝花儿也想的到。别人还只抱怨我疼他！’你们知道，老太太素日不大和我说话，有些不入她老人家的眼；那日竟叫人拿几百钱给我，说我可怜见儿的，生的单弱：这可是再想不到的福气？几百钱是小事，难得这个脸面！及至到了太太那里，太太正和二奶奶赵姨奶奶好些人翻箱子，找太太当日年轻的颜色衣裳，不知要给那一个。一见了，连衣裳也不找了，且看花儿。又有二奶奶在旁边凑趣儿，夸宝二爷又是怎么孝顺，又是怎么知好歹，有的没的，说了两车话。当着众人，太太脸上又增了光，堵了众人的嘴，太太越发喜欢了，现成的衣裳，就赏了我两件。——衣裳也是小事，年年横竖也得，却不像这个彩头。”

晴雯笑道：

“呸！好没见世面的小蹄子！那是把好的给了人，挑剩下的才给你，你还充有脸呢！”

秋纹道：

“凭他给谁剩的，到底是太太的恩典。”

晴雯道：

“要是我，我就不要。若是给别人剩的给我也罢了，一样这屋里的人，难道谁又比谁高贵些？把好的给他，剩的才给我，我宁可不要，冲撞了太太，我也不受这口气！”

> 作者写晴雯争强好胜，性格突出。

秋纹忙问道：

“给这屋里谁的？我因为前日病了几天，家去了，不知是给谁的。好姐姐，你告诉我和道。”

晴雯道：

“我告诉了你，难道你这会子退还太太去不成？”

秋纹笑道：

“胡说！我白听了喜欢喜欢。那怕给这屋里的狗剩下的，我只领太太的恩典，也不管别的事。”

众人听了，都笑道：

“骂的巧！可不是给了那西洋花点子哈巴儿了？”

袭人笑道:

"你们这起烂了嘴的! 得空儿就拿我取笑,打牙儿! 一个个不知怎么死呢。"

秋纹笑道:

"原来姐姐得了? 我实在不知道。我陪个不是罢。"

袭人笑道:

"少轻狂罢! 你们谁取了碟子来是正经。"

麝月道:

"那瓶也该得空儿收来了。老太太屋里还罢了,太太屋里人多手杂,别人还可以,那个主儿的一伙子人见是这屋里的东西,又该使黑心弄坏了才罢。太太又不大管这些,不如早收来是正经。"

晴雯听说,便放下针线,道:

"这是等我去取呢。"

秋纹道:

"还是我取去罢,你取你的碟子去。"

晴雯道:

> 晴雯嘴不饶人,此处口气颇似黛玉。她与袭人有如黛玉宝钗缩影,唯教养不同,雅俗有别耳。

"我偏取一遭儿! 是巧宗儿,你们都得了,难道不许我得一遭儿吗?"

麝月笑道:

"统共秋丫头得了一遭儿衣裳,那里今儿又巧,你也遇见找衣裳不成?"

晴雯冷笑道:

"虽然碰不见衣裳,或者太太看见我勤谨,也把太太的公费里一个月分出二两银子来给我也定不得!"说着,又笑道:"你们别和我装神弄鬼的,什么事我不知道!"

一面说,一面往外跑了,秋纹也同她出来,自去探春那里取了碟子来。

袭人打点齐备东西,叫过本处的一个老宋妈妈来,向她说道:

"你去好生梳洗了,换了出门的衣裳来。回来打发你给史大姑娘送东西去。"

宋妈妈道：

"姑娘只管交给我，有话说与我，我收拾了就好一顺去。"

袭人听说，便端过两个小撮丝盒子来，先揭开一个，里面装的是红菱鸡头两样鲜果；又揭开那个，是一碟子桂花糖蒸的新栗粉糕。又说道：

"这都是今年咱们这里园里新结的果子，宝二爷送来给姑娘尝尝。再，前日姑娘说这玛瑙碟子好，姑娘就留下玩罢。这绢包儿里头是姑娘前日叫我做的活计，姑娘别嫌粗糙，将就着用罢。替二爷问好，替我们请安就是了。"

宋妈妈道：

"宝二爷不知还有什么说的，姑娘再问问去。回来别又说忘了。"

袭人因问秋纹：

"方才可是在三姑娘那里么？"

秋纹道：

"他们都在那里商议起什么诗社呢，又是做诗。想来没话，你只管去罢。"

宋妈妈听了，便拿了东西，出去穿戴了。袭人又嘱咐她：

"你打后门去，有小子和车等着呢。"

宋妈妈去了。不在话下。

一时宝玉回来，先忙着看了一回海棠，至屋里告诉袭人起诗社的事，袭人把打发宋妈妈给史湘云送东西去的话告诉了宝玉。宝玉听了，拍手道：

"偏忘了她！我只觉心里有件事，只是想不起来，亏你提起来，正要请她去。这诗社里要少了他，还有个什么意思？"

袭人劝道：

"什么要紧？不过玩意儿。她比不得你们自在，家里又作不得主儿。告诉她，她要来，又由不得她；要不来，她又牵肠挂肚的。没的叫她不受用。"

宝玉道：

"不妨事，我回老太太，打发人接她去。"

正说着，宋妈妈已经回来道"生受"①，给袭人道乏②，又说：

"问二爷做什么呢，我说，和姑娘们起什么诗社做诗呢。史姑娘道，他们做诗，也不告诉她去，急的了不得。"

宝玉听了，转身便往贾母处来，立逼着叫人接去。贾母因说："今儿天晚了，明日一早去。"

宝玉只得罢了，回来闷闷的。次日一早，便又往贾母处来催逼人接去。直到午后，湘云才来。宝玉方放了心，见面时，就把始末原由告诉她，又要与她诗看。李纨等因说道：

"且别给她看，先说给她韵脚。她后来的，先罚她和了诗。要好，就请入社；要不好，还要罚她一个东道儿再说。"

湘云笑道：

"你们忘了请我，我还要罚你们呢！就拿韵来。我虽不能，只得勉强出丑。容我入社，扫地焚香，我也情愿。"

众人见她这般有趣，越发喜欢，都埋怨："昨日怎么忘了她呢！"遂忙告诉她诗韵。

湘云一心兴头，等不得推敲删改，一面只管和人说着话，心内早已和成，即用随便的纸笔录出，先笑说道：

"我却依韵和了两首，好歹我都不知，不过应命而已。"说着，递与众人。

众人道：

"我们四首也算想绝了，再一首也不能了，你倒弄了两首。那里有许多话说？必要重了我们的！"

一面说，一面看时，只见那两首诗写道：

　　　　白海棠和韵
　　　　　　梦
　　　　　其一

神仙昨日降都门, 种得蓝田玉一盆。
自是霜娥偏爱冷, 非关倩女欲离魂。
秋阴捧出何方雪? 雨渍添来隔宿痕。
却喜诗人吟不倦, 肯令寂寞度朝昏?
其二
蘅芷阶通萝薜门, 也宜墙角也宜盆。
花因喜洁难寻偶, 人为悲秋易断魂。
玉烛滴乾风里泪, 晶帘隔破月中痕。
幽情欲向嫦娥诉, 无那虚廊月色昏!

湘云诗才
直逼林薛。

逼

看一句, 惊讶一句, 看到了, 赞到了, 都说:
"这个不枉做了海棠诗! 真该要起海棠社了。"
湘云道:
"明日先罚我个东道儿, 就让我先邀一社, 可使得?"
众人道:
"这更妙了。"
因又将昨日的诗与她评论了一回。

至晚, 宝钗将湘云邀往蘅芜院去安歇。湘云灯下计议如何设东拟题。宝钗听她说了半日, 皆不妥当, 因向她说道:

"既开社, 就要作东。虽然是个玩意儿, 也要瞻前顾后。又要自己便宜, 又要不得罪了人, 然后方大家有趣。你家里你又做不得主, 一个月统共那几吊钱, 你还不够使; 这会子又干这没要紧的事, 你婶娘听见了, 越发抱怨你了。况且你就都拿出来做这个东也不够, 难道为这个家去要不成? 还是和这里要呢?"

一席话, 提醒了湘云, 倒踌躇起来。宝钗道:

"这个我已经有个主意了。我们当铺里有个伙计, 他们地里出的好螃蟹, 前儿送了几个来。现在这里的人, 从老太太起, 连上屋里的人, 有多一半都是爱吃螃蟹的。前日姨娘还说要请老太太在园里赏桂花吃螃蟹, 因为有事, 还没有请。你如今且把诗社别提起, 只普同一请。等他们散了, 咱们有多少诗做不得的? 我和我哥哥说,要他几篓极肥大的螃蟹来,再往铺子里取上几坛好酒来,再备四五桌果碟子,岂不又省事,又大家热闹呢?"

湘云听了,心中自是感服,极赞:

"想的周到!"

宝钗又笑道:

"我是一片真心为你的话,你可别多心,想着我小看了你,咱们两个就白好了。你要不多心,我就好叫他们办去。"

湘云忙笑道:

"好姐姐!你这么说,倒不是真心待我了,我凭怎么糊涂,连个好歹也不知,还是个人吗?我要不把姐姐当亲姐姐待,上回那些家常烦难事,我也不肯尽情告诉你了。"

宝钗听说,便唤一个婆子来。

"出去和大爷说,照前日的大螃蟹要几篓来,明日饭后请老太太姨娘赏桂花。你说,大爷好歹别忘了,我今儿已经请下人了。"

那婆子出去说明,回来无话。

这里宝钗又向湘云道:

"诗题也别过于新巧了。你看古人中那里有那些刁钻古怪的题目和那极险的韵呢?若题目过于新巧,韵过于险,再不得好诗,倒小家子气。诗固然怕说熟话,然也不可过于求生,头一件,只要立意清新,措词就不俗了。——究竟这也算不得什么,还是纺绩针黹是你我的本等。一时闲了,倒是把那于身心有益的书看几章,却还是正经。"

湘云只答应着,因笑道:

"我心里想着,昨日做了海棠诗,我如今要做个菊花诗,如何?"

宝钗道:

"菊花倒也合景,只是前人太多了。"

湘云道:

"我也是这么想着,恐怕落套。"

宝钗想了一想,说道:

"有了。如今以菊花为宾，以人为主，竟拟出几个题目来，都要两个字：一个虚字，一个实字。实字就用'菊'字，虚字便使用通用门的。如此，又是咏菊，又是赋事，前人虽有这么做的，还不很落套。赋景咏物两关着，也倒新鲜大方。"

湘云笑道：

"很好。只是不知用什么虚字才好？你先想一个我听听。"

宝钗想了一想，笑道：

"'菊梦'就好。"

湘云笑道：

"果然好！我也有一个。'菊影'可使得？"

宝钗道：

"也罢了，只是也有人做过。若题目多，这个也搭的上。我又有了一个。"

湘云道：

"快说出来。"

宝钗道：

"'问菊'如何？"

湘云拍案叫妙，因接说道：

"我也有了。'访菊'好不好？"

宝钗也赞有趣，因说道：

"索性拟出十个来，写上再来。"

说着，二人研墨蘸笔。湘云便写，宝钗便念，一时凑了十个。

湘云看了一遍，又笑道：

"十个还不成幅，索性凑成十二个就全了，也和人家的字画册页一样。"

宝钗听说，又想了两个，一共凑成十二个，说道：

"既这么着，一发编出个次序来。"

湘云道：

"更妙，竟弄成个'菊谱'了。"

宝钗道：

"起首是忆菊。忆之不得，故访，第二是访菊。访之既得便种，第三是种菊。种既盛开，故相对而赏，第四是对菊。相对而兴有余，故折来供瓶为玩，第五是供菊。既供而不吟，亦觉菊无彩色，第六便是咏菊。既入词章，不可以不供笔墨，第七便是画菊。既然画菊，若是默默无言，究竟不知菊有何妙处，不禁有所问，第八便是问菊。菊若能解语，使人狂喜不禁，便越要亲近它，第九竟是簪菊。如此，人事难尽，犹有菊之可咏者：菊影菊梦二首，续在第十第十一，末卷便以残菊总收前题之感。——这便是三秋之妙景妙事都有了。"

湘云依言将题录出，又看了一回，又问：

"该限何韵？"

宝钗道：

"我生平最不喜限韵，分明有好诗，何苦为韵所缚？咱们别学那小家派，只出题，不拘韵。原为大家偶得了好句取乐，并不为以此难人。"

湘云道：

"这话很是。既这样，自然大家的诗还进一层。但只咱们五个人，这十二个题目，难道每人作十二首不成？"

宝钗道：

"那也太难人了。将这题目誊好，都要七言律诗，明日贴在墙上，他们看了，谁能那一个，就做那一个。有力量者，十二首都做也可；不能的，作一首也可。高才捷足者为尊。若十二首已全，便不许他赶着又做，罚他便完了。"

湘云道：

"这也罢了。"

二人商议妥帖，方才息灯安寝。

① 生受——说自己的时候，是受苦 受罪(活受罪)的意思；对别人说，
是难为、辛苦、有劳的意思。
② 道乏——答谢劳乏的意思。

第三十八回　林潇湘魁夺菊花诗　薛蘅芜讽和螃蟹咏

　　话说宝钗湘云计议已定，一宿无话。次日，湘云便请贾母等赏桂花。贾母等都说道：

　　"倒是她有兴头。须要扰她这雅兴。"

　　至午，果然贾母带了王夫人凤姐，兼请薛姨妈等进园来。贾母因问：

　　"那一处好？"

　　王夫人道：

　　"凭老太太爱在那一处，就在那一处。"

　　凤姐道：

　　"藕香榭已经摆下了。那山坡下两颗桂花开的又好，河里的水又碧清，坐在河当中亭子上，不敞亮吗？看看水，眼也清亮。"

　　贾母听了，说："很好。"说着，引了众人往藕香榭来。原来这藕香榭盖在池中，四面有窗，左右有回廊，也是跨水接峰，后面又有曲折桥。众人上了竹桥，凤姐忙上来搀着贾母，口里说道：

　　"老祖宗只管迈大步走，不相干，这竹子桥规矩是硌吱硌吱的。"

　　湘云贾母赞宝钗，是作者制造形势，向黛玉进逼。

　　一时进入榭中，只见栏杆外另放着两张竹案，一个上面设着杯箸酒具，一个上头设着茶筅、茶具、各色盏碟。那边有两三个丫头煽风炉煮茶；这边另有几个丫头，也煽风炉烫酒呢。贾母忙笑问：

　　"这茶想的很好，且是地方东西都干净。"

　　湘云笑道：

“这是宝姐姐帮着我预备的。”

贾母道:

“我说那孩子细致,凡事想的妥当。”

一面说,一面又看见柱子上挂的黑漆嵌蚌的对子,命湘云念道:

“芙蓉影破归兰桨,菱藕香深泻竹桥。”

贾母听了,又抬头看匾,因回头向薛姨妈道:

“我先小时,家里也有这么一个亭子,叫做什么枕霞阁。我那时也只像她姐妹们这么大年纪,同着几个人,天天玩去。谁知那日一下子失了脚掉下去,几乎没淹死,好容易救上来了,到底叫那木钉把头蹦破了。如今这鬓角上那指头顶儿大的一个坑儿,就是那蹦破的。众人都怕经了水,冒了风,说了不得了,谁知竟好了。”

凤姐不等人说,先笑道:

“那时要活不得,如今这么大福可叫谁享呢? 可知老祖宗从小儿的福寿就不小。神差鬼使,蹦出那个坑儿来,好盛福寿啊! 寿星老儿头上原是个坑儿,因为万福万寿盛满了,所以倒凸出些来了!”

未及说完,贾母和众人都笑软了。贾母笑道:

“这猴儿惯的了不得了,拿着我也取起笑儿来了! 恨的我撕你那油嘴!”

凤姐道:

“回来吃螃蟹,怕存住冷在心里,怄老祖宗笑笑儿,就是高兴多吃两个也无妨了。”

贾母笑道:

“明日叫你黑家白日①跟着我,我倒常笑笑儿,也不许你回屋里去。”

王夫人笑道:

“老太太因为喜欢她,才惯的这么样。还这么说,她明儿越发没礼了。”

贾母笑道:

"我倒欢喜她这么着。况且她又不是那真不知高低的孩子。家常没人，娘儿们原该说说笑笑。横竖大礼不错就罢了。没的倒叫她们神鬼似的做什么?"

说着，一齐进入亭子。献过茶，凤姐忙安放杯箸。上面一桌：贾母、薛姨妈、宝钗、黛玉、宝玉。东边一桌：湘云、王夫人、迎、探、惜。西边靠门一小桌：李纨和凤姐虚设坐位，二人皆不敢坐，只在贾母王夫人两桌上伺候。凤姐吩咐：

"螃蟹不可多拿来，仍旧放在蒸笼里，拿十个来吃了再拿。"

一面又要水洗了手，站在贾母跟前剥蟹肉，头次让薛姨妈。薛姨妈道：

"我自己掰着吃香甜，不用人让。"

凤姐便奉与贾母，二次的便是宝玉。又说：

"把酒烫得滚热的拿来。"又命小丫头们去取菊花叶儿桂花蕊薰的绿豆面子，预备着洗手。

湘云陪着吃了一个，便下座来让人，又出至外头命人盛两盘子给赵姨娘周姨娘送去。又见凤姐走来道：

"你张罗不惯，你吃你的去。我先替你张罗，等散了，我再吃。"

湘云不肯，又命人在那边廊上摆了两席，让鸳鸯、琥珀、彩霞、彩云、平儿去坐。鸳鸯因向凤姐笑道：

"二奶奶在这里伺候，我可吃去了。"

凤姐道：

"你们只管去，都交给我就是了。"

说着，湘云仍入了席。凤姐和李纨也胡乱应了个景儿。

凤姐仍旧下来张罗，一时出至廊上。鸳鸯等正吃得高兴，见她来了，鸳鸯等站起来，道：

"奶奶又出来做什么? 让我们也受用一会子。"

凤姐笑道：

"鸳鸯丫头越发坏了! 我替你当差，倒不领情，还抱怨我。还不快斟一钟酒来我喝呢!"

　　鸳鸯笑着，忙斟了一杯酒，送至凤姐唇边，凤姐一挺脖子喝了。琥珀彩霞二人也斟上一杯送至凤姐唇边，那凤姐也吃了。平儿早剥了一壳黄子送来。凤姐道：

　　"多倒些姜醋。"一回也吃了，笑道：

　　"你们坐着吃罢，我可去了。"

　　鸳鸯笑道：

　　"好没脸！吃我们的东西！"

　　凤姐笑道：

　　"你少和我作怪！你知道你琏二爷爱上了你，要和老太太讨了你做小老婆呢！"鸳鸯红了脸，啐着嘴，点着头道：

　　"哎！这也是做奶奶说出来的话！我不拿腥手抹你一脸算不得！"

　　说着，站起来就要抹。凤姐道：

　　"好姐姐！饶我这遭儿罢！"

　　琥珀笑道：

　　"鸳丫头要去了，平丫头还饶她？你们看看，她没吃两个螃蟹，倒喝了一碟子醋了！"

　　平儿手里正剥了个满黄螃蟹，听如此奚落她，便拿着螃蟹照琥珀脸上来抹，口内笑骂：

　　"我把你这嚼舌根的小蹄子儿！"

> 作者写热闹场面，幽默风趣。

　　琥珀也笑着，往旁边一躲。平儿使空了，往前一撞，恰恰的抹在凤姐腮上。凤姐正和鸳鸯嘲笑，不防吓了一跳，"嗳哟"了一声。众人掌不住都哈哈的大笑起来。凤姐也禁不住笑骂道，"死娼妇！吃离了眼了！混抹你的娘的！"平儿忙赶过来，替她擦了，亲自去端水。

　　鸳鸯道：

　　"阿弥陀佛！这才是现报呢！"

　　贾母那边听见，一叠连声问：

　　"见了什么了，这么乐？告诉我们也笑笑。"

　　鸳鸯等忙高声笑回道：

"二奶奶来抢螃蟹吃,平儿恼了,抹了她主子一脸螃蟹黄子,主子奴才打架呢。"

贾母和王夫人等听了,也笑起来。贾母笑道:

"你们看她可怜见儿的,那小腿子,脐子,给她点子吃罢。"

鸳鸯等笑着答应了,高声的说道:

"这满桌子的腿子,二奶奶只管吃就是了。"

凤姐笑着洗了脸,走来,又伏侍贾母等吃了一回。

黛玉弱,不敢多吃,只吃了一点夹子肉就下来了。贾母一时也不吃了。大家都洗了手,也有看花的,也有弄水看鱼的,游玩了一回。王夫人因问贾母:

"这里风大,才又吃了螃蟹,老太太还是回屋里去歇歇罢,若高兴,明日再来逛逛。"

贾母听了,笑道:

"正是呢。我怕你们高兴,我走了,又怕扫了你们的兴;既这么说,咱们就都去罢。"回头嘱咐湘云:"别让你宝哥哥多吃了。"湘云答应着。又嘱咐湘云宝钗二人说:

"你们两个也别多吃了。那东西虽好吃,不是什么好的,吃多了肚子疼。"

二人忙应着,送出园外,仍旧回来,命将残席收拾了另摆。宝玉道:

"也不用摆,咱们且做诗。把那大团圆桌子放在当中,酒菜都放着,也不必拘定坐位,有爱吃的去吃,大家散坐,岂不便宜?"

宝钗道:

"这话极是。"

湘云道:

"虽这么说,还有别人。"

因又命另摆一桌,拣了热螃蟹来,请袭人、紫鹃、司棋、侍书、入画、莺儿、翠墨等一处共坐。山坡桂树底下铺下两条花毯,命支应的婆子并小丫头等也都坐了,只管随意吃喝,等使唤再来。

　　湘云便取了诗题，用针绾在墙上。众人看了，都说新奇，只怕做不出来。湘云又把不限韵的缘故说了一番。宝玉道：

　　"这才是正理。我也最不喜限韵。"

　　黛玉因不大吃酒，又不吃螃蟹，自命人掇了一个绣墩，倚栏坐着，拿着钓竿钓鱼。宝钗手里拿着一枝桂花，玩了一回，俯在窗槛上，掐了桂蕊，扔在水面，引的那游鱼浟上来唼喋。湘云出一回神，又让一回袭人等，又招呼山坡下的众人只管放量吃。探春和李纨惜春正立在垂柳阴中看鸥鹭。迎春却独在花阴下，拿着个小纱袋儿盛桂花。宝玉又看了一回黛玉钓鱼；一回又俯在宝钗旁边说笑两句；一回又看袭人等吃螃蟹，自己也陪她喝两口酒，袭人又剥一壳肉给他吃。

　　黛玉放下钓竿，走至座间，拿起那乌银梅花自斟壶来，拣了一个小小的海棠冻石蕉叶杯。丫头看见，知她要饮酒，忙着走上来斟。黛玉道：

　　"你们只管吃去，让我自己斟，才有趣儿。"说着，便斟了半盏，看时，却是黄酒，因说道："我吃了一点子螃蟹，觉得心口微微的疼，须得热热的吃口烧酒。"

　　宝玉忙接道：

　　"有烧酒。"便命将那合欢花浸的酒烫一壶来。

　　黛玉也只吃了一口，便放下了。宝钗也走过来，另拿了一只杯来，也饮了一口放下，便蘸笔至墙上把头一个"忆菊"勾了，底下又赘一个"蘅"字。宝玉忙道：

　　"好姐姐！第二个我已有了四句了，你让我做罢！"

　　宝钗笑道：

　　"我好容易有了一首，你就忙的这样。"

　　黛玉也不说话，接过笔来，把第八个"问菊"勾了，接着把第十一个"菊梦"也勾了，也赘上一个"潇"字。宝玉也拿起笔来将第二个"访菊"也勾了，也赘上一个"怡"字。探春起来看着道：

　　"竟没人作'簪菊'，让我作。"又指着宝玉笑道：

473

"才宣过,总不许带出闺阁字样来,你可要留神。"

说着,只见湘云走来,将第四第五"对菊""供菊"一连两个都勾了,也赘上一个"湘"字。探春道:"你也该起个号。"

湘云笑道:

"我们家里如今虽有几处轩馆,我又不住着,借了来也没趣。"

宝钗笑道:

"方才老太太说,你们家里也有一个水亭,叫做枕霞阁,难道不是你的?如今虽没了,你到底是旧主人。"

众人都道:

"有理。"

宝玉不待湘云动手,便代将"湘"字抹了,改了一个"霞"字。

没有顿饭工夫,十二题已全,各自誊出来,都交与迎春。另拿了一张雪浪笺过来,一并誊录出来,其人作的,底下赘明某人的号。李纨等从头看道:

忆　菊　　　蘅芜君

怅望西风抱闷思,蓼红苇白断肠时。

空篱旧圃秋无迹,冷月清霜梦有知。

念念心随归雁远,寥寥坐听晚砧迟。

谁怜我为黄花瘦?慰语重阳会有期。

访　菊　　　怡红公子

闲趁霜晴试一游,酒杯药盏莫淹留。

霜前月下谁家种?槛外篱边何处秋?

蜡屐远来情得得,冷吟不尽兴悠悠。

黄花若解怜诗客,休负今朝挂杖头。

种　菊　　　怡红公子

携锄秋圃自移来,篱畔庭前处处栽。

昨夜不期经雨活,今朝犹喜带霜开。

冷吟秋色诗千首,醉酹寒香酒一杯。

泉溉泥封勤护惜,好和井径绝尘埃。

対　菊　　　枕霞旧友

别圃移来贵比金，一丛浅淡一丛深。
萧疏篱畔科头坐，清冷香中抱膝吟。
数去更无君傲世，看来惟有我知音。
秋光荏苒休辜负，相对原宜惜寸阴。

供　菊　　　枕霞旧友

弹琴酌酒喜堪俦，几案婷婷点缀幽。
隔坐香分三径露，抛书人对一枝秋。
霜清纸帐来新梦，圃冷斜阳忆旧游。
傲世也因同气味，春风桃李未淹留。

咏　菊　　　潇湘妃子

无赖诗魔昏晓侵，绕篱欹石自沉音。
毫端蕴秀临霜写，口角噙香对月吟。
满纸自怜题素怨，片言谁解诉秋心？
一从陶令评章后，千古高风说到今。

画　菊　　　蘅芜君

诗余戏笔不知狂，岂是丹青费较量？
聚叶泼成千点墨，攒花染出几痕霜。
淡淡神会风前影，跳脱秋生腕底香。
莫认东篱闲采掇，粘屏聊以慰重阳。

问　菊　　　潇湘妃子

欲讯秋情众莫知，喃喃负手叩东篱：
孤标傲世偕谁隐？一样开花为底迟？
圃露庭霜何寂寞？雁归蛩病可相思？
莫言举世无谈者，解语何妨话片时？

簪　菊　　　蕉下客

瓶供篱栽日日忙，折来休认镜中妆。
长安公子因花癖，彭泽先生是酒狂。
短鬓冷沾三径露，葛巾香染九秋霜？

高情不入时人眼，拍手凭他笑路旁。

菊　影　　　　　枕霞旧友

秋光叠叠复重重，潜度偷移三径中。

窗隔疏灯描远近，篱筛破月锁玲珑。

寒芳留照魂应驻，霜印传神梦也空。

珍重暗香休踏碎，凭谁醉眼认朦胧？

菊　梦　　　　　潇湘妃子

篱畔秋酣一觉清，和云伴月不分明。

登仙非慕庄生蝶，忆旧还寻陶令盟。

睡去依依随雁断，惊回故故恼蛩鸣。

醒时幽怨同谁诉？衰草寒烟无限情！

残　菊　　　　　蕉下客

露凝霜重渐倾欹，宴赏才过小雪时。

蒂有余香金淡泊，枝无全叶翠离披。

半床落月蛩声切，万里寒云雁阵迟。

明岁秋分知再会，暂时分手莫相思！

众人看一首，赞一首，彼此称扬不绝。李纨笑道：

"等我从公评来。通篇看来，各人有各人的警句。今日公评：咏菊第一，问菊第二，菊梦第三。题目新，诗也新，立意更新了，只得要推潇湘妃子为魁了。然后簪菊，对菊，供菊，画菊，忆菊次之。"

宝玉听说，喜得拍手叫道

"极是！极公！"

黛玉道：

"我那个也不好，到底伤于纤巧些。"

李纨道：

"巧的却好，不露堆砌生硬。"

黛玉道：

"据我看来，头一句好的是'圃冷斜阳忆旧游。'这句背面傅粉。'抛书人对一枝秋'，已经妙绝，将供菊说完，没

[旁注：上回先抑，此处写黛玉包办前三名。始扬制造气势，很好。由海棠菊花诗看来，可见作者才情之高。]

[批注：终]

处再说，故翻回来想到未折未供之先，意思深远！"

李纨笑道：

"固如此说，你的'口角噙香'一句，也敌得过了。"

探春又道：

"到底要算蘅芜君沉着。'秋无迹'，'梦有知'，把个'忆'字竟烘染出来了。"

宝钗笑道：

"你的'短鬓冷沾'，'葛巾香染'，也就把'簪菊'形容的一个缝儿也没有。"

湘云笑道：

"'偕谁隐'，'为底迟'。真真把个菊花问的无言可对。"

李纨笑道：

"那么着，像'科头坐'，'抱膝吟'，竟一时也舍不得离了菊花，菊花有知，倒还怕腻烦了呢！"说的大家都笑了。

宝玉笑道：

"这场我又落第了！难道'谁家种'，'何处秋'，'蜡屐远来'，'冷吟不尽'，那都不是访不成？'昨夜雨'，'今朝霜'，都不是种不成？——但恨敌不上'口角噙香对月吟'，'清冷香中抱膝吟'，'短鬓'，'葛巾'，'金淡泊'，'翠离披'，'秋无迹'，'梦有知'，这几句罢了。"又道："明日闲了，我一个人做出十二首来。"

李纨道：

"你的也好，只是不及这几句新雅就是了。"

大家又评了一回，复又要了热螃蟹就在大圆桌上吃了一回。

宝玉笑道：

"今日持螯赏桂，亦不可无诗。我已吟成，谁还敢作？"

说着，便忙洗了手，提笔写出。众人看道：

持螯更喜桂阴凉，泼醋擂姜兴欲狂。

饕餮王孙应有酒，横行公子竟无肠！

脐间积冷馋忘忌，指上沾腥洗尚香。

原为世人美口腹,坡仙曾笑一生忙。

黛玉笑道:

"这样的诗,一时要一百首也有。"

宝玉笑道:

"你这会子才力已尽,不说不能作了,还褒贬人家!"

黛玉听了,也不答言,略一仰首微吟,提起笔来一挥,已有了一首。众人看道:

铁甲长戈死未忘,堆盘色相喜先尝。

螯封嫩玉双双满,壳凸红脂块块香。

多肉更怜卿八足,助情谁劝我千觞?

对兹佳品酬佳节,桂拂清风菊带霜。

宝玉看了,正喝采时,黛玉便一把撕了,命人烧去,因笑道:

"我做的不及你的,我烧了罢;你那个很好,比方才的菊花诗还好,你留着它给人看看。"

宝钗笑道:

"我也勉强了一首,未必好,写出来取笑儿罢。"

说着,也写出来:

桂霭桐阴坐举觞,长安涎口盼重阳。

眼前道路无经纬,皮里春秋空黑黄。

众人看到这里,不禁叫绝。

宝玉道:

"骂得痛快! 我的诗也该烧了。"看底下道:

酒未涤腥还用菊,性防积冷定须姜。

于今落釜成何益? 月浦空余禾黍香。

众人看毕,都说:

"这方是食蟹的绝唱! 这些小题目,原要寓大意思,才算是大才。只是讽刺世人太毒了些。"

说着,只见平儿复进园来。

① 黑家白日——不论昼夜,整日整夜。

第三十九回　村姥姥是信口开河
情哥哥偏寻根究底

话说众人见平儿来了，都说：

"你们奶奶做什么呢？怎么不来了？"

平儿笑道：

"她那里得空儿来？因为说没得好生吃，又不得来，所以叫我来问还有没有，叫我再要几个拿了家去吃罢。"

湘云道：

"有，多着呢。"忙命人拿盒子装了十个极大的。

平儿道：

"多拿几个团脐的。"

众人又拉平儿坐，平儿不肯。李纨瞅着她，笑道：

"偏叫你坐！"

因拉她身旁坐下，端了一杯酒，送到她嘴边。平儿忙喝了一口，就要走。李纨道：

"偏不许你去！显见得你只有凤丫头，就不听我的话了。"说着，又命嬷嬷们："先送了盒子去，就说我留下平儿了。"

那婆子一时拿了盒子回来，说：

"二奶奶说，叫奶奶和姑娘们别笑话要嘴吃。这个盒子里，方才舅太太那里送来的菱粉糕和鸡油卷儿，给奶奶姑娘们吃的。"又向平儿道："说了：使唤你来，你就贪住嘴不去了，叫你少喝钟儿罢。"

平儿笑道：

"多喝了又把我怎么样？"

一面说,一面只管喝,又吃螃蟹。李纨揽着她,笑道:

"可惜这么个好体面模样儿,命却平常,只落得屋里使唤! 不知道的人,谁不拿你当做奶奶太太看?"

平儿一面和宝钗湘云等吃喝着,一面回头笑道:

"奶奶,别这么摸的我怪痒痒的。"

李氏道:

"嗳哟! 这硬的是什么?"

平儿道:

"是钥匙。"

李氏道:

"有什么要紧的东西怕人偷了去,这么带在身上? 我成日家和人说:有个唐僧取经,就有个白马来驮着他;刘智远打天下,就有个瓜精来送盔甲;有个凤丫头,就有个你。你就是你奶奶的一把总钥匙,还要这钥匙做什么?"

平儿笑道:

"奶奶吃了酒,又拿我来打趣着取笑儿了。"

宝钗笑道:

"这倒是真话。我们没事评论起来,你们这几个,都是百个里头挑不出一个来的。妙在各人有各人的好处。"

李纨道:

"大小都有个天理。比如老太太屋里要没鸳鸯姑娘,如何使得? 从太太起,那一个敢驳老太太的回? 她现敢驳回,偏老太太只听她一个人的话。老太太的那些穿带的,别人不记得,她都记得,要不是她经管着,不知叫人诓骗了多少去呢! 况且她心也公道,虽然这样,倒常替人上好话儿,还倒不倚势欺人的。"

惜春笑道:

"老太太昨日还说呢,她比我们还强呢!"

平儿道:

"那原是个好的,我们那里比得上她?"

宝玉道：

"太太屋里的彩霞，是个老实人。"

探春道：

"可不是老实？心里可有数儿呢。太太是那么佛爷似的，事情上不留心；她都知道，凡一应事，都是她提着太太行。连老爷在家出外去的一应大小事，她都知道，太太忘了，她背后告诉太太。"

李纨道：

"那也罢了。"指着宝玉道："这一个小爷屋里，要不是袭人，你们度量到个什么田地？凤丫头就是个楚霸王，也得两只膀子好举千斤鼎，她不是这丫头，她就得这么周到了？"

平儿道：

"先时赔了四个丫头来，死的死，去的去，只剩下我一个孤鬼儿了。"

李纨道：

"你倒是有造化的，凤丫头也是有造化的。想当初你大爷在日，何曾也没两个人？你们看，我还是那容不下人的？天天只是她们不如意，所以你大爷一没了，我趁着年轻，都打发了。要是有一个好的守的住，我到底也有个膀臂了！"说着，不觉眼圈儿红了。

众人都道：

"这又何必伤心？不如散了倒好。"

说着，便都洗了手，大家约着往贾母王夫人处问安。众婆子丫头打扫亭子，收洗杯盘。袭人便和平儿一同往前去。袭人因让平儿到屋里坐坐。再喝碗茶去。平儿回说：

"不喝茶了，再来罢。"

一面说，一面便要出去。袭人又叫住，问道：

"这个月的月钱，连老太太、太太屋里还没放，是为什么？"

平儿见问，忙转身至袭人跟前，又见无人，悄悄说道：

"你快别问！横竖再迟两天就放了。"

袭人笑道：

"这是为什么？唬的你这个样儿。"

平儿悄声告诉她道：

"这个月的月钱，我们奶奶早已支了，收给人使呢。等别处利钱收了来，凑齐了才放呢。因为是你，我才告诉你，可不许告诉一个人去！"

袭人笑道：

"她难道还短钱使？还没个足厌？何苦还操这心？"

平儿笑道：

作者在十五回写凤姐贪污，三十六回写凤姐收贿，三十九回又写她拿丫头的月钱放高利贷，表现了凤姐的"贪"。

"何曾不是呢！她这几年，只拿着这一项银子翻出有几百来了。她的公费月例又使不着，十两八两，零碎攒了，又放出去，单她这体己利钱，一年不到上千的银子呢！"

袭人笑道：

"拿着我们的钱，你们主子奴才赚利钱，哄的我们呆等着！"

平儿道：

"你又说没良心的话！你难道还少钱？"

袭人道：

"我虽不少，只是我也没处儿使去，就只预备我们那一个。"

平儿道：

"你倘若有紧要事用银钱使时，我那里还有几两银子你先拿来使，明日我扣下你的就是了。"

袭人道：

"此时也用不着，怕一时要用起来不够了，我打发人去取就是了。"

平儿答应着，一径出了园门。只见凤姐那边打发人来找平儿，说：

"奶奶有事等你。"

平儿道：

“有什么事，这么要紧？我叫大奶奶拉扯住说话儿，我又没逃了，这么连三接四的叫人来找！”

那丫头说道：

“这又不是我的主意，姑娘这话自己和奶奶说去！”

平儿啐道：

“好了，你们越发上脸①了！”

说着走来，只见凤姐不在屋里。忽见上回来打抽丰②的刘姥姥和板儿来了，坐在那边屋里，还有张材家的周瑞家的陪着；又有两三个丫头，在地下倒口袋里的枣儿、倭瓜并些野菜。众人见她进来，都忙站起来。刘姥姥因上次来过，知道平儿的身分忙跳下地来，问：

“姑娘好？”又说：“家里都问好。早要来请姑奶奶的安，看姑娘来的，因为庄家忙。好容易今年多打了两石粮食，瓜果菜蔬也丰盛。这是头一起摘下来的，并没敢卖呢，留的尖儿，孝敬姑奶奶姑娘们尝尝。姑娘们天天山珍海味的，也吃腻了；吃个野菜儿，也算我们的穷心。”

平儿忙道：

“多谢费心！”

又让坐。自己坐了，又让张婶子周大娘坐了，命小丫头子倒茶去。周瑞张材两家的因笑道：

“姑娘今日脸上有些春色，眼圈儿都红了。”

平儿笑道：

“可不是？我原不喝，大奶奶和姑娘们只是拉着死灌，不得已，喝了两钟，脸就红了。”

张材家的笑道：

“我倒想着要喝，又没人让我，明日再有人请姑娘，可带了我去罢。”

说着，大家都笑了。周瑞家的道：

“早起我就看见那螃蟹了，一斤只好称两个，三个。这么两三大篓,想是有七、八十斤呢。"

张材家的道:

"要是上上下下,只怕还不够。"

平儿道:

"那里都吃? 不过都是有名儿的吃两个子。那些散众儿的,也有摸着的,也有摸不着的。"

"刘姥姥道:

"这样螃蟹,今年就值五分一斤。十斤五钱。五五二两五,三五一十五,再搭上酒菜,一共倒有二十多两银子! 阿弥陀佛! 这一顿的银子,够我们庄家人过一年了!"

平儿因问:

"想是见过奶奶了?"

刘姥姥道:

"见过了,叫我们等着呢。"说着,又往窗外看天气,说着:"天好早晚了,我们也去罢。别出不去城,才是饥荒③呢。"

周瑞家的道:

"等着我替你瞧瞧去。"说着,一径去了,半日方来,笑道:

"可是姥姥的福来了,竟投了这两个人的缘了!"

平儿等问怎么样。周瑞家的笑道:

"二奶奶在老太太跟前呢。我原是悄悄的告诉二奶奶:'刘姥姥要家去呢,怕晚了赶不出城去。'二奶奶说:'大远的,难为她扛了些东西来。晚了,就住一夜,明日再去。'这可不是投上二奶奶的缘了吗? ——这也罢了,偏老太太又听见了,问刘姥姥是谁。二奶奶就回明白了。老太太又说:'我正想个积古的老人家说话儿,请了来我见见。'这可不是想不到的投上缘了?"说着,催刘姥姥下来前去。

刘姥姥道:"我这生像儿,怎么见得呢? 好嫂子! 你就说我去了罢!"

平儿忙道:

　　"你快去罢，不相干的。我们老太太最是惜老怜贫的，比不得那个狂三诈四的那些人。想是你怯上，我和周大娘送你去。"说着，同周瑞家的带了刘姥姥往贾母这边来。二门口该班的小厮们见了平儿出来，都站起来，有两个又跑上来，赶着平儿叫"姑娘"。平儿问道:

　　"又说什么?"

　　那小厮笑道:"这会子也好早晚了，我妈病着，等我去请大夫。好姑娘!我讨半日假，可使得。"

　　平儿道:

　　"你们倒好，都商量定了，一天一个告假，又不回奶奶，只和我胡缠。前日住儿去了，二爷偏叫他不着，我应起来了，还说我做了情了。你今日又来了!"

　　周瑞家的道:

　　"当真的他妈病了，姑娘也替他应着，放了他罢。"

　　平儿道:

　　"明日一早来，听着，我还要使你呢。再睡的日头晒着屁股再来!你这一去，带个信儿给旺儿，就说奶奶的话，问他那剩的利钱，明日要还不交来，奶奶不要了，索性送他使罢。"

　　那小厮欢天喜地，答应去了。

　　平儿等来至贾母房中，彼时大观园中姐妹们都在贾母前承奉。刘姥姥进去，只见满屋里珠围翠绕，花枝招展的，并不知都系何人。只见一张榻上独歪着一位老婆婆，身后坐着一个纱罗裹的美人一般的个丫鬟在那里捶腿，凤姐站着正说笑。刘姥姥便知是贾母了，忙上来陪着笑，拜了几拜，口里说:"请老寿星安。"贾母也忙欠身问好，又命周瑞家的端过椅子来坐着，那板儿仍是怯人，不知问候。

　　贾母道:

　　"老亲家，你今年多大年纪了?"

　　刘姥姥忙起身答道:

"我今年八十五了。"

贾母向众人道：

"这么大年纪了，还这么硬朗！比我大好几岁呢！我要到这个年纪，还不知怎么动不得呢！"

刘姥姥笑道：

"我们生来是受苦的人，老太太生来是享福的。我们要也这么着，那些庄家活也没人做了。"

贾母道：

"眼睛牙齿还好？"

刘姥姥道：

"还都好，就是今年左边的槽牙活动了。"

贾母道：

"我老了，都不中用了，眼也花，耳也聋，记性也没了。你们这些老亲戚，我都记不得了。亲戚们来了，我怕人笑话，我都不会。不过嚼的动的吃两口，睡一觉，闷了时，和这些孙子孙女儿玩笑会子就完了。"

刘姥姥笑道：

"这正是老太太的福了。我们想这么着不能。"

贾母道：

"什么福？不过是老废物罢咧！"说的大家都笑了。

贾母又笑道：

"我才听见凤哥儿说，你带了好些瓜菜来，我叫她快收拾去了。我正想个地里现结的瓜儿菜儿吃，外头买的不像你们地里的好吃。"

刘姥姥笑道：

"这是野意儿，不过吃个新鲜；依我们倒想鱼肉吃，只是吃不起。"

贾母又道：

"今日既认着了亲，别空空的就去；不嫌我这里，就住一两天再去。我们也有个园子，园子里头也有果子，你明日也尝尝，带些家去，也算是看亲戚一趟。"

凤姐见贾母喜欢，也忙留道：

"我们这里虽不比你们的场院大，空屋子还有两间。你住两天，把你们那里的新闻故事儿说些给我们老太太听听。"

贾母笑道：

"凤丫头，别拿她取笑儿。她是屯⑥里人，老实，那里搁的住你打趣？"

说着，又命人去先抓果子给板儿吃。板儿见人多了，又不敢吃。贾母又命拿些钱给他，叫小么儿们带他外头玩去。刘姥姥吃了茶，便把些乡村中所见所闻的事情说给贾母听，贾母越发得了趣味。

正说着，凤姐便命人请刘姥姥吃晚饭。贾母又将自己的菜拣了几样，命人送过去给刘姥姥吃。凤姐知道合了贾母的心，吃了饭，便又打发来。鸳鸯忙命老婆子带了刘姥姥去洗了澡，自己去挑了两件随常的衣裳，叫给刘姥姥换上。那刘姥姥那里见过这般行事？忙换了衣裳出来，坐在贾母榻前，又搜寻些话出来说。彼时宝玉姐妹们也都在这里坐着。他们何曾听见过这些话？自觉比那些瞽目先生说的书还好听。

那刘姥姥虽是个村野人，却生来的有些见识。况且年纪老了，世情上经历过的，见头一件贾母高兴，第二件这些哥儿姐儿都爱听，便没话也编出些话来讲。因说道：

"我们村庄上，种地种菜，每年每日，春夏秋冬，风里雨里，那里有个坐着的空儿？天天都是在那地头上做歇马凉亭，什么奇奇怪怪的事不见呢？就像旧年冬天，接连下了几天雪，地下压了三四尺深，我那日起的早，还没出屋门，只听外头柴草响。我想着必定有人偷柴草来了。我爬着窗户眼儿一瞧，不是我们村庄上的人。"

贾母道：

"必定是过路的客人们冷了，见现成的柴火，抽些烤火，也是有

487

的。"

刘姥姥笑道:

"也并不是客人,所以说来奇怪。老寿星打量什么人?原来是一个十七八岁极标致的小姑娘儿,梳着溜油儿光的头,穿着大红袄儿,白绫子裙儿。……"

刚说到这里,忽听外面人吵嚷起来,又说:"不相干,别唬着老太太!"

贾母等听了,忙问:

"怎么了?"

丫鬟回说:

"南院子马棚里走了水了⑥。不相干,已经救下去了。"

贾母最胆小的,听了这话,忙起身扶了人出至廊上来瞧时,只见东南角上火光犹亮。

贾母唬得口内念佛,又忙命人去火神跟前烧香。王夫人等也忙都过来请安,回说:

"已经救下去了,老太太请进去罢。"

贾母足足的看着火光熄了,方领众人进来。宝玉且忙问刘姥姥:

"那女孩儿大雪地里做什么抽柴火?倘或冻出病来呢?"

贾母道:

> 此回作者写刘姥姥的世故与宝玉的痴。均绝。

"都是才说抽柴火,惹出事来了,你还问呢。别说这个了,说别的罢。"宝玉听说,心内虽不乐,也只得罢了。

刘姥姥便又想了想,说道:

"我们庄子东边庄上有个老奶奶子,今年九十多岁了。她天天吃斋念佛,谁知就感动了观音菩萨,夜里来托梦,说:'你这么虔心,原本你该绝后的,如今奏了玉皇,给你个孙子。'原来这老奶奶只有一个儿子,这儿子也只一个儿子,好容易养到十七八岁上死了,哭的什么儿似的;后来当真又养了一个,今年才十三四岁,长得粉团儿似的，聪明伶俐的了不得呢。这些神佛是有的不是？"

这一席话暗合了贾母王夫人的心事，连王夫人也都听住了。宝玉心中只惦记着抽柴的故事，因闷的心中筹画。探春因问他：

"昨日扰了史大妹妹，咱们回去商议着邀一社，又还了席，也请老太太赏菊，何如？"

宝玉笑道：

"老太太说了，还要摆酒还史妹妹的席，叫咱们做陪呢。等吃了老太太的，咱们再请不迟。"

探春道：

"越往前越冷了，老太太未必高兴。"

宝玉道：

"老太太又喜欢下雨下雪的，咱们等下头场雪请老太太赏雪，不好吗？咱们雪下吟诗，也更有趣了。"

黛玉笑道：

"咱们雪下吟诗？依我说，还不如弄一捆柴火，雪下抽柴，还更有趣儿呢。"

说着，宝钗等都笑了。宝玉瞅了她一眼，也不答话。

一时散了，背地里宝玉到底拉了刘姥姥细问那女孩儿是谁。刘姥姥只得编了告诉他：

> 黛玉妙人妙语。

"那原是我们庄子北沿儿地埂子上有个小祠堂儿，供的不是神佛。当先有个什么老爷——"

说着，又想名姓。宝玉道：

"不拘什么名姓，也不必想了，只说原故就是了。"

刘姥姥道：

"这老爷没有儿子，只有一位小姐，名字叫什么若玉，知书儿识字的，老爷太太爱的像珍珠儿。可惜了儿的！这小姐儿长到十七岁了，一病就病死了。"

宝玉听了，跌足叹惜，又问：

"后来怎么样？"

刘姥姥道：

"因为老爷太太痛的心肝儿似的，盖了那祠堂，塑了个像儿，派了人烧香儿拨火的。如今年深日久了，人也没了，庙也烂了，那泥胎儿可就成了精咧。"

宝玉忙道：

"不是成精，规矩这样人是不死的。"

刘姥姥道：

"阿弥陀佛！是这么着吗？不是哥儿说，我们还当她成了精了呢。她时常变了人出来闲逛，我才说抽柴火的就是她了。我们村庄上的人商量着还要拿榔头砸她呢。"

宝玉忙道：

"快别如此！要平了庙，罪过不小！"

刘姥姥道：

"幸亏哥儿告诉我。明日回去，拦住他们就是了。"

宝玉道：

"我们老太太、太太都是善人，就是合家大小，也都好善喜舍，最爱修庙塑神的。我明日做一个疏头⑥，替你化些布施，你就做香头，攒了钱，把这庙修盖，再装塑了泥像，每月给你香火钱烧香，好不好？"

刘姥姥道：

"若这样时，我托那小姐的福，也有几个钱使了。"

宝玉又问她地名庄名，来往远近，坐落何方，刘姥姥便顺口诌了出来。宝玉信以为真，回至房中，盘算了一夜。次日一早，便出来给了焙茗几百钱，按着刘姥姥说的方向地名，着焙茗去先踏看明白，回来再作主意。

那焙茗去后，宝玉左等也不来，右等也不来，急的热地里的蚰蜒似的，好容易等到日落，方见焙茗兴兴头头的回来了。宝玉忙问：

"可找着了？"

焙茗笑道:

"爷听的不明白,叫我好找! 那地名坐落,不像爷听的一样,所以找了一天。 找到东北角田埂子上,才有一个破庙。"

宝玉听说,喜的眉开眼笑,忙说道:

"刘姥姥有年纪的人,一时错记了,也是有的。 你且说你见的。"

焙茗道:

"那庙门却倒也朝南开,也是稀破的。 我找的正没好气,一见这个,我说:'可好了!'连忙进去,一看泥胎,唬的我又跑出来了,——活像真的似的!"

宝玉喜的笑道:

"她能变化人了,自然有些生气!"

焙茗拍手道:

"那里是什么女孩儿! 竟是一位青脸红发的瘟神爷!"

宝玉听了,啐了一口,骂道:

"真是个没用的杀材! 这点子事也干不来!"

焙茗道:

"爷又不知看了什么书,或者听了谁的混帐话,信真了,把这件没头脑的事派我去磕头,怎么说我没用呢?"

宝玉见他急了,忙抚慰他道:

"你别急,改日闲了,你再找去。 要是她哄我们呢,自然没了;要竟是有的,你岂不也积了阴骘呢? 我必重重的赏你。"

说着,只见二门上的小厮来说:

"老太太屋里的姑娘们站在二门口找二爷呢。"

---

① 上脸——卑幼对尊长开玩笑叫上脸。 今常写作"讪脸"。
② 打抽丰——向有钱的人讨点财物。意思是说从丰富之中抽取。 后来由于字音的转变,却写作"打抽风"。

③ 饥荒——这里指困难。

④ 积古的——有丰富的社会经验,知道很多古老事情的。

⑤ 屯——东北称乡或村为屯。

⑥ 走了水了——这里是失火的意思。

⑦ 疏头——就是疏,古代有奉疏和书疏的意思。这里指募化钱财的"劝捐启"。又诵经时向佛前、神前焚的表章也叫疏,送出去焚烧叫作送疏。

⑧ 香头——主管一个庙的香火的巫人。

第四十回　史太君两宴大观园
金鸳鸯三宣牙牌令

话说宝玉听了，忙进来看时，只见琥珀站在屏风跟前，说：

"快去罢，立等你说话呢。"

宝玉来至上房，只见贾母正和王夫人众姐妹商议给史湘云还席。宝玉因说：

"我有个主意：既没有外客，吃的东西也别定了样数，谁素日爱吃的，拣样儿做几样，也不必按桌席，每人眼前摆一张高几，各人爱吃的东西一两样，再一个十锦攒心盒子，自斟壶。岂不别致？"

贾母听了，说："很是。"即命人传与厨房：

"明日就拣我们爱吃的东西做了，按着人数，再装了盒子来；早饭也摆在园里吃。"

商议之间，早又掌灯。一夕无话。

次日清早起来，可喜这日天气晴朗。李纨清晨起来，看着老婆子丫头们扫那些落叶，并擦抹桌椅，预备茶酒器皿。只见丰儿带了刘姥姥板儿进来，说：

"大奶奶，倒忙的很。"

李纨笑道：

"我说你昨儿去不成，只忙着要去。"

刘姥姥笑道：

"老太太留下我，叫我也热闹一天去。"

丰儿拿了几把大小钥匙，说道：

"我们奶奶说了：外头的高几儿怕不够使，不如开了楼，把那收的拿下来使一天罢。奶奶原该亲自来，因和太太说话呢。请大奶

493

奶开了，带着人搬罢。"

李氏便命素云接了钥匙，又命婆子出去，把二门上小厮叫几个来。李氏站在大观楼下，往上看着，命人上去开了缀锦阁，一张一张的往下抬。小厮、老婆子、丫头一齐动手，抬了二十多张下来。李纨道：

"好生着！别慌慌张张鬼赶着似的，仔细碰了牙子！^①"又回头向刘姥姥笑道：

"姥姥也上去瞧瞧。"

刘姥姥听说，巴不得一声儿，拉了板儿，登梯上去，进里面，只见乌压压的，堆着些围屏、桌、椅、大小花灯之类，虽不大认得，只见五彩闪灼，各有奇妙。念了几声佛，便下来了。然后锁上门，一齐下来。李纨道：

"恐怕老太太高兴，越发把船上划子、篙、桨、遮阳、幔子，都搬下来预备着。"

众人答应，又复开了门，色色的搬下来，命小厮传驾娘们到船坞里撑出两只船来。

正乱着，只见贾母已带了一群人进来了。李纨忙迎上去，笑道：

"老太太高兴，倒进来了，我只当还没梳头呢，才撷了菊花要送去。"

一面说，一面碧月早已捧过一个大荷叶式的翡翠盘子来，里面养着各色折枝菊花。贾母便拣了一朵大红的簪在鬓上。因回头看见了刘姥姥，忙笑道：

此回写凤姐恶作剧，刘姥姥世故透顶，妙趣横生，令人喷饭。作者的幽默风趣，此回叹观止矣！

"过来带花儿。"

一语未完，凤姐便拉过刘姥姥来，笑道：

"让我来打扮你。"

说着，把一盘子花，横三竖四的插了一头。贾母和众人笑的了不得。刘姥姥也笑道：

“我这头也不知修了什么福，今儿这样体面起来！”

众人笑道：

“你还不拔下来摔到她脸上呢，把你打扮的成了老妖精了！”

刘姥姥笑道：

“我虽老了，年轻时也风流，爱个花儿粉儿的，今儿索性做个老风流！”

说话间，已来至沁芳亭上。丫鬟们抱了个大锦褥子来铺在栏杆榻板上。贾母倚栏坐下，命刘姥姥也坐在旁边，因问她：

“这园子好不好？”

刘姥姥念佛说道：

“我们乡下人，到了年下，都上城来买画儿贴。闲了的时候儿，大家都说：怎么得到画儿上逛逛！想着画儿也不过是假的，那里有这个真地方儿？谁知今儿进这园里一瞧，竟比画儿还强十倍！怎么得有人也照着这个园子画一张，我带了家去给他们见见，死了也得好处！”

贾母听说，指着惜春笑道：

“你瞧，我这个小孙女儿，她就会画。等明儿叫她画一张，如何？”

刘姥姥听了，喜的忙跑过来拉着惜春，说道：

“我的姑娘！你这么大年纪儿，又这么个好模样儿，还有这个能干，别是个神仙托生的罢？”

贾母众人都笑了。歇了歇，又领着刘姥姥都见识见识。先到了潇湘馆。一进门，只见两边翠竹夹路，土地下青苔布满，中间羊肠一条石子漫的甬路。刘姥姥让出路来与贾母众人走，自己却走土地。琥珀拉她道：

“姥姥，你上来走，看苍苔滑倒了。”

刘姥姥道：

“不相干，我们走熟了。姑娘们只管走罢，可惜你们的那鞋，别沾了泥！”

她只顾上头和人说话，不防脚底下果踩滑了，咕咚一交跌倒。众人都拍手呵呵的大笑。贾母笑骂道：

"小蹄子们！还不搀起来，只站着笑！"

说话时，刘姥姥已爬起来了，自己也笑了，说道：

"才说嘴，就打了嘴了。"

贾母问她："可扭了腰了没有？叫丫头们捶捶。"

刘姥姥道：

"那里说的我这么娇嫩了？那一天不跌两下子？都要捶起来，还了得呢！"

紫鹃早打起湘帘，贾母等进来坐下，黛玉亲自用小茶盘儿捧了一盖碗茶来，奉与贾母。王夫人道：

"我们不吃茶，姑娘不用倒了。"

黛玉听说，便命丫头把自己窗下常坐的一张椅子，挪到下手，请王夫人坐了。刘姥姥因见窗下案上设着笔砚，又见书架上放着满满的书，刘姥姥道：

"这必定是那一位哥儿的书房了？"

贾母笑指黛玉，道：

"这是我这外孙女儿的屋子。"

刘姥姥留神打量了黛玉一番，方笑道：

"这那里像个小姐的绣房？竟比那上等的书房还好呢！"

贾母因问：

"宝玉怎么不见？"

众丫头们答说：

"在池子里船上呢。"

贾母道：

"谁又预备下船了？"

李纨忙回说：

"才开楼拿的。我恐怕老太太高兴，就预备下了。"

贾母听了，方欲说话时，有人回说：

"姨太太来了。"

贾母等刚站起来，只见薛姨妈早进来了，一面归坐，笑道：

"今儿老太太高兴，这早晚就来了。"

贾母笑道：

"我才说来迟了的要罚她，不想姨太太就来迟了。"

说笑一回，贾母因见窗上纱的颜色旧了，便和王夫人说道：

"这个纱，新糊上好看，过了后儿就不翠了。这院子里头又没有个桃杏树，这竹子已是绿的，再拿绿纱糊上，反倒不配。我记得咱们先有四五样颜色糊窗的纱呢。明儿给她把这窗上的换了。"

凤姐忙道：

"昨儿我开库房，看见大板箱里还有好几匹银红蝉翼纱，——也有各样折枝花样的，也有流云蝙蝠花样的，也有百蝶穿花花样的，颜色又鲜，纱又轻软。我竟没见这个样的，拿了两匹出来做两床绵纱被，想来一定是好的。"

贾母听了，笑道：

"呸！人人都说你没有没经过没见过的，连这个纱还不能认得，明儿还说嘴！"

薛姨妈等都笑说：

"凭她怎么经过见过，怎么敢比老太太呢？老太太何不教导了她，连我们也听听。"

凤姐也笑说：

"好祖宗！教给我罢！"

贾母笑向薛姨妈众人道：

"那个纱比你们的年纪还大呢！怪不得她认做蝉翼纱，原也有些像。不知道的都认做蝉翼纱，正经名字叫'软烟罗'。"

凤姐道：

"这个名儿也好听。只是我这么大了，纱罗也见过几百样，从没听见过这个名色。"

贾母笑道：

"你能活了多大？见过几样东西？就说嘴来了。那个软烟罗只有四样颜色，一样雨过天青，一样秋香色，一样松绿的，一样就是银红的。要是做了帐子，糊了窗屉，远远的看着，就似烟雾一样，所以叫做软烟罗。那银红的又叫做'霞影纱'。如今上用的府纱，也没有这样软厚轻密的了。"

薛姨妈笑道：

"别说凤丫头没见，连我也没听见过。"

凤姐一面说话，早命人取了一匹来了。贾母道：

"可不是这个？先时原不过是糊窗屉，后来我们拿这个做被，做帐子，试试也竟好。明日就找出几匹来，拿银红的替她糊窗户。"

凤姐答应着。众人看了都称赞不已。刘姥姥也觑着眼看，口里不住的念佛，说道：

"我们想做衣裳也不能，拿着糊窗子岂不可惜？"

贾母道：

"倒是做衣裳不好看。"

凤姐忙把自己身上穿的一件大红绵纱袄的襟子拉出来，向贾母薛姨妈道；

"看我的这袄儿。"

贾母薛姨妈都说：

"这也是上好的了。这是如今上用内造的，竟比不上这个。"

凤姐道：

"这个薄片子还说是内造上用呢，竟连这个官用的也比不上啊。"

贾母道：

"再找一找，只怕还有。要有就都拿出来，送这刘亲家两匹。有雨过天青的，我做一个帐子挂上。剩的配上里子，做些个夹坎肩儿给丫头们穿。白收着霉坏了。"

凤姐忙答应了，仍命人送去。贾母便笑道：

"这屋里窄，再往别处逛去罢。"

刘姥姥笑道:

"人人都说,'大家子住大房',昨儿见了老太太正房,配上大箱、大柜、大桌子、大床,果然威武。那柜子,比我们一间房子还大,还高。怪道后院子里有个梯子。我想又不上房晒东西,预备这梯子做什么? 后来我想起来,一定是为开顶柜,取东西。离了那梯子,怎么上得去呢? 如今又见了这小屋子,更比大的越发齐整了。满屋里东西,都只好看,可不知叫什么,我越看越舍不得离了这里了!"

凤姐道:

"还有好的呢,我都带你去瞧瞧。"

说着,一径离了潇湘馆,远远望见池中一群人在那里撑船。贾母道:

"他们既备下船,咱们就坐一回。"

说着,向紫菱洲蓼溆一带走来。未至池前,只见几个婆子手里都捧着一色摄丝戗金五彩大盒子走来。凤姐忙问王夫人:

"早饭在那里摆?"

王夫人道:

"问老太太在那里就在那里罢了。"

贾母听说,便回头说:

"你三妹妹那里好。你就带了人摆去,我们从这里坐了船去。"

凤姐听说,便回身和李纨、探春、鸳鸯、琥珀带着端饭的人等,抄着近路,到了秋爽斋,就在晓翠堂上调开桌案。鸳鸯笑道:

"天天咱们说,外头老爷们,吃酒吃饭,都有个凑趣儿的,拿他取笑儿。咱们今儿也得了个女清客了。"

李纨是个厚道人,倒不理会。凤姐却听着是说刘姥姥,便笑道:

"咱们今儿就拿她取个笑儿。"

二人便如此这般商议。李纨笑劝道:

"你们一点好事儿不做! 又不是个小孩儿,还这么淘气。仔细老太太说！"

鸳鸯笑道：

"很不与大奶奶相干，有我呢。"

正说着，只见贾母等来了，各自随便坐下。先有丫鬟挨人递了茶。大家吃毕，凤姐手里拿着西洋布手巾，裹着一把乌木三镶银箸，按席摆下。贾母因说：

"把那一张小楠木桌子抬过来，让刘亲家挨着我这边坐。"

众人听说，忙抬过来。凤姐一面递眼色与鸳鸯，鸳鸯便忙拉刘姥姥出去，悄悄的嘱咐了刘姥姥一席话，又说；

"这是我们家的规矩，要错了，我们就笑话呢。"

调停已毕，然后归坐。薛姨妈是吃过饭来的，不吃了，只坐在一边吃茶。贾母带着宝玉、湘云、黛玉、宝钗一桌。王夫人带着迎春姐妹三人一桌。刘姥姥挨着贾母一桌。贾母素日吃饭，皆有小丫鬟在旁边拿着漱盂、尘尾、巾帕之物。如今鸳鸯是不当这差的了，今日偏接过尘尾来拂着。丫鬟们知她要捉弄刘姥姥，便躲开让她。鸳鸯一面侍立，一面递眼色，刘姥姥道：

"姑娘放心。"

那刘姥姥入了坐，拿起箸来，沉甸甸的，不伏手，原是凤姐和鸳鸯商议定了，单拿了一双老年四楞象牙镶金的筷子给刘姥姥。刘姥姥见了，说道：

"这个叉巴子，比我们那里的铁掀还沉，那里拿的动它！"

说的众人都笑起来。只见一个媳妇端了一个盒子站在当地，一个丫鬟上来揭去盒盖，里面盛着两碗菜，李纨端了一碗放在贾母桌上，凤姐偏拣了一碗鸽子蛋，放在刘姥姥桌上。

贾母这边说声"请"，刘姥姥便站起身来，高声说道：

"老刘，老刘，食量大如牛，吃个老母猪不抬头！"

说完，却鼓着腮帮子，两眼直视，一声不语。众人先还发征，后来一想，上上下下都一齐哈哈大笑起来。湘云掌不住，一口茶都喷出来。黛玉笑岔了气，伏着桌子，只叫"嗳哟！"宝玉滚到贾母怀里，贾母笑的搂着叫"心肝!"王夫人笑的用手指着凤姐,却说不出话来。薛姨妈也掌不住,口里的茶,喷了探春一裙子。探春的茶碗都合在迎春身上。惜春离了坐位,拉着她奶母,叫揉揉肠子。地下无一个不弯腰屈背,也有躲出去蹲着笑去的,也有忍着笑,上来替她姐妹换衣裳的。独有凤姐鸳鸯二人掌着,还只管让刘姥姥。

刘姥姥拿起箸来,只觉不听使,又道:

"这里的鸡儿也俊,下的这蛋也小巧,怪俊的,我且得一个儿!"

众人方住了笑,听见这话,又笑起来。贾母笑的眼泪出来,只忍不住,琥珀在后捶着。贾母笑道:

"这定是凤丫头促狭鬼儿闹的! 快别信她的话了。"

那刘姥姥正夸鸡蛋小巧,凤姐笑道:

"一两银子一个呢,你快尝尝罢。冷了就不好吃了。"

刘姥姥便伸筷子要夹,那里夹的起来?满碗里闹了一阵,好容易撮起一个来,才伸着脖子要吃,偏又滑下来,滚在地下。忙放下筷子,要亲自去拣,早有地下的人拣了出去。刘姥姥叹道:

"一两银子,也没听见个响声儿就没了!"

众人已没心吃饭,都看着她取笑。贾母又说:

"谁这会子又把那个筷子拿出来了? 又不请客,摆大筵席。都是凤丫头支使的! 还不换了呢!"

地下的人原不曾预备这牙箸,本是凤姐和鸳鸯拿了来的,听如此说,忙收过去了,也照样换上一双乌木镶银的。刘姥姥道:

"去了金的,又是银的,到底不及俺们那个伏手。"

凤姐道:

"菜里要有毒,这银子下去了就试的出来。"

刘姥姥道:

"这个菜里有毒,我们那些都成了砒霜了。那怕毒死了,也要吃尽了。"

贾母见她如此有趣,吃的又香甜,把自己的菜也都端过来给她吃;又命一个老嬷嬷来,将各样的菜给板儿夹在碗上。

一时吃毕，贾母等都往探春卧室中去闲话。这里收拾残桌，又放了一桌。刘姥姥看着李纨与凤姐对坐着吃饭，叹道：

"别的罢了，我只爱你们家这行事！怪道说，'礼出大家'。"

凤姐忙笑道：

"你可别多心，才刚不过大家取乐儿。"

一言未了，鸳鸯也进来笑道：

"姥姥别恼，我给你老人家赔个不是儿罢。"

刘姥姥忙笑道：

"姑娘说那里的话，咱们哄着老太太开个心儿，有什么恼的？你先嘱咐我，我就明白了，不过大家取笑儿。我要恼，也就不说了。"

鸳鸯便骂人：

"为什么不倒茶给姥姥吃？"

刘姥姥忙道：

"才刚那嫂子倒了茶来，我吃过了。姑娘也该用饭了。"

凤姐便拉鸳鸯坐下，道：

"你和我们吃罢，省了回来又闹。"

鸳鸯便坐下了。婆子们添上碗箸来。

三人吃毕，刘姥姥笑道：

"我看你们这些人，都只吃这一点儿就完了，亏你们也不饿！怪道风儿都吹的倒！"

鸳鸯便问：

"今儿剩的菜不少，都那里去了？"

婆子们道：

"都还没散呢，在这里等着，一齐散给他们吃。"

鸳鸯道：

"他们吃不了这些，挑两碗给二奶奶屋里平丫头送去。"

凤姐道：

"她早吃了饭了，不用给她。"

鸳鸯道:

"她吃不了,喂你的猫。"

婆子听了,忙拣了两样,拿盒子送去。鸳鸯道:

"素云那里去了?"

李纨道:

"她们都在这里一处吃,又找她做什么?"

鸳鸯道:

"这就罢了。"

凤姐道:

"袭人不在这里,你倒是叫人送两样给她去。"

鸳鸯听说,便命人也送两样去。鸳鸯又问婆子们:

"回来吃酒的攒盒,可装上了?"

婆子道:

"想必还得一会子。"

鸳鸯道:

"催着些儿。"

婆子答应了。

凤姐等来至探春房中,只见她娘儿们正说笑。探春素喜阔朗,这三间屋子并不曾隔断。当地放着一张花梨大理石大案,案上堆着各种名人法帖,并数十方宝砚,各色笔筒,笔海内插的笔,如树林一般,那一边设着斗大的一个汝窑花囊,插着满满的一囊水晶球的白菊。西墙上当中挂着一大幅米襄阳"烟雨图",左右挂着一副对联,乃是颜鲁公墨迹,其联云:

　　烟霞闲骨格,
　　泉石野生涯。"

案上设着大鼎,左边紫檀架上放着一个大官窑的大盘,盘内盛着数十个娇黄玲珑大佛手;右边洋漆架上悬着一个白玉比目磬,旁边挂着小椎。

那板儿略熟了些,便要摘那椎子去击,丫鬟们忙拦住他。他又

要那佛手吃,探春拣了一个给他,说:

"玩罢,吃不得的。"

东边便设着卧榻拔步床,上悬着葱绿双绣花卉草虫的纱帐。板儿又跑来看,说:

"这是蝈蝈,这是蚱蜢。"

刘姥姥忙打了他一巴掌,道:

"下作黄子②,没干没净的乱闹! 倒叫你进来瞧瞧,就上脸了!"

打的板儿哭起来,众人忙劝解方罢。

贾母隔着纱窗后往院内看了一回,因说道:

"后廊檐下的梧桐也好了,只是细些。"

正说话,忽一阵风过,隐隐听得鼓乐之声。贾母问:

"是谁家娶亲呢? 这里临街倒近。"

王夫人等笑回道:

"街上的那里听的见? 这是咱们的那十来个女孩子们演习吹打呢。"

贾母便笑道:

"既她们演,何不叫她们进来演习? 她们也逛一逛,咱们也乐了,不好吗?"

凤姐听说,忙命人出去叫来,赶着吩咐摆下条桌,铺上红毯子。贾母道:

"就铺排在藕香榭的水亭子上,借着水音更好听。回来各位就在缀锦阁底下吃酒,又宽阔,又听的近。"

众人都说好。贾母向薛姨妈笑道:

"咱们走罢。她们姐妹们都不大喜欢人来,生怕腌脏了屋子。咱们别没眼色儿,正经坐会子船,喝酒去罢。"

说着,大家起身便走。探春笑道:

"这是那里的话? 求着老太太、姨妈、太太来坐坐,还不能呢。"

贾母笑道:

"我的这三丫头倒好，只有两个玉儿可恶。——回来喝醉了，咱们偏往他们屋里闹去!"

说着，众人都笑了。一齐出来，走不多远，已到了荇叶渚。那姑苏选来的几个驾娘，早把两只棠木舫撑来。众人扶了贾母、王夫人、薛姨妈、刘姥姥、鸳鸯、玉钏儿，上了这一只船，次后李纨也跟上去。凤姐也上去，立在船头上，也要撑船。贾母在舱内道:

"那不是玩的，虽不是河里，也有好深的。你快给我进来!"

凤姐笑道:

"怕什么? 老祖宗只管放心。"

说着，便一篙点开，到了池当中，船小人多，凤姐只觉乱晃，忙把篙子递与驾娘，方蹲下去。然后迎春姐妹等并宝玉上了那只，随后跟来。其余老嬷嬷众丫鬟俱沿河随行。

宝玉道:

"这些破荷叶可恨! 怎么还不叫人来拔去?"

宝钗笑道:

"今年这几日，何曾饶了这园子闲了一闲，天天逛，那里还有叫人来收拾的工夫?"

黛玉道:

"我最不喜欢李义山的诗，只喜他这一句:'留得残荷听雨声'。偏你们又不留着残荷了。"

宝玉道:

"果然好句! 以后咱们别叫拔去了。"

说着，已到了花溆的萝港之下，觉得阴森透骨。两滩上衰草残菱，更助秋兴。贾母因见岸上的清厦旷朗，便问:

"这是薛姑娘的屋子不是?"

众人道:

"是。"

贾母忙命拢岸，顺着云步石梯上去，一同进了蘅芜院，只觉异香扑鼻。那些奇草仙藤，愈冷愈苍翠，都结了实，似珊瑚豆子一般，累垂可爱。及进了房屋，雪洞一般，一色的玩器全无。案上只有一个土定瓶^⑧，瓶中供着数枝菊，并两部书、茶奁、茶杯而已；床上只吊着青纱帐幔，衾褥也十分朴素。

贾母叹道：

"这孩子太老实了！你没有陈设，何妨和你姨娘要些？我也没理论，也没想到；你们的东西，自然在家里没带了来。"说着，命鸳鸯去取些古董来。又嗔着凤姐："不送些玩器来给你妹妹，这样小器！"

王夫人凤姐等都笑回说：

"她自己不要么。我们原送了来，都退回去了。"

薛姨妈也说道：

"她在家里也不大弄这些东西。"

贾母摇头道：

"那使不得。虽然她省事，倘或来个亲戚，看着不像；二则年轻的姑娘们，屋里这么素净，也忌讳。我们这老婆子，越发该往马圈去了！你们听那些书上戏上说的小姐们的绣房，精致的还了得呢！她们姐妹们虽不敢比那些小姐们，也别很离了格儿。有现成的东西，为什么不摆呢？要很爱素净，少几样倒使得，我最会收拾屋子，如今老了，没这个闲心了。她们姐妹们也还学着收拾的好。只怕俗气，有好东西也摆坏了，我看她们还不俗。如今等我替你收拾，包管又大方，又素净。我的两件体己，收到如今，没给宝玉看见过；若经了的眼，也没了。"说着，叫过鸳鸯来，吩咐道："你把那石头盆景儿和那架纱照屏，还有个墨烟冻石鼎拿来。这三样摆在这案上就够了。再把那水墨字画白绫帐子拿来，把这帐子也换了。"

鸳鸯答应着，笑道：

"这些东西，都搁在东楼上不知那个箱子里，还得慢慢找去。明儿再拿去也罢了。"

贾母道：

"明日后日都使得，只别忘了。"

　　说着,坐了一回方出来,一径来至缀锦阁下。文官等上来请过安,因问演习何曲。贾母道:

　　"只拣你们熟的演习几套罢。"

　　文官等下来往藕香榭去。不提。

　　这里凤姐已带着人摆设齐整。上面左右两张榻,榻上都铺着锦裀蓉簟。每一榻前两张雕漆几,——也有海棠式的,也有梅花式的,也有荷叶式的,也有葵花式的,也有方的,也有圆的,其式不一。一个上头放着一分炉瓶①,一个攒盒。上面二榻四几是贾母薛姨妈,下面一椅两几是王夫人的,余者都是一椅一几。东边刘姥姥,刘姥姥之下便是王夫人。西边便是湘云,第二便是宝钗,第三便是黛玉,第四迎春、探春、惜春挨次排下去,宝玉在末。李纨凤姐二人之几,设于三层槛内,二层纱橱之外。攒盒式样,亦随几之式样。每人一把乌银洋錾自斟壶,一个十锦珐琅杯。

　　大家坐定,贾母先笑道:

　　"咱们先吃两杯,今日也行一个令,才有意思。"

　　薛姨妈笑说道:

　　"老太太自然有好酒令,我们如何会呢? 安心叫我们醉了,我们都多吃两杯就是了。"

　　贾母笑道:

　　"姨太太今儿也过谦起来,想是厌我老了。"

　　薛姨妈笑道:

　　"不是谦,是怕行不上来,倒是笑话了。"

　　王夫人忙笑道:

　　"便说不上来,只多吃了一杯酒,醉了睡觉去,还有谁笑话咱们不成?"

　　薛姨妈点头笑道:

　　"依令。老太太到底吃一杯令酒才是。"

　　贾母笑道:

　　"这个自然。"

507

说着，便吃了一杯。

凤姐忙走至当地，笑道：

"既行令，还叫鸳鸯姐姐来行才好。"

众人都知贾母所行之令必得鸳鸯提着，故听了这话，都说："很是。"凤姐便拉着鸳鸯过来。王夫人笑道：

"既在令内，没有站着的理。"回头命小丫头子："端一张椅子放在你二位奶奶的席上。"

鸳鸯也半推半就，谢了坐，便坐下，也吃了一钟酒，笑道：

"酒令大如军令，不论尊卑，惟我是主；违了我的话，是要受罚的。"

王夫人等都笑道：

"一定如此，快些说。"

鸳鸯未开口，刘姥姥便下席，摆手道：

"别这样捉弄人！我家去了。"

众人都笑道：

"这却使不得。"鸳鸯喝令小丫头们拉上席去。小丫头子们也笑着，果然拉入席中。

刘姥姥只叫：

"饶了我罢！"

鸳鸯道：

"再多言的罚一壶！"刘姥姥方住了。

鸳鸯道：

"如今我说骨牌副儿，从老太太起，顺领下去，至刘姥姥止。比如我说一副儿，将这三张牌拆开，先说头一张，再说第二张，说完了，合成这一副儿的名字。无论诗词歌赋，成语俗语比上一句，都要合韵，错了的罚一杯。"

众人笑道：

"这个令好，就说出来。"

鸳鸯道：

“有了一副了。左边是张'天'。”

贾母道:

“头上有青天。”

众人道:

“好。”

鸳鸯道:

“当中是个'五合六'。”

贾母道:

“六桥梅花香彻骨。”

鸳鸯道:

“剩了一张'六合么'。”

贾母道:

“一轮红日出云霄。”

鸳鸯道:

“凑成却是个蓬头鬼。”

贾母道:

“这鬼抱住钟馗腿。”

说完,大家笑着喝采。贾母饮了一杯。

鸳鸯又道:

“又有一副了。左边是个'大长五'。”

薛姨妈道:

“梅花朵朵风前舞。”

鸳鸯道:

“右边是个'大五长'。”

薛姨妈道:

“十月梅花岭上香。”

鸳鸯道:

“当中二五是'杂七'。”

薛姨妈道:

“织女牛郎会七夕。”

鸳鸯道：

“凑成二郎游五岳。”

薛姨妈道：

“世人不及神仙乐。”

说完，大家称赏，饮了酒。

鸳鸯又道：

“有了一副了。左边‘长么’两点明。”

湘云道：

“双悬日月照乾坤。”

鸳鸯道：

“右边‘长么’两点明。”

湘云道：

“闲花落地听无声。”

鸳鸯道：

“中间还得‘么四’来。”

湘云道：

“日边红杏倚云栽。”

鸳鸯道：

“凑成一个樱桃九熟。”

湘云道：

“御园却被鸟衔出。”

说完，饮了一杯。

鸳鸯道：

“有了一副了。左边是‘长三’。”

宝钗道：

“双双燕子语梁间。”

鸳鸯道：

“右边是‘三长’。”

宝钗道:

"水荇牵风翠带长。"

鸳鸯道:

"当中'三六'九点在。"

宝钗道:

"三山半落青天外。"

鸳鸯道:

"凑成铁锁练孤舟。"

宝钗道:

"处处风波处处愁。"

说完,饮毕。

鸳鸯又道:

"左边一个'天'。"

黛玉道:

"良辰美景奈何天。"

宝钗听了,回头看着她。黛玉只顾怕罚,也不理论。

鸳鸯道:

"中间锦屏颜色俏。"

黛玉道:

"纱窗也没有红娘报。"

鸳鸯道:

"剩了'二六'八点齐。"

黛玉道:

"双瞻玉座引朝仪。"

鸳鸯道:

"凑成篮子好采花。"

黛玉道:

"仙杖香挑芍药花。"

说完,饮了一口。

鸳鸯道：

"左边'四五'成花九。"

迎春道：

"桃花带雨浓。"

众人笑道：

"该罚！错了韵，而且又不像。"

迎春笑着，饮了一口。

原是凤姐和鸳鸯都要听到刘姥姥的笑话儿，故意都叫说错了。至王夫人，鸳鸯代说了一个，下便该刘姥姥。刘姥姥道：

"我们庄家闲了，也常会几个人弄这个儿，可不像这么好听就是了，少不得我也试试"

众人都笑道：

"容易说的。你只管说，不相干。"

鸳鸯笑道：

"左边'大四'是个人。"

刘姥姥听了，想了半日，说道：

"是个庄家人罢？"

众人哄堂笑了。贾母笑道：

"说的好，就是这么说。"

刘姥姥也笑道：

"我们庄家人不过是现成的本色儿，姑娘姐姐别笑。"

鸳鸯道：

"中间'三四'绿配红。"

刘姥姥道：

"大火烧了毛毛虫。"

众人笑说：

"这是有的，还说你的本色。"

鸳鸯笑道：

"右边'么四'真好看。"

刘姥姥道:

"一个萝匐一头蒜。"

众人又笑了。鸳鸯笑道:

"凑成便是一枝花。"

刘姥姥两只手比着,也要笑,却又掌住了,说道:

"花儿落了结个大倭瓜。"

众人听了,由不的大笑起来。于是吃过门杯,因又斗趣,笑道:

"今儿实说罢:我的手脚子粗,又喝了酒,仔细失手打了这磁杯,有木头的杯取个来,我就失了手,掉了地下也无碍。

众人听了,又笑起来。凤姐听如此说,便忙笑道:

"果真要木头的? 我就取了来。可有一句话

> 刘姥姥出口与众不同,最合村妪身份。如果她也文诌诌的,便离谱了。写人物最要注意者在此。

先说下:这木头的可比不得磁的,那都是一套,定要吃遍一套才算呢。"刘姥姥听了,心下战敧道:

"我方才不过是趣话取笑儿,谁知他果真竟有。我时常在乡绅大家也赴过席,金杯银杯倒都也见过,从没见有木头杯的,——哦! 是了! 想必是小孩子们使的木碗儿,不过诓我多喝两碗。别管他,横竖这酒蜜水儿似的,多喝点子也无妨。"想毕,便说:"取来再商量。"

凤姐因命丰儿:

"前面里间书架子上有十个竹根套杯,取来。"

丰儿听了,才要去取,鸳鸯笑道:

"我知道,你那十个杯还小。况且你才说木头的,这会子又拿了竹根的来,倒不好看,不如把我们那里的黄杨根子整顿的十个大套杯拿来,灌她十下子。"

凤姐笑道:

"更好了。"

鸳鸯果命人取来。刘姥姥一看，又惊又喜：惊的是一连十个挨次大小分下来，那大的足足的像个小盆子，极小的还有手里的杯子两个大；喜的是雕镂奇绝，一色山水树木人物，并有草字以及图印。因忙说道：

"拿了那小的来就是了。"

凤姐笑道：

"这个杯没有这大量的，所以没人敢使它。姥姥既要，好容易找出来，必定要挨次吃一遍才使得。"

刘姥姥吓的忙道：

"这个不敢！好姑奶奶，饶了我罢！"

贾母、薛姨妈、王夫人知道她有年纪的人，禁不起，忙笑道：

"说是说，笑是笑，不可多吃了，只吃这头一杯罢。"

刘姥姥道：

"阿弥陀佛！我还是小杯吃罢。把这大杯收着，我带了家去，慢慢的吃罢。"说的众人又笑起来。

鸳鸯无法，只得命人满斟了一大杯。刘姥姥两手捧着喝。贾母薛姨妈都道：

"慢些，别呛了。"

薛姨妈又命凤姐布个菜儿。凤姐笑道：

"姥姥要吃什么，说出名儿来，我夹了喂你。"

刘姥姥道：

"我知道什么名儿？样样都是好的。"

贾母笑道：

"把茄鲞夹些喂她。"

凤姐听说，依言夹些茄鲞送入刘姥姥口中，因笑道：

"你们天天吃茄子，也尝尝我们这茄子弄的可口不可口。"

刘姥姥笑道：

"别哄我了。茄子跑出这个味儿来了，我们也不用种粮食，只种茄子了。"

众人笑道：

"真是茄子，我们再不哄你。"

刘姥姥诧异道：

"真是茄子？我白吃了半日！姑奶奶，再喂我些！这一口，细嚼嚼。"

凤姐果又夹了些放入她口内。刘姥姥细嚼了半日，笑道：

"虽有一点茄子香，只是还不像是茄子。告诉我是个什么法子弄的，我也弄着吃去。"

凤姐笑道：

"这也不难。你把才下来的茄子，把皮刨了，只要净肉，切成碎丁子，用鸡油炸了；再用鸡肉脯子合香菌、新笋、蘑菇、五香豆腐干子、各色干果子，都切成钉儿，拿鸡汤煨干了：拿香油一收，外加糟油一拌，盛在磁罐子里封严了。要吃的时候儿，拿出来用炒的鸡爪子一拌就是了。"

刘姥姥听了，摇头吐舌说：

"我的佛祖！倒得多少只鸡配它！怪道这个味儿！"

一面笑，一面慢慢的吃完了酒，还只管细玩那杯子。凤姐笑道：

"还不足兴，再吃一杯罢。"

刘姥姥忙道：

"了不得！那就醉死了！我因为爱这样儿好看，亏他怎么做来着！"

鸳鸯笑道：

"酒喝完了，到底这杯子是什么木头的？"

刘姥姥笑道：

"怨不得姑娘不认得，你们在这金门绣户里，那里认的木头？我们成日家和树林子做街坊，困了枕着它睡，乏了靠着它坐；荒年间饿了还吃它；眼睛里天天见它，耳朵里天天听它，嘴儿里天天说它；所以好歹真假，我是认得的。让我认认。"一面说，一面细细端详了半日，道：

"你们这样人家，断没有那贱东西。那容易得的木头，你们也不收着了。我掂着这么体沉，这再不是杨木，一定是黄松做的。"

众人听了，哄堂大笑起来。只见一个婆子走来请问贾母，说：

"姑娘们都到了藕香榭。请示下：就演罢，还是再等一会儿呢？"

贾母忙笑道：

"可是倒忘了，就叫她们演罢。"

那婆子答应去了。

不一时，只听得箫管悠扬，笙笛并发，正值风清气爽之时，那乐声穿林度水而来，自然使人神怡心旷。宝玉先禁不住，拿起壶来斟了一杯，一口饮尽。复又斟上，才要饮，只见王夫人也要饮，命人换暖酒，宝玉连忙将自己的杯捧了过来，送到王夫人口边，王夫人便就他手内吃了两口。

一时，暖酒来了，宝玉仍旧归坐。王夫人提了暖壶下席来，众人都出了席，薛姨妈也站起来。贾母忙命李凤二人接过壶来，"让你姨妈坐了，大家才便。"王夫人见如此说，方将壶递与凤姐，自己归坐。

贾母笑道：

"大家吃上两杯，今日实在有趣！"说着，擎杯让薛姨妈，又向湘云宝钗道：

"你姐妹两个也吃一杯。你林妹妹不大会吃，也别饶她。"

说着，自己也干了。湘云、宝钗、黛玉也都吃了。

当下刘姥姥听见这般音乐，且又有了酒，越发喜的手舞足蹈起来。宝玉因下席，过来向黛玉笑道：

"你瞧刘姥姥的样子。"

黛玉笑道：

"当日圣乐一奏，百兽率舞⑤如今才一牛耳。"

众姐妹都笑了。

须臾乐止,薛姨妈笑道:

"大家的酒也都有了,且出去散散再坐罢。"

贾母也正要散散。于是大家出席,都随着贾母游玩。贾母因要带着刘姥姥散闷,遂携了刘姥姥至山前树下盘桓了半晌,又说给她这是什么树,这是什么石,这是什么花。刘姥姥一一领会,又向贾母道:

"谁知城里不但人尊贵,连雀儿也是尊贵的。偏这雀儿到了你们这里,它也变俊了,也会说话了。"

众人不解,因问:

"什么雀儿变俊了,会说话?"

刘姥姥道:

"那廊上金架子上站的绿毛红嘴是鹦哥儿,我是认得的。那笼子里的黑老鸹子,又长出凤头儿①来,也会说话呢。"

众人听了,又都笑起来。

一时,只见丫头们来请用点心。贾母道:

"吃了两杯酒,倒也不饿,——也罢,就拿了来这里,大家随便吃些罢。"

丫头听说,便去抬了两张几来,又端了两个小捧盒。揭开看时,每个盒内两样。这盒内是两样蒸食:一样是藕粉桂花糖糕,一样是松瓤鹅油卷。那盒内是两样炸的:一样是只有一寸来大的小饺儿。贾母因问:

"什么馅子?"

婆子们忙回:

"是螃蟹的。"

贾母听了,皱眉说道:

"这会子油腻腻的,谁吃这个?"

又看那一样,是奶油炸的各色小面果子,也不喜欢。因让薛姨妈吃。薛姨妈只拣了块糕。贾母拣了个卷子,只尝了一尝,剩的半个,递给丫头了。

刘姥姥因见那小面果子儿都玲珑剔透,各式各样,又拣了一朵牡丹花样的,笑道:

"我们乡里最巧的姐儿们,剪子也不能铰出这么个纸的来! 我又爱吃,又舍不得吃! 包些家去,给她们做花样子去倒好。"

众人都笑了。贾母笑道:

"家去我送你一磁樽子,你先趁热吃罢。"

别人不过拣各人爱吃的拣了一两样就算,刘姥姥原不曾吃过这些东西,且都做的小巧,不显堆垛儿,她和板儿每样吃了些个,就去了半盘子。剩的,凤姐又命攒了两盘,并一个攒盒,给文官儿等吃去。

忽见奶子抱了大姐儿来,大家哄她玩了一会。那大姐儿因抱着一个大柚子玩,忽见板儿抱着一个佛手,大姐儿便要。丫鬟哄她取去,大姐儿等不得,便哭了。众人忙把柚子给了板儿,将板儿的佛手哄过来给她才罢。那板儿因玩了半日佛手,此刻又两手抓着些果子吃,又见这个柚子,又香又圆,更觉好玩,且当球踢着玩去,也就不要佛手了。

① 牙子——这里指桌牙子。桌凳周围的雕花装饰木片叫作牙子。

② 下作黄子——下作,指品质低劣;黄子,指生成的胚胎。下作黄子和本书七十四回的"下流种子"意义相同。

③ 土定瓶——宋定州磁器,称定窑,颜色正白,有带光、不带光两种。不带光的,像白的陶器,叫土定瓶。

④ 一分炉瓶——炉、瓶,焚香用具。一个香炉、一个香盒、一个小瓶(瓶中插香箸、香铲),总称"炉瓶三事",所以说一分。

⑤ 当日圣乐一奏,百兽率舞——尧时有乐官名夔,相传他奏乐时,百兽听了都跳舞起来。

⑥ 凤头儿——有些鸟,头上有一撮羽毛,这撮羽毛叫做凤头儿。

第四十一回　贾宝玉品茶栊翠庵
　　　　　刘姥姥醉卧怡红院

　　当下贾母等吃过了茶，又带了刘姥姥至栊翠庵来。妙玉相迎进去。众人至院中，见花木繁盛。贾母笑道：

　　"倒底是他们修行的人没事，常常修理，比别处越好看！"

　　一面说，一面便往东禅堂来。妙玉笑往里让，贾母道：

　　"我们才都吃了酒肉，你这里头有菩萨，冲了罪过。我们这里坐坐，把你的好茶拿来，我们吃一杯就去了。"

　　宝玉留神看她是怎么行事。只见妙玉亲自捧了一个海棠花式雕漆填金云龙献寿的小茶盘里面放一个成窑五彩小盖钟，捧与贾母。贾母道：

　　"我不吃六安茶。"

　　妙玉笑说：

　　"知道。这是'老君眉'。"

　　贾母接了，又问：

　　"是什么水？"

　　妙玉道：

　　"是旧年蠲的雨水。"

　　贾母便吃了半盏，笑着递与刘姥姥，说：

　　"你尝尝这个茶。"

　　刘姥姥便一口吃尽，笑道：

　　"好是好，就是淡些，再熬浓些更好了。"贾母众人都笑起来。然后众人都是一色的官窑脱胎填白盖碗。

　　那妙玉便把宝钗黛玉的衣襟一拉，二人随她出去。宝玉悄悄的随后跟了来。只见妙玉让她二人在耳房内，宝钗便坐在榻上，黛玉便坐在妙玉的蒲团上。妙玉自向风炉上扇滚了水，另泡了一壶茶。宝玉便轻轻走进来，笑道：

"你们吃体己茶呢?"

二人都笑道：

"你又赶了来撤茶吃①? 这里并没你吃的。"

妙玉刚要去取杯，只见道婆收了上面茶盏来。妙玉忙命：

"将那成窑的茶杯别收了，搁在外头去罢。"

宝玉会意，知为刘姥姥吃了，她嫌腌脏，不要了。又见妙玉另拿出两只杯来。一个旁边有一耳，杯上镌着"觚瓟斝"②三个隶字，后有一行小真字，是"王恺珍玩"；又有"宋元丰五年四月眉山苏轼见于秘府"一行小字。妙玉斟了一斝，递与宝钗。那一只形似钵而小，也有三个垂珠篆字，镌着"点犀盉"③。妙玉斟了一盉与黛玉，仍将前番自己常日吃茶的那只绿玉斗来斟与宝玉。宝玉笑道："常言'世法平等'。她两个就用那样古玩奇珍，我就是个俗器了。"

妙玉道：

"这是俗器? 不是我说狂话，只怕你家里未必找的出这么一个俗器来呢。"

宝玉笑道：

"俗语说，'随乡入乡'，到了你这里，自然把这金珠玉宝一概贬为俗器了。"

妙玉听如此说，十分欢喜，遂又寻出一只九曲十环，一百二十节，蟠虬整雕竹根的一个大盏出来，笑道：

"就剩了这一个。你可吃的了这一海?"

宝玉喜的忙道：

"吃的了。"

妙玉笑道：

"你虽吃的了，也没这些茶你糟蹋! 岂不闻'一杯为品，二杯即是解渴的蠢物，三杯便是饮驴了'? 你吃这一海，更成什么?"

说的宝钗、黛玉、宝玉都笑了。妙玉执壶，只向海内斟了约有一杯。宝玉细细吃了，果觉清淳无比，赏赞不绝。妙玉正色道：

"你这遭吃茶是托她两个的福，独你来了，我是不能给你吃的。"

宝玉笑道：

"我深知道。我也不领你的情，只谢她二人便了。"

妙玉听了方说：

"这话明白。"

黛玉因问：

"这也是旧年的雨水？"

妙玉冷笑道：

"你这么个人，竟是大俗人，连水也尝不出来！这是五年前我在玄墓蟠香寺住着收的梅花上的雪，统共得了那一鬼脸青的花瓮一瓮，总舍不得吃，埋在地下，今年夏天才开了。我只吃过一回，这是第二回了。你怎么尝不出来？隔年蠲的雨水，那有这样清淳？如何吃得？"

> 作者写妙玉怪癖，表现变态心理，妙玉在《红楼梦》中亦为一突出人物。

宝钗知她天性怪癖，不好多话，亦不好多坐，吃过茶，便约着黛玉走出来。宝玉和妙玉陪笑说道：

"那茶杯虽然腌臜了，白撂了①岂不可惜？依我说，不如就给了那贫婆子罢，她卖了也可以度日。你说使得么？"

妙玉听了，想了一想，点头说道：

"这也罢了。幸而那杯子是我没吃过的；若是我吃过的，我就砸碎了也不能给她。你要给她，我也不管。你只交给她，快拿了去罢。"

宝玉道：

"自然如此。你那里和她说话去？越发连你都腌臜了。只交给我就是了。"

妙玉便命人拿来，递给宝玉。宝玉接了，又道：

“等我们出去了，我叫几个小么儿来，河里打几桶水来洗地，如何？”

妙玉笑道：

“这更好了。只是你嘱咐他们，抬了水，只搁在山门外头墙根下，别进门来。”

宝玉道：

“这是自然的。”

说着，便袖着那杯，递给贾母屋里的小丫头子拿着，说：

“明日刘姥姥家去，给她带去罢。”

交代明白，贾母已经出来要回去。妙玉亦不甚留，送出山门，回身便将门闭了。不在话下。

且说贾母因觉身上乏倦，便命王夫人和迎春姐妹陪着薛姨妈去吃酒，自己便往稻香村来歇息。凤姐忙命人将小竹椅抬来，贾母坐上，两个婆子抬起，凤姐李纨和众丫头婆子围随去了。不在话下。

这里薛姨妈也就辞出。王夫人打发文官等出去，将攒盒散给众丫头们吃去。自己便也乘空歇着，随便歪在方才贾母坐的榻上，命一个小丫头放下帘子来，又命捶着腿，吩咐她：

“老太太那里有信，你就叫我。”说着，也歪着睡着了。

宝玉湘云等看着丫头们将攒盒搁在山石上，也有坐在山石上的，也有坐在草地下的，也有靠着树的，也有傍着水的，倒也十分热闹。一时，又见鸳鸯来了，要带着刘姥姥逛。众人也都跟着取笑。

一时，来至“省亲别墅”的牌坊底下。刘姥姥道：

“嗳呀！这里还有大庙呢！”

说着，便爬下磕头。众人笑弯了腰。刘姥姥道：

“笑什么？这牌楼上的字我都认得。我们那里这样的庙宇最多，都是这样的牌坊。那字就是庙的名字。”

众人笑道：

“你认得这是什么庙？”刘姥姥便抬头指那字道：

"这不是'玉皇宝殿'？"

众人笑的拍手打掌，还要拿她取笑儿。刘姥姥觉的肚里一阵乱响，忙的拉着一个丫头，要了两张纸，就解裙子。众人又是笑，又忙喝她："这里使不得！"忙命一个婆子，带了东北角上去了。那婆子指给她地方，便乐得走开去歇息。

那刘姥姥因喝了些酒，她的脾气和黄酒不相宜，且吃了许多油腻饮食，发渴，多喝了几碗茶，不免通泻起来，蹲了半日方完。及出厕来，酒被风吹，且年迈之人，蹲了半天，忽一起身，只觉眼花头晕，辨不出路径。四顾一望，都是树木山石，楼台房舍，却不知那一处是往那一路去了的，只得顺着一条石子路，慢慢的走来。及至到了房子跟前，又找不着门，再找了半日，忽见一带竹篱。刘姥姥心中自忖道："这里也有扁豆子？……"一面想，一面顺着花障走来。得了个月洞门，进去，只见迎面一带水池，有七八尺宽石头镶岸，里面碧波清水，上面有块白石横架。

刘姥姥便渡过石去，顺着石子甬路走去。转了两个弯子，只见有个房门，于是进了房，便见迎面一个女孩儿，满面含笑的迎出来。刘姥姥忙笑道：

"姑娘们把我丢下了，叫我碰头碰到这里来了。"

说了，只觉那女孩儿不答。刘姥姥便赶来拉她的手，咕咚一声，却撞到板壁上，把头崩的生疼。细瞧了一瞧，原来是一幅画儿。刘姥姥自忖道：

"怎么画儿有这样凸出来的？……"一面想，一面看，一面又用手摸去，却是一色平的。点头叹了两声，一转身，方得了个小门，门上挂着葱绿撒花软帘。

刘姥姥掀帘进去，抬头一看，只见四面墙壁，玲珑剔透，琴剑瓶炉，皆贴在墙上；锦笼纱罩，金彩珠光。连地下砌的砖，皆是碧绿凿花，竟越发把眼花了。找门出去，那里有门？左一架书，右一架屏。刚从屏后得了一个门，只见一个老婆子也从外面迎着进来。刘姥姥诧异，心中恍惚，莫非是她亲家母，因问道：

"你也来了？想是见我这几日没家去，亏你找我来！那位姑娘带进来的？"

又见她戴着满头花，便笑道："你好没见世面！见这里的花好，你就没死活戴了一头！"

说着，那老婆子只是笑，也不答言。刘姥姥便伸手去羞她的脸，她也拿手来挡，两个对闹着。刘姥姥一下子却摸着了，但觉那老婆子的脸冰凉挺硬的，倒把刘姥姥唬了一跳，猛想起：

"常听见富贵人家有种穿衣镜，这别是我在镜子里头吗？"想毕，又伸手一抹，再细一看，可不是四面雕空的板壁，将这镜子嵌在中间的？不觉也笑了，因说："这可怎么出去呢？……"

一面用手摸时，只听咯磴一声，又吓的不住的展眼儿。原来是西洋机括，可以开合，不意刘姥姥乱摸之间，其力巧合，便撞开消息，掩过镜子，露出门来。

一个刘姥姥热闹了三四回，曹雪芹也是编故事讲笑话的高手。

刘姥姥又惊又喜，遂走出来，忽见有一副最精致的床帐。她此时又带了七八分酒，又走乏了，便一屁股坐在床上。只说歇歇，不承望身不由己，前仰后合的，朦胧两眼，一歪身，就睡倒在床上。

且说众人等她不见，板儿没了他姥姥，急的哭了。众人都笑道：

"别是掉在茅厕里了？快叫人去瞧瞧。"

因命两个婆子去找。回来说：

"没有。"

众人纳闷，还是袭人想道：

"一定她醉了，迷了路，顺着这条路，往我们后院子里去了。要进了花障子，打后房门进去，还有小丫头子们知道；若不进花障子，再往西南上去——可够她绕会子好的了！我瞧瞧去。"

说着，便回来。进了怡红院，叫人，谁知那几个小丫头已偷空玩去了。

袭人进了房内，转过集锦槅子，就听的鼾齁如雷。忙进来，只闻见酒屁臭气,满屋一瞧,只见刘姥姥扎手舞脚的仰卧在床上。袭人这一惊不小,忙上来将她没死活的推醒。那刘姥姥惊醒,睁眼看见袭人,连忙爬起来,道:

"姑娘! 我该死了! 好歹并没弄腌脏了床!"一面说,一面用手去掸。

袭人恐惊动了宝玉,只向她摇手儿,不叫她说话。忙将当地大鼎内贮了三四把百合香,仍用罩子罩上。所喜不曾呕吐。忙悄悄的笑道:

"不相干,有我呢。你跟我出来罢。"

刘姥姥答应着,跟了袭人,出至小丫头子们房中,命她坐下,因教她说道:

"你说醉倒在山子石上,打了个盹儿就完了。"

刘姥姥答应"是"。又给了她两碗茶吃。方觉酒醒了,因问道:

"这是那个小姐的绣房? 这么精致! 我就像到了天宫里的似的!"

袭人微微的笑道:

"这个么,是宝二爷的卧房啊。"

那刘姥姥吓的不敢做声。袭人带她从前面出去,见了众人,只说:

"她在草地下睡着了,带了她来的。"

众人都不理会,也就罢了。

一时,贾母醒了,就在稻香村摆晚饭。贾母因觉懒懒的,也没吃饭,便坐了竹椅小敞轿回至房中歇息,命凤姐儿等去吃饭。她姐妹方复进园来。

那刘姥姥带着板儿,先来见凤姐儿,说:

"明日一早定要家去了。虽然住了两三天,日子不多,却把古往今来没见过的,没吃过的,没听过的,都经验过了。难得老太太和姑奶奶并那些小姐们,连各房里的姑娘们,都这样怜贫惜老,照着我! 我这一回去,没别的报答,惟有请些高香,天天给你们念佛,保佑你们长命百岁的,就算我的心了。"

凤姐儿笑道:

"你别喜欢。都是为你,老太太也叫风吹病了,躺着嚷不舒服;我们大姐儿也着了凉了,在那里发热呢。"

刘姥姥听了,忙叹道:

"老太太有年纪了,不惯十分劳乏的!"

凤姐儿道:

"从来不像昨儿高兴。往常也进园子逛去,不过到一两处坐坐就来了。昨儿因为你在这里,要叫都逛逛,一个园子,倒走了多半个。大姐儿因为我找你去,太太递了一块糕给她,谁知风地里吃了,就发起热来。"

刘姥姥道:

"姐姐儿只怕不大进园子。比不得我们的孩子,一会走,那个坟圈子里不跑去? 一则风拍了也是有的;二则只怕她身上干净,眼睛又净,或是遇见什么神了。依我说,给她瞧瞧崇书⑥本子,仔细撞客着。"

一语提醒了凤姐儿,便叫平儿拿出玉匣记来,叫彩明来念。彩明翻了一会子,念道:

"八月二十五日,病者,东南方得之,有缢死家亲女鬼作祟,又遇花神。用五色纸钱四十张,向东南方四十步送之,大吉。"

凤姐儿笑道:

"果然不错。园子里头可不是花神? 只怕老太太也是遇见了。"

一面命人请两分纸钱来,着两个人来: 一个与贾母送祟,一个与大姐儿送祟。

果见大姐儿安稳睡了,凤姐儿笑道:

"到底是你们有年纪的经历的多。我们大姐儿时常肯病,也不知是什么缘故。"

刘姥姥道:

"这也有的。富贵人家养的孩子都娇嫩,自然禁不得一些儿委屈。再她小人儿家,过于尊贵了也禁不起,以后姑奶奶倒少疼她些就好了。"

凤姐儿道:

"也是有的。我想起来,她还没个名字,你就给她起个名字,借借你的寿;二则你们是庄家人,不怕你恼,到底贫苦些,你们贫苦人起个名字,只怕压的住。"

刘姥姥听说,便想了一想,笑道:

"不知她是几时养的?"

凤姐儿道:

"正是养的日子不好呢,可巧是七月初七日。"

刘姥姥忙笑道:

"这个正好,就叫做巧姐儿好。这个叫做'以毒攻毒,以火攻火'的法子。姑奶奶定依我这名字,必然长命百岁。日后大了,各人成家立业,或一时有不遂心的事,必然遇难成祥,逢凶化吉,都从这'巧'字儿来!"

凤姐儿听了,自是欢喜,忙谢道:

"只保佑她应了你的话就好了。"说着,叫平儿来吩咐道:"明儿咱们有事,恐怕不得闲儿;你这会子闲着,把送姥姥的东西打点了,她明儿一早就好走的便宜了。"

刘姥姥道:

"不敢多破费了。已经叨扰了几天,又拿着走,越发心里不安了!"

凤姐儿笑道:

"也没有什么,不过随常的东西。好也罢,歹也罢,带了去,你们街坊邻舍看着也热闹些,——也是上城一趟。"

说着,只见平儿走来,说:

"姥姥过这边瞧瞧。"

刘姥姥忙跟了平儿到那边屋里,只见堆着半炕东西。平儿一一的拿给她瞧着，又说道：

"这是昨日你要的青纱一匹，奶奶另外送你一个实地月白纱做里子，这是两个茧绸，做袄儿裙子都好。这包袱里是两匹绸子，年下做件衣裳穿。这是一盒子各样内造小馂馂儿，——也有你吃过的，也有没吃过的，——拿去摆碟子请人，比买的强些。这两条口袋是你昨日装果子的，如今这一个里头装了两斗御田粳米熬粥是难得的，这一条里头是园子里的果子和各样干果子。这一包是八两银子。这都是我们奶奶的。这两包，每包五十两，共是一百两，是太太给的，叫你拿去，或者做个小本买卖或者置几亩地，以后再别求亲靠友的。"说着，又悄悄笑道："这两件袄儿，和两条裙子，还有四块包头，一包绒线，可是我送姥姥的。那衣裳虽是旧的，我也没大很穿，你要弃嫌，我就不敢说了。"

平儿说一样，刘姥姥就念一句佛，已经念了几千佛了，又见平儿也送她这些东西，又如此谦逊，忙笑道：

"姑娘说那里话？这样好东西，我还弃嫌？我就有银子，没处买这样的去呢！只是我怪臊的：收了不好，不收又辜负了姑娘的心。"

平儿笑道：

"别说外话，咱们都是自己人，我才这么着。你放心收了罢，我还和你要东西呢。到年下，你只把你们晒的那个灰条菜和豇豆，扁豆，茄子干子，葫芦条儿，各样干菜带些来，——我们这里上上下下都爱吃这个，——就算了。别的一概不要，别枉费了心。"

刘姥姥千恩万谢的答应了。平儿道：

"你只管睡你的去，我替你收拾妥当了，就放在这里。明儿一早，打发小厮们雇辆车装上，不用你费一点心儿。"

刘姥姥越发感激不尽，过来又千恩万谢的辞了凤姐儿，过贾母这边睡了一夜。次早梳洗了，就要告辞。因贾母欠安，众人都过来请安，出去传请大夫。一时，婆子回："大夫来了。"老嬷嬷请贾母进幔子去坐。贾母道：

"我也老了,那里养不出那阿物儿来? 还怕他不成? 不用放幔子,就这样瞧罢。"

众婆子听了,便拿过一张小桌子来,放下一个小枕头,便命人请。

一时,只见贾珍、贾琏、贾蓉三个人将王太医领来。王太医不敢走甬路,只走旁阶,跟着贾珍到了台阶上。早有两个婆子在两边打起帘子,两个婆子在前导引进去,又见宝玉迎接出来。见贾母穿着青绉绸一斗珠儿⑥的羊皮褂子,端坐在榻上。两边四个未留头的小丫鬟,都拿着蝇刷,漱盂等物;又有五六个老嬷嬷雁翅摆在两旁;碧纱橱后,隐隐约约,有许多穿红着绿戴宝插金的人。王太医也不敢抬头,忙上来请了安。

贾母见他穿着六品服色,便知是御医了,含笑问:

"供奉⑦好?"因问贾珍:"这位供奉贵姓?"

贾珍等忙回:

"姓王。"

贾母笑道:

"当日太医院正堂有个王君效,好脉息。"

王太医忙躬身低头含笑,因说:

"那是晚生家叔祖。"

贾母听了,笑道:

"原来这样,也算是世交了。"

一面说,一面慢慢的伸手放在小枕头上。嬷嬷端着一张小机子,放在小桌前面,略偏些。王太医便盘着一条腿儿坐下,歪着头诊了半日,又诊了那只手,忙欠身低头退出。贾母笑说:

"劳动了。——珍哥,让出去好生看茶。"

贾珍贾琏等忙答应了几个"是",复领王太医到外书房中。王太医说:

"太夫人并无别症,偶感了些风寒。其实不用吃药,不过略清淡些,常暖着点儿就好了。如今写个方子在这里,若老人家爱吃,便按方煎一剂吃；若懒怠吃，也就罢了。"

　　说着，吃茶，写了方子。刚要告辞，只见奶子抱了大姐儿出来，笑说：

　　"王老爷也瞧瞧我们姐儿。"

　　王太医听说，忙起身就奶子怀中，左手托着大姐儿的手，右手诊了一诊，又摸了一摸头，又叫伸出舌头来瞧瞧，笑道：

　　"我要说了，妞儿该骂我了：只要清清净净的饿两顿就好了。不必吃煎药，我送点丸药来，临睡，用姜汤研开吃下去就好了。"

　　说毕，告辞而去。贾珍等拿了药方来回明贾母原故，将药方放在案上出去。不在话下。

　　这里王夫人和李纨、凤姐儿、宝钗姐妹等，见大夫出去，方从橱后出来。王夫人略坐一坐，也回房去了。

　　刘姥姥见无事，方上来和贾母告辞。贾母说：

　　"闲了再来。"又命鸳鸯来："好生打发刘姥姥出去。——我身上不好，不能送你。"

　　刘姥姥道了谢，又作辞，方同鸳鸯出来。到了下房，鸳鸯指炕上一个包袱说道：

　　"这是老太太的几件衣裳，都是往年间生日节下众人孝敬的。老太太从不穿人家做的，收着也可惜，却是一次也没穿过的，昨日叫我拿出两套来送你带了去，或送人，或自己家里穿罢。这盒子里头是你要的面果子。这包儿里头是你前儿说的药，——梅花点舌丹也有，紫金锭也有，活络丹也有，催生保命丹也有，——每一样是一张方子包着，总包在里头了。这是两个荷包，带着玩罢。"说着，又抽开系子，掏出两个笔锭如意的锞子来给她瞧，又笑道："荷包你拿去，这个留下给我罢。"

　　刘姥姥已喜出望外，早又念了几千佛，听鸳鸯如此说，便忙说道：

　　"姑娘只管留下罢。"鸳鸯见她信以为真，笑着仍给她装上，说道："哄你玩呢。我有好些呢。留着年下给小孩子们罢。"

说着，只见一个小丫头拿着个成窑钟子来递给刘姥姥，说：

"这是宝二爷给你的。"刘姥姥道：

"这是那里说起？我那一世修来的，今儿这样！"

说着，便接过来。鸳鸯道：

"前儿我叫你洗澡，换的衣裳是我的，你不弃嫌，我还有几件也送你罢。"

刘姥姥又忙道谢。鸳鸯果然又拿出几件来，给她包好。刘姥姥又要到园中辞谢宝玉和众姐妹王夫人等去，鸳鸯道：

"不用去了。他们这会子也不见人，回来我替你说罢。闲了再来。"又命了一个老婆子，吩咐她："二门上叫两个小厮来，帮着姥姥拿东西送去。"

婆子答应了。又和刘姥姥到了凤姐儿那边，一并拿了东西，在门角上命小厮们搬出去，直送刘姥姥上车去了。不在话下。

① 撤茶吃——撤，有的本子作瓷，现在说蹭，或蹭儿，就是沾光，揩油的意思。撤茶吃就是蹭茶吃，如听蹭戏，吃蹭饭的蹭，都是此义。

② 瓟斝——瓟，结得形状特别的瓜。斝，与匏通，葫芦类，斝，古酒器。上有两柱，比爵(酒杯)要大些。

③ 点犀斝——"点犀"出唐诗"心有灵犀一点通"，是说彼此的心灵可以暗中相通。斝，就是盂，也作碗字解。

④ 白撩了——空放着的意思。

⑤ 祟书——迷信的说法：生灾害病，是由于鬼神作祟。祟书就是专载退鬼神(送祟)的一些办法和符录、咒语。

⑥ 一斗珠儿——一种细毛卷曲如珠的白羊皮，又名珍珠皮，就是胎羊皮。

⑦ 供奉——在封建时代有专门技术的人，在皇宫里听候差遣的叫作供奉。这里是对王医生的尊称。

第四十二回　　蘅芜君兰言解疑癖
　　　　　　潇湘子雅谑补余音

　　且说宝钗等吃过早饭,又往贾母处问安。回园至分路之处,宝钗便叫黛玉道:

　　"颦儿,跟我来,有一句话问你。"黛玉便笑着跟了来至蘅芜院中。进了房,宝钗便坐下,笑道:

　　"你还不给我跪下? 我要审你呢。"

　　黛玉不解何故,因笑道:

　　"你瞧,宝丫头疯了! 审我什么?"

　　宝钗冷笑道:

　　"好个千金小姐! 好个不出屋门的女孩儿! 满嘴里说的是什么? 你只实说罢。"

　　黛玉不解,只管发笑,心里也不免疑惑,口里只说:

　　"我何曾说什么? 你不过要捏我的错儿罢咧。你倒说出来我听听。"

　　宝钗笑道:

　　"你还装憨儿呢。昨儿行酒令儿,你说的是什么? 我竟不知是那里来的。"

　　黛玉一想,方想起昨儿失于检点,把那《牡丹亭》《西厢记》说了两句,不觉红了脸,便上来搂着宝钗,笑道:

　　"好姐姐! 原是我不知道,随口说的。你教给我,再不说了!"

　　宝钗笑道:

　　"我也不知道,听你说的怪好的,所以请教你。"

　　黛玉道:

"好姐姐！你别说给别人，我再不说了！"

宝钗见她羞的满脸飞红，满口央告，便不肯再往下问，因拉她坐下吃茶，款款的告诉她，道：

"你当我是谁？我也是个淘气的。从小儿七八岁上，也够个人缠的。我们家也算是个读书人家，祖父手里，也极爱藏书。先时人口多，姐妹弟兄也在一处，都怕看正经书。弟兄们也有爱诗的，也有爱词的，诸如这些西厢、琵琶以及元人百种，无所不有。他们背着我们偷看，我们也背着他们偷看。后来大人知道了，打的打，骂的骂，烧的烧，丢开了。所以咱们女孩儿家不认字的倒好。男人们读书不明理，尚且不如不读书的好，何况你我？连做诗写字等事，这也不是你我分内之事，究竟也不是男人分内之事。男人们读书明理，辅国治民，

> 宝钗满脑子世俗思想，功利观念，与黛玉诗人气质，至情至性，相去甚远。这是本质上的冲突，较之爱情冲突更甚，作者切实把握了这一重要关键。

这才是好；只是如今并听不见有这样的人，读了书，倒更坏了。这并不是书误了他，可惜他把书糟蹋了。所以竟不如耕种买卖，倒没有什么大害处。至于你我，只该帮些针线纺织的事才是，偏又认得几个字。既认得了字，不过拣那正经书看也罢了，最怕见些杂书，移了性情，就不可救了！"

一席话，说的黛玉垂头吃茶，心下暗服，只有答应"是"的一字。忽见素云进来说：

"我们奶奶请二位姑娘商议要紧的事呢。二姑娘、三姑娘、四姑娘、史姑娘、宝二爷，都等着呢。"

宝钗道：

"又是什么事？"

黛玉道：

"咱们到了那里就知道了。"

说着，便和宝钗往稻香村来，果见众人都在那里。李纨见了她两个，笑道：

"社还没起,就有脱滑儿①的了:四丫头要告一年的假呢!"

黛玉笑道:

"都是老太太昨儿一句话,又叫她画什么园子图儿,惹的她乐得告假。"探春笑道:

"也别怪老太太,都是刘姥姥一句话。"

黛玉忙笑接道:

"可是呢,都是她一句话,她是那一门子的姥姥?直叫她是个'母蝗虫'就是了!"

说着,大家都笑起来。宝钗笑道:

"世上的话,到了二嫂子嘴里也就尽了。幸而二嫂子不认得字,不大通,不过一概是市俗取笑儿。更有颦儿这促狭嘴,她用春秋的法子,把市俗粗话撮其要,删其繁,再加润色,比方出来,一句是一句。这'母蝗虫'三字,把昨儿那些形景都画出来了,亏她想的倒也快!"

众人听了,都笑道:

"你这一注解,也就不在她两个以下了。"

李纨道:

"我请你们大家商议给她多少日子的假。我给了她一个月的假,她嫌少,你们怎么说?"

黛玉道:

"论理,一年也不多。这园子盖就盖了一年,如今要画,自然得二年的工夫呢。又要研墨,又要蘸笔,又要铺纸,又要着颜色,又要——"刚说到这里黛玉也自己掌不住,笑道:

"又要照着样儿慢慢的画,可不得二年的工夫?"

众人听了,都拍手笑个不住。宝钗笑道:

"有趣!最妙落后一句是'慢慢的画'。她可不画去,怎么就有了呢?所以昨儿那些笑话儿虽然可笑,回想是没趣的。你们细想,颦儿这几句话虽没什么,回想却有滋味。我倒笑的动不得了!"

惜春道:

“都是宝姐姐赞的她越发逞强，这会子又拿我取笑儿。”

黛玉忙拉她笑道：

“我且问你：还是单画这园子呢，还是连我们众人都画在上头呢？”

惜春道：

“原是只画这园子，昨儿老太太又说，单画园子，成个房样子了，叫连人都画，就像行乐图儿才好。我又不会这工细楼台，又不会画人物，又不好驳回，正为这个为难呢。”

黛玉道：

“人物还容易，你草虫儿上不能。”

李纨道：

“你又说不通的话了，这上头那里又用着草虫儿呢？或者翎毛倒要点缀一两样。”

黛玉笑道：

“别的草虫儿罢了，昨儿的‘母蝗虫’不画上岂不缺了典呢？”

众人听了，都笑起来。黛玉一面笑的两只手捧着胸口，一面说道：

“你快画罢，我连题跋都有了。起了名字，就叫做‘携蝗大嚼图’！”

众人听了，越发哄然大笑的前仰后合。只听咕咚一声响，不知什么倒了。急忙看时，原来是湘云伏在椅子背儿上，那椅子原不曾放稳，被她全身伏着背子大笑，她又不防，两下里错了榫，向东一歪，连人带椅子都歪倒了。幸有板壁挡住，不曾落地。众人一见，越发笑个不住。宝玉忙赶上去扶住了起来，方渐渐止了笑。

宝玉和黛玉使个眼色儿，黛玉会意，便走至里间将镜袱②揭起照了照，只见两鬓略松了些。忙开了李纨的妆奁，拿出抿子③来，对镜抿了两抿，仍旧收拾好了，方出来，指着李纨道：

“这是叫你带着我们做针线，教道理呢！你反招了我们来，大玩大笑的。”

李纨笑道:

"你们听她这刁话。她领着头儿闹,引着人笑了,倒赖我的不是。真真恨的我只保佑你明儿得一个利害婆婆,再得几个千刁万恶的大姑子,小姑子,试试你那会子还这么刁不刁了!"

黛玉早红了脸,拉着宝钗,说:

"咱们放她一年的假罢。"

宝钗道:

"我有一句公道话,你们听听。藕丫头虽会画,不过是几笔写意。如今画这园子,非离了肚子里头有些邱壑的,如何成画?这园子却是像画儿一般,山石树木,楼阁房屋,远近疏密,也不多,也不少,恰恰的是这样。你若照样儿往纸上一画,是必不能讨好的。这要看纸的地步远近,该多该少,分主分宾,该添的要添,该藏该减的要藏要减,该露的要露。这一起了稿子,再端详斟酌,方成一幅图样。第二件:这些楼台房舍,是必要界划的。一点儿不留神,栏杆也歪了,柱子也塌了,门窗也倒竖过来,阶砌也离了缝,——甚至桌子挤到墙里头去,花盆放在帘子上来,岂不倒成了一张笑话儿了?第三:要安插人物,也要有疏密,有高低。衣褶裙带,指手足步,最是要紧,一笔不细,不是肿了手,就是瘸了脚,染脸撕发,倒是小事。依我看来,竟难的很。如今一年的假也太多,一月的假也太少,竟给她半年的假,再派了宝兄弟帮着她。并不是为宝兄弟知道教着她画,那就更误了事;为的是有不知道的,或难安插的,宝兄弟拿出去问那会画的先生们,就容易了。"

宝玉听了,先喜的说:

"这话极是。詹子亮的工细楼台就极好,程日兴的美人是绝技,如今就问他们去。"

宝钗道:

"我说你是无事忙,说了一声你就问他去。也等着商议定了再去。如今且说拿什么画?"

宝玉道:

“家里有雪浪纸，又大又托墨。”

宝钗冷笑道:

“我说你不中用！那雪浪纸写字，画写意画儿，或是会山水的画南宋山水，托墨禁得皴染；拿了画这个，又不托色，又难烘，画也不好，纸也可惜。我教你一个法子。原先盖这园子就有一张细致图样，虽是画工描的，那地步方向是不错的。你和太太要出来，也比着那纸大小，和凤姐姐要一块重绢，交给外边相公们，叫她照着这图样删补着，立了稿子，添了人物就是了。就是配这些青绿颜色并泥金泥银，也得他们配去。你们也得另拢上风炉子，预备化胶，出胶，洗笔，还得一个粉油大案，铺上毡子。你们那些碟子也不全，笔也不全，都从新再弄一份儿才好。”

惜春道:

“我何曾有这些画器？不过随手的笔画画罢了。就是颜色，只有赭石、广花、藤黄、胭脂这四样。再有，不过是两支着色的笔就完了。”

宝钗道:

“你何不早说？这些东西，我却还有，只是你用不着，给你也白放着。如今我且替你收着，等你用着这个的时候我送你些。——也只可留着画扇子，若画这大幅的，也就可惜了。今儿替你开个单子，照着单子和老太太要去。你们也未必知道的全，我说着，宝兄弟写。”

宝玉早已预备下笔砚了，——原怕记不清白，要写了记着，——听宝钗如此说，喜的提起笔来静听。宝钗说道:

“头号排笔四支，二号排笔四支，三号排笔四支，大染四支，中染四支，小染四支，大南蟹爪十支，小蟹爪十支，须眉十支，大着色二十支，小着色二十支，开面十支，柳条二十支，箭头朱四两，南赭四两，石黄四两，石青四两，石绿四两，藤黄四两，广花八两，铅粉十四匣，胭脂十二帖，大赤二百帖，青金二百帖，广匀胶四两，净矾四两，矾绢的胶矾在外，——别管他们，只把绢交出去，叫他们矾去。

这些颜色，咱们淘澄飞跌④着，又玩了，又使了，包你一辈子都够使了。再要顶细绢箩四个，粗箩二个，担笔四支，大小乳钵四个，大粗碗二十个，五寸碟子十个，三寸粗白碟子二十个，风炉两个，沙锅大小四个，新磁缸二口，新水桶二只，一尺长白布口袋四个，浮炭二十斤，柳木炭一二斤，三屉木箱一个，实地纱一丈，生姜二两，酱半斤……"

黛玉忙笑道：

> 作者本是画家，绘画理论、画具，写来头头是道。

"铁锅一口，铁铲一个。"

宝钗道：

"这做什么？"

黛玉道：

"你要生姜和酱这些佐料，我替你要铁锅来，好炒颜色吃啊。"

众人都笑起来。宝钗笑道：

"颦儿，你知道什么？那粗磁碟子保不住不上火烤，不拿姜汁子和酱预先抹在底子上烤过，一经了火是要炸的。"

众人听说，都道：

> 黛玉的话俏皮刁钻，向宝钗求饶的话又一语双关，表面看来轻松有趣，实是内心哀鸣，作者以此方式出之，含蓄不露，符合黛玉好强性格，更具匠心。

"这就是了。"

黛玉又看了一回单子，笑着拉探春，悄悄的道：

"你瞧瞧，画个画儿又要起这些水缸箱子来，想必糊涂了，把她的嫁妆单子也写上了。"

探春听了，笑个不住，说道：

"宝姐姐，你还不拧她的嘴？你问问她编派你的话。"

宝钗笑道：

"不用问，'狗嘴里还有象牙不成？'"

一面说，一面走上来，把黛玉按在炕上，便要拧她的脸。黛玉笑着，忙央告道：

"好姐姐！饶了我罢！颦儿年纪小，只知说，不知道轻重，做姐姐的教导我！姐姐不饶我，我还求谁去呢？”

众人不知话内有因，都笑道：

“说的好可怜见儿的！连我们也软了。饶了她罢！”

宝钗原是和她玩，忽听她又拉扯上前番说她胡看杂书的话，便不好再和她闹了，放起她来。黛玉笑道：

“到底是姐姐，要是我，再不饶人的！”

宝钗笑指她道：

“怪不得老太太疼你，众人爱你。今儿我也怪疼你的了。过来，我替你把头发拢拢罢。”

黛玉果然转过身来，宝钗用手拢上去。宝玉在旁看着，只觉更好，不觉后悔：

“不该令她揾上鬓去，也该留着，此时叫她替她揾上去。……”
正自胡想，只见宝钗说道：

“写完了，明儿回老太太去。若家里有的就罢，若没有的就拿些钱去买了来，我帮着你们配。”

宝玉忙收了单子。

大家又说了一回闲话儿，至晚饭后，又往贾母处来请安。贾母原没有大病，不过是劳乏了，兼着了些凉。温存了一日，又吃了一两剂药，发散了发散，至晚也就好了。

① 脱滑儿——这里有偷空儿、躲懒的意思。
② 镜袱——袱，是包裹东西用的一块绸缎；镜袱，是晚上遮盖镜子用的。因为迷信的说法，晚上照镜子容易做恶梦，所以要盖镜子。
③ 揾子——刷头发的小刷子。把油或水刷刮到头发上叫揾。
④ 淘澄飞跌——指调制颜料的经过手续：研碎，用水洗去泥土，叫淘；用乳钵研细，兑胶后澄清，叫澄；澄清后淡色上浮，把它吹去，叫飞；飞后，尚有中色和重色，再把碗盏跌荡，留下重色，叫跌。

第四十三回　闲取乐偶攒金庆寿
　　　　　　　不了情暂撮土为香

　　话说王夫人因见贾母那日在大观园不过着了些风寒，不是什么大病，请医生吃了两剂药也就好了，命凤姐来，吩咐她预备给贾政带送东西。正商议着，只见贾母打发人来叫，王夫人忙引着凤姐儿过来，王夫人又请问：

　　"这会子可又觉大安些?"

　　贾母道：

　　"今日可大好了。方才你们送来野鸡崽子汤，我尝了一尝，倒有味儿，又吃了两块肉，心里很受用。"

　　王夫人笑道：

　　"这是凤丫头孝敬老太太的。算她的孝心虔，不枉了素日老太太疼她。"

　　贾母点头笑道：

　　"难为她想着。若是还有生的，再炸上两块。咸浸浸的，喝粥有味儿。那汤虽好，就只不对稀饭。"

　　凤姐听了，连忙答应，命人到大厨房传话。

　　这里贾母又向王夫人笑道：

　　"我打发人找你来，不为别的：初二日是凤丫头的生日，上两年我原想着替她做生日，偏到跟前，又有事，就混过去了。今年人又齐全，料着又没事，咱们大家好生乐一天。"

　　王夫人笑道：

　　"我也想着呢。既是老太太高兴，何不就商议定了?"

　　贾母笑道：

"想我往年，不拘谁做生日，都是各自送各自的礼，这个也作了，也觉太生分。今儿我出个新法子，又不生分，又可以取乐儿。"

王夫人忙道："老太太怎么想着好，就是怎么样行。"

贾母笑道：

"我想着咱们也学那小家子，大家凑个分子，多少尽着这钱去办，你说好不好？"

王夫人道：

"这个很好，但不知怎么个凑法儿？"

贾母听说，一发高兴起来，忙遣人去请薛姨妈邢夫人等；又叫请姑娘们并宝玉和那府里的尤氏和赖大家的，及有些头脸管事的媳妇也都叫了来。众丫头婆子见贾母十分高兴，也都高兴，忙忙的各自分头去请的请，传的传。

没顿饭的工夫，老的少的，上的下的，乌压压挤了一屋子。只薛姨妈和贾母对坐，邢夫人王夫人只坐在房门前两张椅子上，宝钗姐妹等五六个人坐在炕上，宝玉坐在贾母怀前，底下满满的站了一地。贾母忙命拿几张小杌子来，给赖大母亲等几个高年有体面的嬷嬷坐了。贾府风俗，年高伏侍过父母的家人，比年轻的主子还有体面呢，所以尤氏凤姐等只管地下站着，那赖大的母亲等三四个老嬷嬷告了罪，都坐在小杌子上。贾母笑着把方才一席话说与众人听了。众人谁不凑这趣儿呢？再也有和凤姐儿好，情愿这样的；也有怕凤姐儿，巴不得奉承她的；况且都是拿的出来的，所以一闻此言，都欣然应诺。

贾母先道：

"我出二十两。"

薛姨妈笑道：

"我随着老太太也是二十两。"

邢夫人王夫人笑道：

"我们不敢和老太太并肩，自然矮一等，每人十六两罢了。"

尤氏李纨也笑道：

"我们自然又矮一等,每人十二两罢。"

贾母忙和李纨道:

"你寡妇失业的,那里还拉你出这个钱,我替你出了罢。"

凤姐忙笑道:

"老太太别高兴,且算一算帐再揽事。老太太身上已有两分呢,这会子又替大嫂子出十二两,说着高兴,一会子回想,又心疼了。过后儿又说都是为凤丫头花了钱,使个巧法子,哄着我拿出三四倍子来暗里补上,我还做梦呢!"

说的众人都笑了。贾母笑道:

"依你怎么样呢?"

凤姐笑道:

"生日没到,我这会子已经折受的不受用了。我一个钱也不出,惊动这些人,实在不安,不如大嫂子这分我替她出了罢。我到那一日多吃些东西,就享了福了。"

邢夫人等听了,都说"很是",贾母方允了。

凤姐儿又笑道:

"我还有一句话呢。我想老祖宗自己二十两,又有林妹妹宝兄弟的两分子;姨妈自己二十两,又有宝妹妹的一分子:这倒也公道。只是二位太太每位十六两,自己又少,又不替人出;这有些不公道。老祖宗吃了亏了。"

贾母听了,呵呵大笑道:

"到底是我的凤丫头向着我,这说的很是;要不是你,我叫她们又哄了去了!"

凤姐笑道:

"老祖宗只把他哥儿两个交给两位太太,一位占一个罢,派每位替出一分就是了。"

贾母忙说:

"这很公道,就是这样。"

赖大的母亲忙站起来笑道:

"这可反了！我替二位太太生气。在那边是儿子媳妇，在这边是内侄女儿，倒不向着婆婆姑姑，倒向着别人：这儿媳妇倒成了陌路人，内侄女儿倒成了外侄女儿了！"

说的贾母和众人都大笑起来了。

赖大的母亲因又问道：

"少奶奶们十二两，我们自然也该矮一等了？"

贾母听说，道：

"这使不得。你们虽该矮一等，我知道你们这几个都是财主，位虽低些，钱却比她们多。你们和她们一例才使得。"

众嬷嬷听了，连忙答应。贾母又道：

"姑娘们不过应个景儿，每人照一个月的月例就是了。"又回头叫："鸳鸯，来，你们也凑几个人，商议凑了来。"

鸳鸯答应着，去不多时，带了平儿、袭人、彩霞等，还有几个丫头来，也有二两的，也有一两的。贾母因问平儿：

"你难道不替你主子做生日？还入在这里头？"

平儿笑道：

"我那个私自另外的有了，这是公中的，也该出一分。"

贾母笑道：

"这才是好孩子。"

凤姐又笑道：

"上下都全了。还有二位姨奶奶，她出不出，也问一声儿。尽[①]到她们是理，不然，她们只当小看了她们了。"

贾母听说，忙说：

"可是呢。怎么倒忘了她们？只怕她们不得闲儿，叫一个丫头问问去。"

说着，早有丫头去了，半日，回来说道：

"每位也出二两。"

贾母喜欢道：

"拿笔砚来算明，共计多少。"

尤氏因悄悄的骂凤姐道：

"我把你这没足够的小蹄子儿！这么些婆婆婶子凑银子给你做生日，你还不够？又拉上两个苦瓠子②！"

凤姐也悄悄的笑道：

"你少胡说！一会子离了这里，我才和你算帐！她们两个为什么苦呢？有了钱也是白填还别人，不如拘了来，咱们乐。"

说着，早已合了，共凑了一百五十两有零。贾母道：

"一天戏酒用不了。"

作者写凤姐的"贪"与"刻薄"，是苦心经营。此回利用尤氏的嘴骂凤姐是春秋之笔。

尤氏道：

"既不请客，酒席又不多，两三日的用度都够了。头等戏不用钱，省在这上头。"

贾母道：

"凤丫头说那一班好，就传那一班。"

凤姐道：

"咱们家的班子都听熟了，倒是花几个钱，叫一班来听听罢。"

贾母道：

"这件事，我交给珍哥媳妇了。越发叫凤丫头别操一点心儿，受用一日才算。"

尤氏答应着。又说了一回话。都知贾母乏了，才渐渐的散出来。

尤氏等送出邢夫人王夫人二人散去，因往凤姐房里来，商议怎么办生日的话。凤姐儿道：

"你不用问我，你只看老太太的眼色儿行事就完了。"

尤氏笑道：

"你这么个阿物儿，也忒行了大运了！我当有什么事，叫我们去，原来单为这个。出了钱不算，还叫我操心。你怎么谢我？"

凤姐笑道：

"别扯臊！我又没叫你来，谢你什么？你怕操心，你这会子就回老太太去，再派一个就是了。”

尤氏笑道：

“你瞧瞧，把她兴的这个样儿！ 我劝你收着些儿好！ 太满了，就要流出来了。”

二人又说了一回方散。

次日，将银子送到宁国府来，尤氏方才起来梳洗，因问：

“是谁送过来的？”

丫头们回说：

“林妈。”

尤氏便命叫了她来，丫头们走至下房，叫了林之孝家的过来。尤氏命他脚踏上坐了，一面忙着梳洗，一面问她：

“这一包银子共多少？”

林之孝家的回说：

“这是我们底下人的银子，凑了先送过来。老太太和太太们的还没有呢。”

正说着，丫头们回说：

“那府里的姨太太打发人送了分子来了。”

尤氏笑骂道：

“小蹄子们专会记得这些没要紧的话！ 昨儿不过是老太太一时高兴，故意儿的学那小家子凑分子，你们就记得了，到了你们嘴里当正经话说。还不快接进来呢！”

丫头们笑着，忙接银子进来。一共两封，连宝钗黛玉的都有了。尤氏问：

“还少谁的？”

林之孝家的道：

“还少老太太、太太、姑娘们的，我们底下姑娘们的。”

尤氏道：

“还有你们大奶奶的呢？”

林之孝家的道：

"奶奶过去,这银子都从二奶奶手里发,一共都有了。"

说着,尤氏梳洗了,命人伺候车辆。一时来至荣府,先来见凤姐,只见凤姐已将银子封好,正要送去。尤氏问:

"都齐了么?"

凤姐笑道:

"都有了。快拿去罢,丢了我不管。"

尤氏笑道:

"我有些信不及,倒要当面点一点。"

说着,果然按数一点,只没有李纨的一分。尤氏笑道:

"我说你闹鬼呢! 怎么你大嫂子的没有?"

凤姐笑道:

"那么些还不够? 就短一分儿也罢了。等不够了,我再找给你。"

尤氏道:

"昨儿你在人跟前做情,今儿又来和我赖,这我可不依你,我只和老太太要去。"

凤姐笑道:

"我看你利害! 明儿有了事,我也丁是丁卯是卯的①,你也别抱怨。"

尤氏笑道:

"只这一分儿不给也罢了。要不看你素日孝敬我,我本来依你么?"

说着,把平儿的一分也拿出来,说道:"平儿,来,把你的收了去,等不够了,我替你添上。"

平儿会意,笑道:

"奶奶先使着,若剩下了,再赏我一样。"

尤氏笑道:

"只许你主子作弊,就不许我作情吗?"

平儿只得收了。尤氏又道:

"我看着你主子这么细致,弄这些钱,那里使去? 使不了,明儿带了棺材里使去!"

一面说着,一面又往贾母处来。先请了安,大概说了两句话,便走到鸳鸯房中,和鸳鸯商议,只听鸳鸯的主意行事,可以讨贾母喜欢。二人计议妥当。尤氏临走时,也把鸳鸯的二两银子还她,说:"这还使不了呢。"说着,一径出来,又至王夫人跟前说了一回话。因王夫人进了佛堂,把彩云的一分也还了她。凤姐儿不在跟前,一时,把周赵二人的也还了。她两个还不敢收,尤氏道:

"你们可怜见的,那里有这些闲钱? 凤丫头便知道了,有我应着呢。"

二人听说,千恩万谢的收了。

转眼已是九月初二日,园中人都打听得尤氏办得十分热闹,不但有戏,连耍百戏并说书的女先儿①全有,都打点着取乐玩耍。李纨又向众姐妹道:

"今儿是正经社日,可别忘了。宝玉也不来,想必他不知,又贪住什么玩意儿,把这事又忘了。"说着,便命丫头:"去瞧做什么呢,快请了来。"

丫头去了半日,回说:

"花大姐姐说: 今儿一早就出门去了。"众人听了,都诧异,说:

"再没有出门之理。这丫头糊涂!"因又命翠墨去。一时,翠墨回来说:"可不真出门了。说有个朋友死了,出去探丧去了。"

探春道:

"断然没有的事,凭他什么,再没有今日出门之理。你叫袭人来,我问她。"

刚说着,只见袭人走来。李纨等都说道:

"今儿凭他有什么事也不该出门。头一件,你二奶奶的生日,老太太都这么高兴,两府上下都凑热闹儿,他倒走了? 第二件,又是头一社的正日子,也不告假,就私自去了?"

袭人叹道:

"昨儿晚上就说了:今儿一早有要紧的事,到北静王府里去,就赶着回来。劝他别去,他必不依。今儿一早起来,又要素衣裳穿,想必是北静王府里要紧的什么人没了也未可知。"

李纨等道:

"若果如此,也该去走走,只是也该回来了。"

说着,大家又商议:

"咱们只管作诗,等他来罚他。"

刚说着,只见贾母已打发人来请,便都往前头去了。袭人回明宝玉的事,贾母不乐,便命人接去。

原来宝玉心里有件心事,于头一日就吩咐焙茗:

"明日一早出门,备两匹马在后门口等着,不用别人跟着。说给李贵,我往北府里去了。倘或要有人找我,叫他拦住不用找,只说北府里留下了,横竖就来的。"

焙茗也摸不着头脑,只得依言说了。今儿一早,果然备了两匹马,在园后门等着。

天亮了,只见宝玉遍体纯素,从角门出来;一语不发,跨上马,一弯腰,顺着街就趱下去了。焙茗也只得跨上马,加鞭赶上,在后面忙问:

"往那里去?"

宝玉道:

"这条路是往那里去的?"

焙茗道:

"这是出北门的大道。出去了,冷清清,没有什么玩的。"

宝玉听说,点头道:

"正要冷清清的地方。"

说着,越发加了两鞭;那马早已转了两个弯子,出了城门。焙茗越发不得主意,只得紧紧的跟着。

一气跑了七八里路出来,人烟渐渐稀少,宝玉方勒住马,回头问焙茗道:

"这里可有卖香的?"

焙茗道:

"香倒有,不知是那一样?"

宝玉道:

"别的香不好,须得檀、芸、降三样。"

焙茗笑道:

"这三样可难得。"

宝玉为难。焙茗见他为难,因问道:

"要香做什么使?我见二爷时常带的小荷包儿有散香,何不找一找?"

一句提醒了宝玉,便回手——衣襟上挂着个荷包——摸了一摸,竟有两星沉速,心内喜欢,只是不恭些;再想自己亲身带的倒比买的又好些。于是又问炉炭,焙茗道:

"这可罢了。荒郊野外,那里有?——既用这些,何不早说?带了来岂不便宜?"

宝玉道:

"糊涂东西!要可以带了来,又不这样没命的跑了。"

焙茗想了半日,笑道:

"我得了个主意,不知二爷心下如何?我想来二爷不止用这个,只怕还要用别的。这也不是事。如今我们索性往前再走二里,就是水仙庵了。"

宝玉听了,忙问:

"水仙庵就在这里?更好了!我们就去。"

说着,就加鞭前行,一面回头向焙茗道:

"这水仙庵的姑子长往咱们家去,这一去到那里,和她借香炉使使,她自然是肯的。"

焙茗道:

"别说是咱们家的香火,就是平白不认识的庙里,和她借,她也不敢驳回。——只是一件:我常见二爷最厌这儿仙庵的,如何今儿又这样喜欢了?"

宝玉道:

"我素日最恨俗人不知原故,混供神,混盖庙。这都是当日有钱的老公们和那些有钱的愚妇们,听见有个神,就盖起庙来供着,也不知那神是何人,因听些野史小说,便信真了。比如这水仙庵里面,因供的是洛神,故名水仙庵。殊不知古来并没有个洛神,——那原是曹子建的谎话。谁知这起愚人就塑了像供着。今儿却合我的心事,故借它一用。"

说着,早已来至门前。那老姑子见宝玉来了,事出意外,竟像天上掉下个活龙来的一般忙上来问好,命老道来接马。宝玉进去,也不拜洛神之像,却只管赏鉴。虽是泥塑的,却真有那"翩若惊鸿,婉若游龙","荷出绿波,日映朝霞"的姿态。宝玉不觉滴下泪来。

老姑子献了茶,宝玉因和她借香炉烧香。那姑子去了半日,连香供纸马都预备了来。宝玉道:

"一概不用,单用个香炉。"

便命焙茗捧着炉,出至后园中,拣一块干净地方儿,竟拣不出。焙茗道:

"那井台上如何?"

宝玉点头,一齐来至井台上,将炉放下。焙茗站过一旁。宝玉掏出香来焚上,含泪施了半礼,回身命收了去。焙茗答应,且不收,忙爬下磕了几个头,口内祝道:

"我焙茗跟二爷这几年,二爷的心事,我没有不知道的。只有今儿这一祭祀,没有告诉我,我也不敢问。只是受祭的阴魂,虽不知名姓,想来自然是那人间有一,天上无双,极聪明清雅的一位姐姐妹妹了。二爷的心事,难出口,我替二爷祝赞你:你若有灵有圣,我们二爷这样想着你,你也时常来望候望候二爷,未尝不可。你在阴间,保佑二爷来生也变个女孩儿,和你们一处玩耍,岂不两下里都有趣了?"说毕,又磕了几个头,才爬起来。

宝玉听他没说完,便掌不住笑了,因踢他道:

"别胡说，看人听见笑话！"

焙茗起来收过香炉，和宝玉走着，因道：

"我已经合姑子说了，二爷还没用饭，叫她收拾了些东西，二爷勉强吃些。我知道今儿里头大排筵宴，热闹非常，二爷为此，才躲了来的。横竖在这里清静一天，也就尽乐了。要不吃东西，断使不得。"

> 宝玉至情至性，不给凤姐凑热闹，却来祭金钏儿。是作者刻意泼凤姐的冷水，妙在作者不加褒贬不着痕迹。

宝玉道：

"戏酒不吃，这随便的吃些也不妨。"

焙茗道：

"这才是。还有一说：咱们来了，必有人不放心。若没有人不放心，便晚些进城何妨？若有人不放心，二爷须得进城回家去才是。第一，老太太、太太也放了心；第二，礼也尽了，不过这么着，就是家去听戏喝酒，也并不是爷有意，原是陪着父母尽个孝道儿。要单为这个，不顾老太太、太太悬心，就是才受祭的阴魂儿也不安哪。二爷想我这话怎么样？"

宝玉笑道：

"你的意思，我猜着了。你想着只你一个跟了我出来，回来你怕担不是，所以拿这大题目来劝我。我才来了，不过为尽个礼再去吃酒看戏，并没说一日不进城。这已经完了心愿，赶着进城，大家放心就是了。"

焙茗道：

"这更好。"

说着，二人来至禅堂，果然那姑子收拾了一桌好素菜。宝玉胡乱吃了些，焙茗也吃了。二人便上马，仍回旧路。焙茗在后面，只嘱咐："二爷好生骑着。这马总没大骑，手提紧着些儿。"一面说着，早已进了城，仍从后门进去，忙忙来至怡红院中。袭人等都不在屋里，只有几个老婆子看屋子，见他来了，都喜的眉开眼笑，道：

"阿弥陀佛，可来了！没把花姑娘急疯了呢！上头正坐席呢，二爷快去罢。"

宝玉听说，忙将素衣脱了，自己找了颜色吉服换上；便问道：
"都在什么地方坐席呢？"

老婆子们回道：

"在新盖的大花厅上呢。"

宝玉听了，一径往花厅上来，耳内早隐隐闻得箫管歌吹之声。
刚到穿堂那边，只见玉钏儿独坐在廊檐下垂泪，一见宝玉来了，便
长出了一口气，咂着嘴儿说道：

"嗳！凤凰来了！快进去罢！再一会子不来，可就都反了。"

宝玉陪笑道："你猜我往那里去了？"玉钏儿把身一扭，也不理
他，只管拭泪。

宝玉只得快快的进去了，到了花厅上，见了贾母王夫人等。众
人真如得了凤凰一般。

贾母先问道：

"你往那里去了，这早晚才来？还不给你姐姐行礼去呢。"因笑
着又向凤姐儿道："你兄弟不知好歹。就有要紧的事，怎么也不说
一声儿，就私自跑了？这还了得！明儿再这样，等你老子回家，必
告诉他打你。"

凤姐儿笑着道：

"行礼倒是小事。宝兄弟，明儿断不可不言语一声儿，也不传
人跟着，就出去。街上车马多，头一件叫人不放心。再也不像咱们
这样人家出门的规矩。"

这里贾母又骂跟的人：

"为什么都听他的话，说往那里去就去了，也不回一声儿！"一
面又问他："到底往那里去了？可吃了什么没有？唬着了没有？"

宝玉只回说：

"北静王的一个爱妾没了，今日给他道恼去。我见他哭的那
样，不好撇下他就回来，所以多等了会子。"

贾母道：

"以后再私自出门，不先告诉我，一定叫你老子打你！"

宝玉连忙答应着。贾母又要打跟的人，众人又劝道：

"老太太也不必生气了，他已经答应不敢了。况且回来又没事，大家该放心乐一会子。"

贾母先不放心，自然着急发狠；今见宝玉回来，喜且有余，那里还恨？也就不提了。还怕他不受用，或者别处没吃饭，路上着了惊恐，反又百般的哄他。袭人早已过来伏侍。大家仍旧听戏。

当日演的是《荆钗记》，贾母薛姨妈等都看的心酸落泪，也有笑的，也有恨的，也有骂的。

黛玉因看到《男祭》这戏上，便和宝钗说道：

"这王十朋也不通的很：不管在那里祭一祭罢了，必定跑到江边来做什么？俗语说'睹物思人'，天下的水总归一源，不拘那里的水舀一碗，看着哭去，也就尽情了。"

宝钗不答。宝玉听了却又发起呆来。

且说贾母心想今日不比往日，定要教凤姐痛乐一日。本自己懒怠坐席，只在里间屋里榻上歪着，和薛姨妈看戏，随心爱吃的拣几样放在小几上，随意吃着说话儿。将自己两桌席面，赏那没有席面的大小丫头并那应着差的妇人等，命她们在窗外廊檐下，也只管坐着，随意吃喝，不必拘礼。王夫人和邢夫人在地下高桌上坐着。外面几席是她们姐妹们坐。贾母不时吩咐尤氏等：

"让凤丫头坐上面，你们好生替我待东，难为她一年到头辛苦。"

尤氏答应了，又笑回道：

"她说坐不惯首席，坐在上头，横不是竖不是的，酒也不肯喝。"

贾母听了，笑道："你不会，等我亲自让她去。"

凤姐儿忙也进来笑说：

"老祖宗别信她们的话，我喝了好几钟了。"

贾母笑着，命尤氏等："拉她出去，按在椅子上，你们都轮流敬她。她再不吃，我当真的就亲自去了。"

尤氏听说，忙笑着，又拉她出来坐下，命人拿了台盏，斟了酒，笑道：

"一年到头，难为你孝顺老太太、太太和我，我今儿没什么疼你的，亲自斟酒。我的乖乖！你在我手里喝一口罢。"

凤姐儿笑道：

"你要安心孝敬我，跪下，我就喝。"

尤氏笑道：

"说的你不知是谁！我告诉你说罢：好容易今儿这一遭，过了后儿，知道还得像今儿这样的不得了？趁着尽力灌两盅子罢。"

凤姐儿见推不过，只得喝了两盅。接着众姐妹也来，凤姐也只得每人的喝了两口。赖嬷嬷见贾母尚且这等高兴，也少不得来凑趣儿，领着些嬷嬷们也来敬酒。凤姐儿也难推脱，只得喝了两口。鸳鸯等也都来敬。凤姐儿真不能了，忙央告道：

"好姐姐们！饶了我罢！我明儿再喝罢。"

鸳鸯笑道：

"真个的我们是没脸的了？就是我们在太太跟前，太太还赏个脸儿呢。往常倒有些体面，今儿当着这些人，倒做起主子的款儿来了。——我原不该来，不喝，我们就走。"

说着，真个回去了。凤姐儿忙忙拉住，笑道：

"好姐姐，我喝就是了。"

说着，拿过酒来，满满的斟了一杯喝干。鸳鸯方笑了散去，然后又入席。

---

① 尽——尽让.

② 苦瓠子——葫芦之一种，苦瓠子指苦人而言.

③ 丁是丁卯是卯的——很认真，毫不通融，不马虎的意思.

④ 女先儿——先，先生的简称，女先儿就是瞽目的女说书的.

第四十四回　变生不测凤姐泼醋
喜出望外平儿理妆

却说，凤姐儿自觉酒沉了，心里突突的往上撞，要往家去歇歇，只见那耍百戏的上来，便和尤氏说：

"预备赏钱，我要洗洗脸去。"

尤氏点头。凤姐儿瞅人不防，便出了席，往房门后檐走来。平儿留心，也忙跟了来。凤姐便扶着她。才至穿廊下，只见她屋里的一个小丫头子，正在那里站着，见她两个来了，回身就跑。凤姐儿便疑心，忙叫。那丫头先只装听不见，无奈后面连声儿叫，也只得回来。

凤姐儿越发起了疑心，忙和平儿进了穿廊，叫那小丫头子也进来，把槅扇开了。凤姐坐在当院子的台阶上，命那丫头子跪下，喝命平儿：

"叫两个二门上小厮来！拿绳子，鞭子，把眼睛里没主子的小蹄子打烂了！"

那小丫头子已经吓的魂飞魄散，哭着，只管碰头求饶。凤姐儿问道：

"我又不是鬼，你见了我，不识规矩站住，怎么倒往前跑？"

小丫头子哭道：

"我原没看见奶奶来，我又惦记着屋里没人，才跑来着。"

凤姐儿道：

"屋里既没人，谁叫你又来的？你就没看见，我和平儿在后头扯着脖子，叫了你十来声，越叫越跑，离的又不远，你聋了吗？你还和我强嘴！"

说着,扬手一巴掌,打在脸上,打的那小丫头子一栽;这边脸上又一下,登时小丫头子两腮紫胀起来。平儿忙劝:

"奶奶,仔细手疼!"

凤姐便说:

"你再打着问她跑什么! 她再不说,把嘴撕烂了她的!"

那小丫头子先还强嘴,后来听见凤姐儿要烧了红烙铁来烙嘴,方哭道:

"二爷在家里,打发我来这里瞧着奶奶,要见奶奶散了,先叫我送信儿去呢。不承望奶奶这会子就来了!"

凤姐儿见话里有文章,便又问:

"叫你瞧着我做什么? 难道不叫我家去吗? 必有别的原故。快告诉我,我从此以后疼你。你要不实说,立刻拿刀子来割你的肉!"

说着,回头向头上拔下一根簪子来,向那丫头嘴上乱戳。吓的那丫头一行躲,一行哭求道:

"我告诉奶奶,可别说我说的!"

平儿一旁劝,一面催她,叫她快说。丫头便说道:

"二爷也是才来,来了就开箱子,拿了两块银子,还有两支簪子,两匹缎子,叫我悄悄的送与鲍二的老婆去,叫她进来。她收了东西,就往咱们屋里来了。二爷叫我瞧着奶奶。底下的事,我就不知道了。"

凤姐听了,已气的浑身发软,忙立起身来,一径来家。刚至院门,只见有一个小丫头在门前探头儿,一见了凤姐,也缩头就跑。凤姐儿提着名字喝住。那丫头本来伶俐,见躲不过了,越发的跑出来了,笑道:

"我正要告诉奶奶去呢,可巧奶奶来了。"

凤姐道:

"告诉我什么?"

那丫头便说:

"二爷在家……"

这般如此，将方才的话也说了一遍。凤姐啐道：

"你早做什么了？这会子我看见你了，你来推干净儿！"

说着，扬手一下，打的那丫头一个趔趄，便蹬脚儿走了。

凤姐来至窗前，往里听时，只听里头说笑道：

"多早晚你那阎王老婆死了就好了！"

贾琏道：

"她死了，再娶一个，也这么着，又怎么样呢？"

那个又道："她死了，你倒是把平儿扶了正，只怕还好些。"

贾琏道：

"如今连平儿她也不叫我沾一沾了，平儿也是一肚子委屈不敢说。我命里怎么就该犯了夜叉星！"

凤姐听了，气的浑身乱战。又听他们都赞平儿，便疑平儿素日背地里自然也有怨言。那酒越发涌上来了，也并不忖夺，回身把平儿先打了两下子，一脚踢开了门进去，也不容分说，抓着鲍二家的就撕打。又怕贾琏走了，堵着门，站着骂道：

此回作者又妙笔生花写凤姐的狠毒、泼辣，平儿的委屈、贾琏恼羞成怒，借贾母妙语解颐，她对凤姐与贾琏说话的口吻完全不同，此种描写人物手法最见功夫。

"好娼妇！你偷主子汉子，还要治死主子老婆！——平儿，过来！你们娼妇们，一条藤儿①，多嫌着我！外面儿你哄我！"

说着，又把平儿打了几下。打的平儿有冤无处诉，只气得干哭，骂道：

"你们做这些没脸的事，好好的又拉上我做什么！"

说着，也把鲍二家的撕打起来。

贾琏也因吃多了酒，进来高兴，不曾做的机密。一见凤姐来了，早没了主意；又见平儿也闹起来，把酒也气上来了。凤姐儿打鲍二家的，他已又气又愧，只不好说的；今见平儿也打，便上来踢骂道：

"好姐姐！你也动手打人！"

平儿气怯，忙住了手，哭道：

"你们背地里说话，为什么拉我呢？"

凤姐见平儿怕贾琏，越发气了，又赶上来打着平儿，偏叫打鲍二家的。平儿急了，便跑出来找刀子要寻死。外面众婆子丫头忙拦住解劝。

这里凤姐见平儿寻死去，便一头撞在贾琏怀里，叫道：

"她们一条藤儿害我，被我听见，倒都唬起来！你来勒死我罢！"

贾琏气的墙上拔出剑来，说道：

"不用寻死！我真急了！一齐杀了，我偿了命，大家干净！"

正闹的不开交，只见尤氏等一群人来了，说：

"这是怎么说？才好好的，就闹起来。"

贾琏见了人，越发倚酒三分醉，逞起威风来，故意要杀凤姐儿。凤姐儿见人来了，便不似先前那般泼了，撂下众人，便哭着往贾母那边跑。

此时戏已散了。凤姐跑到贾母跟前，爬在贾母怀里，只说：

"老祖宗救我！琏二爷要杀我呢！"

贾母、邢夫人、王夫人等忙问：

"怎么了？"

凤姐儿哭道：

"我才家去换衣裳，不防琏二爷在家和人说话，我只当是有客来了，唬的我不敢进去。在窗户外头听了一听，原来是鲍二家的媳妇商议说我利害，要拿毒药给我吃了，治死我，把平儿扶了正。我原生了气，又不敢和他吵，打了平儿两下子，问他为什么害我。他臊了，就要杀我。"

贾母听了，都信以为真，说：

"这还了得！快拿了那下流种子来！"

一语未完，只见贾琏拿着剑赶来，后面许多人赶。贾琏明仗着

贾母素昔疼他们,连母亲姊娘也无碍,故逞强闹了来。邢夫人王夫
人见了,气的忙拦住骂道:

"这下流东西!你越发反了!老太太在这里呢!"

贾琏也斜着眼道:

"都是老太太惯的她,她才敢这么着。连我也骂起来了!"

邢夫人气的夺下剑来,只管喝他:

"快出去!"

那贾琏撒娇撒痴,涎言涎语的,还只管乱说。贾母气的说道:

"我知道我们你放不到眼里!——叫人把他老子叫了来,看他
去不去!"

贾琏听见这话,方趔趄着脚儿出去了。赌气也不往家里去,便
往外书房来。

这里邢夫人王夫人也说凤姐。贾母道:

"什么要紧的事?小孩子们年轻,馋嘴猫儿似的,那里保的住
呢?从小儿人人都打这么过。——这都是我的不是:叫你多喝了
两口酒,又吃起醋来了!"

说的众人都笑了。贾母又道:

"你放心,明儿我叫你女婿替你赔不是,你今儿别过去臊着
他。"

因又骂:

"平儿那蹄子,素日我倒看她好,怎么背地里这么坏!"

尤氏等笑道:

"平儿没有不是,是凤丫头拿着人家出气。两口子生气,都拿
着平儿煞性子,平儿委屈的什么儿似的,老太太还骂人家!"

贾母道:

"这就是了。我说那孩子倒不像那狐媚魇道的。——既这么
着,可怜见的,白受她的气。"因叫琥珀来:"你去告诉平儿,就说我
的话:我知道她受了委屈,明儿我叫她主子来替她赔不是。今儿是
她主子的好日子,不许她胡闹。"

原来平儿早被李纨拉入大观园去了。平儿哭的哽咽难言。宝钗劝道：

"你是个明白人。你们奶奶素日何等待你？今儿不过她多吃了一口酒，她可不拿你出气，难道拿别人出气不成！别人又笑话她是假的了。"

正说着，只见琥珀走来，说了贾母的话。平儿自觉面上有了光辉，方才渐渐的好了，也不往前头来。

宝钗等歇息了一回，方来看贾母凤姐。宝玉便让了平儿到怡红院中来。袭人忙接着，笑道：

"我先原要让你的，只因大奶奶和姑娘们都让你，我就不好让的了。"

平儿也陪笑说：

"多谢。"因又说道："好好儿的从那里说起，无缘无故，白受了一场气！"

袭人笑道：

"二奶奶素日待你好，这不过是一时气急了。"

平儿道：

"二奶奶倒没说的，只是那娼妇治的我，她又偏拿我凑趣儿！还有我们那糊涂爷，倒打我！"说着，便又委屈，禁不住泪流下来。

宝玉忙劝道：

"好姐姐，别伤心，我替他两个赔不是罢。"

平儿笑道：

"与你什么相干？"

宝玉笑道：

"我们弟兄姊妹都一样。他们得罪了人，我替他赔个不是，也是应该的。"又道："可惜这新衣裳也沾了！这里有你花妹妹的衣裳，何不换下来，拿些烧酒喷了，熨一熨，把头也另梳一梳？"一面说，一面吩咐了小丫头子们舀洗脸水，烧熨斗来。

平儿素昔只闻人说宝玉专能和女孩们接交。宝玉素日因平儿是贾琏的爱妾，又是凤姐儿的心腹，故不肯和她厮近，因不能尽心，也常认为恨事。平儿如今见他这般，心中也暗暗的战敠，果然话不虚传，色色想的周到。又见袭人特特的开了箱子，拿出两件不大穿的衣裳，忙来洗了脸。宝玉一旁笑劝道：

"姐姐还该擦上些脂粉，不然，倒像是和凤姐姐赌气似的。况且又是她的好日子，而且老太太又打发了人来安慰你。"

平儿听了有理，便去找粉，只不见粉。宝玉忙走至妆台前将一个宣窑磁盒揭开，里面盛着一排十根玉簪花棒儿，拈了一根，递与平儿，又笑说道：

"这不是铅粉，这是紫茉莉花种，研碎了，对上料制的。"

平儿倒在掌上看时，果见轻白红香，四样俱美，扑在面上，也容易匀净，且能润泽，不像别的粉涩滞。然后看见胭脂也不是一张，却是一个小小的白玉盒子，里面盛着一盒，如玫瑰膏子一样。宝玉笑道：

> 作者写宝玉怜香惜玉与贾琏煮鹤焚琴迥然不同，高雅与世俗如泾渭分明。

"铺子里卖的胭脂不干净，颜色也薄。这是上好的胭脂拧出汁子来，淘澄净了，配了花露蒸成的。只要细簪子挑一点儿，抹在唇上，足够了，用一点水化开，抹在手心里就够拍脸的了。"

平儿依言妆饰，果见鲜艳异常，且又甜香满颊。宝玉又将盆内开的一支并蒂秋蕙，用竹剪刀铰下来，替她簪在鬓上。忽见李纨打发丫头来唤，她方忙忙的去了。

宝玉因自来从不曾在平儿前尽过心，——且平儿又是个极聪明极清俊的上等女孩儿，比不得那起俗拙蠢物，——深以为恨，今日是金钏儿生日，故一日不乐。不想后来闹出这件事来，竟得在平儿前稍尽片心，也算今生意中不想之乐。因歪在床上，心内怡然自得。忽又思及贾琏惟知以淫乐悦己，并不知作养脂粉。又思平儿并无父母兄弟姊妹，独自一人，供应贾琏夫妇二人，贾琏之俗，凤姐之威，她竟能周全妥贴，今儿还遭荼毒，也就薄命的很了。想到此间，便又伤感起来。复又起身，见方才的衣裳上喷的酒已半干，便拿熨斗熨了叠好；见她的绢子忘了去，上面犹有泪痕，又搁在盆中洗了晾上。又喜又悲，闷了一回，也往稻香村来，说了回闲话儿，掌灯后方散。

平儿就在李纨处歇了一夜。凤姐只跟着贾母睡。贾琏晚间归房，冷清清的，又不好去叫，只得胡乱睡了一夜。次日醒了，想昨日之事，大没意思，后悔不来。邢夫人惦记着昨日贾琏醉了，忙一早过来叫了贾琏过贾母这边来。贾琏只得忍愧前来，在贾母面前跪下。贾母问他：

"怎么了？"

贾琏忙陪笑说：

"昨儿原是吃了酒，惊了老太太的驾，今儿来领罪。"

贾母啐道：

"下流东西，灌了黄汤，不说安分守己的挺尸去，倒打起老婆来了？凤丫头成日家说嘴，'霸王'似的一个人，昨儿唬的可怜！要不是我，你要伤了她的命！——这会子怎么样？"

贾琏一肚子的委屈，不敢分辩，只认不是。贾母又道：

"凤丫头和平儿还不是个美人胎子？你还不足？成日家偷鸡摸狗，腥的臭的都拉了你屋里去！为这起娼妇打老婆，又打屋里的人，你还亏是大家子的公子出身，活打了嘴了！你若眼睛里有我，你起来，我饶了你！乖乖的替你媳妇赔个不是儿，拉了她家去，我就喜欢了。要不然，你只管出去，我也不敢受你的头！"

贾琏听如此说，又见凤姐儿站在那边，也不盛妆，哭的眼睛肿着，也不施脂粉，黄黄脸儿，比往常更觉可怜可爱，想着："不如赔了不是，彼此也好了，又讨老太太的喜欢。"想毕，便笑道：

"老太太的话，我不敢不依，只是越发纵了她了。"

贾母笑道；

"胡说！我知道她最有礼的，再不会冲撞人。她日后得罪了你，我自然也做主，叫你降伏就是了。"

贾琏听说，爬起来，便与凤姐儿作了一个揖，笑道：

"原是我的不是，二奶奶别生气了。"

满屋里的人都笑了。贾母笑道：

"凤丫头不许恼了。再恼，我就恼了。"

说着，又命人去叫了平儿来，命凤姐儿和贾琏安慰平儿。贾琏见了平儿，越发顾不得了，所谓"妻不如妾"，听贾母一说，便赶上来说道：

"姑娘昨日受了委屈了，都是我的不是；奶奶得罪了你，也是因我而起。我赔了不是不算外，还替你奶奶赔个不是。"

说着，也作了一个揖。引的贾母笑了，凤姐儿也笑了。

贾母又命凤姐来安慰平儿。平儿忙走上来给凤姐儿磕头，说：

"奶奶的千秋，我惹的奶奶生气，是我该死。"

凤姐儿正自愧悔昨日酒吃多了，不念素日之情，浮躁起来，听了旁人的话，无故给平儿没脸。今见她如此，又是惭愧，又是心酸，忙一把拉起来，落下泪来。平儿道：

"我伏侍了奶奶这么几年，也没弹我一指甲；就是昨儿打我，我也不怨奶奶，都是那娼妇治的，怨不得奶奶生气。"

说着，也滴下泪来了。贾母便命人将他三人送回房去：

"有一个再提此话，即刻来回我。我不管是谁，拿拐棍子给他一顿！"

三个人重新给贾母邢王二位夫人磕了头。老嬷嬷答应了，送他三人回去。至房中，凤姐儿见无人，方说道：

"我怎么像个阎王，又像夜叉？那娼妇咒我死。你也帮着咒我。千日不好，也有一日好。可怜我熬的连个混帐女人也不及了，我还有什么脸过这个日子！"

·　说着，又哭了。贾琏道：

"你还不足？你细想想，昨儿谁的不是多？今儿当着人，还是我跪了一跪，又赔不是，你也争足了光。这会子还唠叨，难道你还叫我替你跪下才罢？——太要足了强，也不是好事！"

说的凤姐儿无言可对。平儿嗤的一声又笑了。贾琏也笑道:
"又好了。真真的我也没法子!"

正说着,只见一个媳妇来回话:
"鲍二媳妇吊死了。"

贾琏凤姐儿都吃了一惊。凤姐忙收了怯色,反喝道:
"死了罢了! 有什么大惊小怪的!"

一时,只见林之孝家的进来悄回凤姐道:
"鲍二媳妇吊死了,她娘家的亲戚要告呢。"

凤姐儿冷笑道:
"这倒好了,我正想要打官司呢!"

林之孝家的道:
"我才和众人劝了会子,又威吓了一阵,又许了她几个钱,也就
依了。"

凤姐儿道:
"我没一个钱,——有钱也不给她! 只管叫她告去! 也不许劝
她,也不用镇唬她,只管叫她告! 她告不成,我还问她个'以尸讹
诈'呢!"

林之孝家的正在为难,见贾琏和她使眼色儿,心下明白,便出
来等着。贾琏道:
"我出去瞧瞧,看是怎么样。"

凤姐儿道:
"不许给她钱!"

贾琏一径出来,和林之孝来商议,着人去做好做歹,许了二百
两发送才罢。贾琏生恐有变,又命人去和坊官等说了,将番役仵作
人等几名来,帮着办丧事。那些人见如此,纵要复辨,亦不敢辨,只
得忍气吞声罢了。

贾琏又命林之孝将那二百银子入在流水帐上,分别添补,开消
过去。又体己给鲍二些银两,安慰他,说:
"另日再挑个好媳妇给你。"鲍二又有体面,又有银子,有何不

564

依？便仍然奉承贾琏。不在话下。

里面凤姐心中虽不安,面上只管佯不理论。因屋里无人,便和平儿笑道:

"我昨儿多喝了一口酒,你别埋怨。打了那里？我瞧瞧。"

平儿听了,眼圈儿一红,连忙忍住了,说道:

"也没打着。"

忽听得外面说:"奶奶姑娘们都进来了。"

① 一条藤儿——跟别人表示一致的态度,等于说同一鼻孔出气。

第四十五回　金兰契互剖金兰语
　　　　　　　风雨夕闷制风雨词

　　话说凤姐儿正抚恤平儿，忽见众姐妹进来，忙让了坐，平儿斟上茶来。凤姐儿笑道：

　　"今儿来的这些人，倒像下帖子请了来的。"

　　探春先笑道：

　　"我们有两件事：一件是我的；一件是四妹妹的。还夹着老太太的话。"凤姐儿笑道：

　　"有什么事，这么要紧？"

　　探春笑道：

　　"我们起了个诗社，头一社就不齐全，众人脸软，所以就乱了例了。我想必得你去做个监社御史，铁面无私才好。再四妹妹为画园子，用的东西，这般那般不全，回了老太太，老太太说：'只怕后头楼底下还有先剩下的。找一找，若有呢，拿出来；若没有，叫人买去。'"

　　凤姐儿笑道：

　　"我又不会做什么湿咧干的，叫我吃东西去倒会。"

　　探春笑道：

　　"你不会做，也不用你做，你只监察着我们里头有偷安怠惰的，该怎么罚他就是了。"

　　凤姐儿笑道：

　　"你们别哄我，我早猜着了。那里是请我做监社御史？分明叫了我去做个进钱的铜商罢咧。你们弄什么社，必是要轮流着做东道儿。你们的钱不够花，想出这个法子来，勾了我去，好和我要钱。可是这个主意不是？"

说的众人都笑道：

"你猜着了。"

李纨笑道：

"真真你是个水晶心肝玻璃人儿！"

凤姐笑道：

"亏了你是个大嫂子呢！姑娘们原是叫你带着念书，学规矩，学针线哪。这会子起诗社，能用几个钱？你就不管了？老太太、太太罢了，原是老封君；你一个月十两银子的月钱，比我们多两倍子。老太太、太太还说你寡妇失业的，可怜不够用，又有个小子，足足的又添了十两银子，和老太太、太太平等；又给你园子里的地，各人取租子，年终分年例，你又是上上分儿。你娘儿们，主子奴才，共总没有十个人，吃的穿的仍旧是大官中的。通共算起来，也有四五百银子。这会子你就每年拿出一二百两来陪着她们玩玩儿，有几年呢？她们明儿出了门子，难道你还赔不成？这会子你怕花钱，挑唆她们来闹我，我乐得去吃个河落海干，我还不知道呢！"

李纨笑道：

"你们听听。我说了一句，她就说了两车无赖的话。真真泥腿光棍，专会打细算盘、分金掰两的！你这个东西，亏了还托生在诗书仕宦人家做小姐，又是这么出了嫁，还是这么着，要生在贫寒小门小户人家，做了小子丫头，还不知怎么下作呢！天下人都叫你算计了去！昨儿还打平儿，亏你伸的出手来！那黄汤难道灌丧了狗肚子里去了？气的我只要替平儿打抱不平呢。忖夺了半日，好容易狗长尾巴尖儿的好日子①，又怕老太太

> 凤姐精明奸巧，前两回作者用尤氏骂她，此回又用李纨骂她，而李纨骂得更重，作者以尤氏李纨的忠厚更衬托出凤姐的奸巧。

心里不受用，因此没来，究竟气还不平。你今儿倒招我来了。给平儿拾鞋还不要呢！你们两个，很该换一个个儿才是！"说的众人都笑了。

凤姐忙笑道:

"哦! 我知道了! 竟不是为诗为画来找我,竟是为平儿报仇来了。我竟不知道平儿有你这么位仗腰子的人,想来就像有鬼拉着我的手似的,从今我也不敢打她了。——平姑娘,过来,我当着你大奶奶姑娘们替你赔个不是,担待我酒后无德罢。"说着,众人都笑了。

李纨笑问平儿道:

"如何? 我说必要给你争争气才罢!"

平儿笑道:

"虽是奶奶们取笑儿,我可禁不起呢。"

李纨道:

"什么禁的起禁不起,有我呢! 快拿钥匙,叫你主子开门找东西去罢。"

凤姐儿笑道:

"好嫂子! 你且同她们去园子里去。才要把这米帐合他们算一算,那边大太太又打发人来叫,又不知有什么话说,须得过去走一走。还有你们年下添补的衣裳,打点给人做去呢。"

李纨笑道:

"这些事情,我都不管。你只把我的事完了,我好歇着去,省了这些姑娘们闹我。"

凤姐儿忙笑道:

"好嫂子! 赏我一点空儿! 你是最疼我的,怎么今儿为平儿就不疼我了? 往常你还劝我,说: '事情虽多,也该保全身子,检点着偷空儿歇歇。'你今儿倒反逼起我的命来了。况且误了别人年下的衣裳无碍,她姐儿们的要误了,却是你的责任。老太太岂不怪你不管闲事,连一句现成的话也不说? 我宁可自己落不是,也不敢累你呀。"

李纨笑道:

"你们听听,说的好不好? 把她会说话的! ——我且问你: 这诗社到底管不管?"

凤姐儿笑道:

"这是什么话? 我不人社花几个钱,我不成了大观园的反叛了么? 还想在这里吃饭不成? 明日一早就到任。下马拜了印,先放下五十两银子,给你们慢慢的做会社东道儿。我又不会作诗作文的,只不过是个大俗人罢了。监察也罢,不监察也罢,有了钱了,愁着你们还不撺出我来?"说的众人又都笑起来。凤姐又道:"过会子我开了楼房,所有这些东西,叫人搬出来,你们瞧。要使得,留着使;要少什么,照你们的单子,我叫人赶着买去就是了。画绢我就裁出来。那图样没有在老太太那里,那边珍大爷收着呢。说给你们,省了碰钉子去。我去打发人取了来。一并叫人连绢交给相公们矾去,好不好呢?"

李纨点头笑道:

"这难为你。果然这么着还罢了。——那么着,咱们家去罢。等着她不送了去,再来闹她。"

说着,便带了她姐妹们就走。

凤姐儿道:

"这些事,再没别人,都是宝玉生出来的。"

李纨听了,忙回身笑道:

"正为宝玉来,倒忘了他。头一社是他误了。我们脸软,你说该怎么罚他?"

凤姐想了想,说道:

"没别的法子,只叫他把你们各人屋子里的地,罚他扫一遍就完了。"

众人都笑道:

"这话不差。"

说着,才要回去,只见一个小丫头扶着赖嬷嬷进来。凤姐等忙站起来笑道:

"大娘坐下。"又都向她道喜。赖嬷嬷向炕沿上坐了,笑道:

"我也喜，主子们也喜。要不是主子们的恩典，我这喜打那里来呢?昨儿奶奶又打发彩哥赏东西，我孙子在门上朝上磕了头了。"

李纨笑道：

"多早晚上任去?"

赖嬷嬷叹道：

"我那里管他们? 由他们去罢! 前儿在家里给我磕头，我没好话，我说:'小子，别说你是官了，横行霸道的! 你今年活了三十岁，虽然是人家的奴才，一落娘胎胞儿，主子的恩典，放你出来:上托着主子的洪福，下托着你老子娘，也是公子哥儿似的，读书写字，也是丫头老婆奶子捧凤凰似的，长了这么大，你那里知道那"奴才"两字是怎么写? 只知道享福，也不知你爷爷和你老子受的那苦恼! 熬了两三辈子，好容易挣出你这个东西! 从小儿三灾八难，花的银子，照样也打出你这么个银人儿来了。到二十岁上，又蒙主子的恩典许你捐了前程在身上，你看那正根正苗，忍饥挨饿的要多少? 你一个奴才秧子，仔细折了福! 如今乐了十年，不知怎么弄神弄鬼，求了主子，又选出来了。县官虽小，事情却大，作那一处的官，就是那一方的父母。你不安分守己，尽忠报国，孝敬主子，只怕天也不容你!'"

李纨凤姐儿都笑道：

"你也多虑。我们看他也就好。先那几年，还进来了两次，这有好几年没了，年下生日，只见他的名字就罢了。前儿给老太太、太太磕头来，在老太太那院里，见他又穿着新官的服色，倒越发的威武了，比先时也胖了。他这一得了官，正该你乐呢，反倒愁起这些来! 他不好，还有他的父母呢，你只受用你的就完了。闲时坐个轿子进来，和老太太斗斗牌，说说话儿，谁好意思的委屈了你? 家去一般也是楼房厦厅，谁不敬你? 自然也是老封君似的了。"

平儿斟上茶来，赖嬷嬷忙站起来，道：

"姑娘，不管叫那孩子倒来罢了，又生受你。"说着，一面吃茶，一面又道："奶奶不知道。这小孩子们，全要管的严。饶这么严，他们还偷空儿闹个乱子来，叫大人操心。知道的，说小孩子们淘气；不知道的，人家就说仗着财势欺人，连主子名声也不好。恨的我没法儿，常把他老子叫了来骂一顿，才好些。"因又指宝玉道："不怕你嫌我：如今老爷不过这么管你一管，老太太就护在头里。当日老爷小时，你爷爷那个打，谁没看见的？老爷小时，何曾像你这么天不怕地不怕的？还有那边大老爷，虽然淘气，也没像你这扎窝子②的样儿，也是天天打。还有东府里你珍大哥哥的爷爷，那才是火上浇油的性子，说声恼了，什么儿子，竟是审贼！如今我眼里看着，耳朵里听着，那珍大爷管儿子，倒也像当日老祖宗的规矩，只是'着三不着两'③的。他自己也不管一管自己，这些兄弟侄儿怎么怨的不怕他？你心里明白，喜欢我说；不明白，嘴里不好意思，心里不知怎么骂我呢。"

说着，只见赖大家的来了。接着周瑞家的张材家的都进来回事情。凤姐儿笑道：

"媳妇来接婆婆来了。"

赖大家的笑道：

"不是接她老人家来的，倒是打听打听奶奶姑娘们赏脸不赏脸。"

赖嬷嬷听了，笑道：

"可是我糊涂了：正经说的都没说，且说些'陈谷子烂芝麻'的。因为我们小子选出来了，众亲友要给他贺喜，少不得家里摆个酒。我想摆一日酒，请这个不请那个，也不是；又想了一想，托主子的洪福，想不到的这么荣耀光彩，就倾了家，我也愿意的：因此，吩咐了他老子，连摆三日酒。头一日在我们破花园子里摆几席酒，一台戏，请老太太、太太们、奶奶姑娘们去散一日闷；外头大厅上一台戏，几席酒，请老爷们爷们增增光。第二日再请亲友。第三日再把我们两府里的伴儿请一请。——热闹三天，也是托着主子的洪福一场，光辉光辉。"

李纨凤姐儿都笑道：

"多早晚的日子？我们必去。只怕老太太高兴要去，也定不得。"

赖大家的忙道：

"择的日子是十四，只看我们奶奶的老脸罢了。"

凤姐儿笑道：

"别人我不知道，我是一定去的。——先说下，我可没有贺礼，也不知道放赏，吃了一走儿，可别笑话。"

赖大家的笑道：

"奶奶说那里话？奶奶一喜欢，赏我们三二万银子，那就有了。"

赖嬷嬷笑道：

"我才去请老太太，老太太也说去，可算我这脸还好。"

说毕，叮咛了一回，方起身要走，因看见周瑞家的，便想起一事来，因说道：

"可是还有一句话问奶奶：这周嫂子的儿子，犯了什么不是，撵了他不用？"

凤姐儿听了，笑道：

"正是，我要告诉你媳妇儿呢。事情多，也忘了。赖嫂子回去，说给你老头子，两府里不许收留他儿子，叫他各人去罢。"

赖大家的只得答应着。周瑞家的忙跪下央求。

赖嬷嬷忙道：

"什么事？说给我评评。"

凤姐儿道：

"昨儿我的生日，里头还没喝酒，他小子先醉了。老娘那边送了礼来，他不在外头张罗，倒坐着骂人，礼也不送进来。两个女人进来了，他才带领小么儿们往里端。小么儿们倒好好的，他拿的一盒子倒失了手，撒了一院子馒头。人去了，我打发彩明去说他，他倒骂了彩明一顿。这样无法无天的忘八羔子，还不撵了做什么？"

赖嬷嬷道：

"我当什么事情，原来为这个。奶奶听我说：他有不是，打他骂他，叫他改过就是了：撵出去，断乎使不得。他又比不得是咱们家的家生子儿，他现是太太的陪房。奶奶只顾撵了他，太太的脸上不好看。我说，奶奶教导他几板子以戒下次，仍旧留着才是。不看他娘，也看太太。"

凤姐儿听了，便向赖大家的说道：

"既这么着，明儿叫了他来，打他四十棍，以后不许他喝酒。"

赖大家的答应了。周瑞家的才磕头起来，又要给赖嬷嬷磕头，赖大家的拉着方罢。然后他三人去了。李纨等也就回园中来。

至晚，果然凤姐命人找了许多旧收的画具出来，送至园中。宝钗等选了一回，各色东西，可用的只有一半。将那一半开了单子：给凤姐去照样置买。不必细说。

一日，外面矾了绢，起了稿子进来，宝玉每日便在惜春那边帮忙。探春、李纨、迎春、宝钗等，也都往那里来闲坐，一则观画，二则便于会面。

宝钗因见天气凉爽，夜复渐长，遂至母亲房中商议，打点些针线来。日间至贾母王夫人处两次省候，不免又承欢陪坐；闲时园中姐妹处也要不时闲话一回。故日间不大得闲，每夜灯下女工，必至三更方寝。

黛玉每岁至春分秋分后，必犯旧疾。今秋又遇着贾母高兴，多游玩了两次，未免过劳了神，近日又复嗽起来，觉得比往常又重。所以总不出门，只在自己房中将养。有时闷了，又盼个姐妹来说些闲话排遣，及至宝钗等来望候她，说不得三五句话，又厌烦了。众人都体谅她病中，且素日形体娇弱，禁不得一些委屈，所以她接待不周，礼数疏忽，也都不责她。

这日，宝钗来望她，因说起这病症来。宝钗道：

"这里走的几个大夫，虽都还好，只是你吃他们的药，总不见效，不如再请一个高手的人来瞧一瞧，治好了岂不好？每年间闹一眷一夏,又不老,又不小,成什么? 也不是个常法儿。"

黛玉道:

"不中用,我知道我的病是不能好的了。且别说病,只论好的时候,我是怎么个形景儿就可知了。"

宝钗点头道:

"可正是这话。古人说,'食谷者生',你素日吃的竟不能添养精神气血,也不是好事。"

黛玉叹道:

"'死生有命,富贵在天',也不是人力可强求的! 今年比往年反觉又重了些似的。"

说话之间,已咳嗽了两三次。宝钗道:

"昨儿我看你那药方上人参肉桂觉得太多了。虽说益气补神,也不宜太热。依我说: 先以平肝养胃为要。肝火一平,不能克土,胃气无病,饮食就可以养人了。每日早起,拿上等燕窝一两,冰糖五钱,用银吊子熬出粥来,要吃惯了,比药还强,最是滋阴补气的。"

黛玉叹道:

宝钗探病,说了几句安慰话和药方,黛玉便说出肺腑感激之言,而宝钗却乘机说出"嫁妆"的话,是司马昭之心。黛玉虽聪敏过人,却无宝钗深沉。作者写此一对情敌,心性截然不同。两人冲突从此缓和,是欲擒故纵手法。否则《红楼梦》要提早结来。

"你素日待人,固然是极好的,然我最是个多心的人,只当你有心藏奸。从前日你说看杂书不好了,又劝我那些好话,竟大感激你。往日竟是我错了,实在误到如今。细细算来,我母亲去世的时候,又无姐妹兄弟,我长了今年十五岁,竟没一个人像你前日的话教导我。怪不得云丫头说你好。我往日见她赞你,我还不受用;昨儿我亲自经过,才知道了。比如你说了那个,我再不轻放过你的,你竟不介意,反劝我那些话,可知我竟自误了。若不是前日看出来,今日这话,再不对你说,你方才叫我吃燕窝粥的话,虽然燕窝易得,但只我因身子不好,每年犯了这病,也没什么要紧的去处,请大夫,熬药,人参肉桂,已经闹了个天翻地覆了;这会

574

子我又兴出新文来，熬什么燕窝粥，老太太、太太、凤姐姐这三个人便没话，那些底下老婆子丫头们，未免嫌我太多事了。你看这里这些人，因见老太太多疼了宝玉和凤姐姐两个，他们尚虎视眈眈，背地里言三语四的，何况于我？况我又不是正经主子，原是无依无靠，投奔了来的，他们已经多嫌着我呢；如今我还不知进退，何苦叫他们咒我？"

宝钗道：

"这么说，我也是和你一样。"

黛玉道：

"你如何比我？你又有母亲，又有哥哥，这里又有买卖地土，家里又仍旧有房有地。你不过亲戚的情分，白住在这里，一应大小事情又不沾他们一文半个，要走就走了。我是一无所有，吃穿用度，一草一木，皆是和他们家的姑娘一样，那些小人岂有不多嫌的？"

宝钗笑道：

"将来也不过多费得一副嫁妆罢了，如今也愁不到那里。"

黛玉听了，不觉红了脸，笑道：

"人家把你当个正经人，才把心里烦难告诉你听，你反拿我取笑儿！"

宝钗笑道：

"虽是取笑儿，却也是真话。你放心，我在这里一日，我与你消遣一日。你有什么委屈烦难，只管告诉我，我能解的，自然替你解。我虽有个哥哥，你也是知道的；只有个母亲，比你略强些，咱们也算同病相怜。你也是个明白人，何必作'司马牛之叹'④？你才说的也是，'多一事不如省一事'。我明日家去，和妈妈说了，只怕燕窝我们家里还有，与你送几两，每日叫丫头们就熬了，又便宜，又不惊师动众的。"

黛玉忙笑道：

"东西是小，难得你多情如此！"

宝钗道：

"这有什么放在嘴里的？只愁我人人跟前,失于应候罢了。这会子只怕你烦了,我且去了。"

黛玉道:

"晚上再来和我说句话儿。"

宝钗答应着便去了。不在话下。

这里黛玉喝了两口稀粥,仍歪在床上。不想日未落时,天就变了,淅淅沥沥,下起雨来。秋霖脉脉,阴晴不定。那天渐渐的黄昏时候了,且阴的沉黑,兼着那雨滴竹梢,更觉凄凉。知宝钗不能来了,便在灯下,随便拿了一本书,却是《乐府杂稿》,有《秋闺怨》《别离怨》等词。黛玉不觉心有所感,不禁发于章句,遂成《代别离》一首,拟《春江花月夜》之格,乃名其词为《秋窗风雨夕》。词曰:

"秋花惨淡秋草黄。耿耿秋灯秋夜长。已觉秋窗秋不尽。那堪风雨助凄凉!

助秋风雨来何速?惊破秋窗秋梦续。抱得秋情不忍眠,自向秋屏挑泪烛。

泪烛摇摇爇短檠,牵愁照恨动离情。谁家秋院无风入?何处秋窗无雨声?

罗衾不奈秋风力,残漏声催秋雨急。连宵脉脉复飕飕,灯前似伴离人泣。

寒烟小院转萧条,疏竹虚窗时滴沥。不知风雨几时休,已教泪洒窗纱湿。"

吟罢搁笔,方要安寝,丫头报说:"宝二爷来了。"一语未尽,只见宝玉头上戴着大箬笠,身上披着蓑衣。黛玉不觉笑道:

"那里来的这么个渔翁?"

宝玉忙问:

"今儿好?吃了药了没有?今儿一日吃了多少饭?"

一面说,一面摘了笠,脱了蓑,一手举起灯来,一手遮着灯儿,向黛玉脸上照了一照,觑着瞧了一瞧,笑道:

"今儿气色好了些。"

　　黛玉看他脱了蓑衣，里面只穿半旧红绫短袄，系着绿汗巾子，膝上露出绿绸撒花裤子，底下是掐金满绣的绵纱袜子，趿着蝴蝶落花鞋。黛玉问道：

　　"上头怕雨，底下这鞋袜子是不怕的？也倒干净些呀。"

　　宝玉笑道：

　　"我这一套是全的。一双棠木屐，才穿了来，脱在廊檐下了。"

　　黛玉又看那蓑衣斗笠不是寻常市卖的，十分细致轻巧，因说道：

　　"是什么草编的？怪道穿上不像那刺猬似的。"

　　宝玉道：

　　"这三样都是北静王送的。他闲常下雨时，在家里也是这样。你喜欢这个，我也弄一套来送你。——别的都罢了，惟有这斗笠有趣：上头这顶儿是活的，冬天下雪，戴上帽子，就把竹信子⑤抽了去，拿下顶子来，只剩了这个圈子。下雪时，男女都戴得，我送你一顶，冬天下雪戴。"

　　前面宝钗说出"嫁妆"的话。此处黛玉又自己"失言"。作者这两种心理写照，也是巧妙安排。黛玉既斗不过宝钗，自己又矜持又有肺病，作者是步步把她逼进死胡子。

　　黛玉笑道：

　　"我不要它。戴上那个，成了画儿上画的和戏上扮的那渔婆儿了。"及说了出来，方想起来这话恰与方才说宝玉的话相连了，后悔不迭，羞的脸飞红，伏在桌上，嗽个不住。

　　宝玉却不留心，因见案上有诗，遂拿起来看了一遍，又不觉叫好。黛玉听了，忙起来夺在手内，灯上烧了。宝玉笑道：

　　"我已记熟了。"

　　黛玉道：

　　"我要歇了，你请去罢，明日再来。"

　　宝玉听了，回手向怀内掏出一个核桃大的金表来，瞧了一瞧，那针已指到戌末亥初之间，忙又揣了说道：

"原该歇了,又搅的你劳了半日神。"说着,披蓑戴笠出去了,又翻身进来问道:

"你想什么吃,你告诉我,我明儿一早回老太太,岂不比老婆子们说的明白?"

黛玉笑道:

"等我夜里想着了,明日一早告诉你。你听,雨越发紧了,快去罢。可有人跟没有?"

两个婆子答应:

"有,在外面拿着伞,点着灯笼呢。"

黛玉笑道:

"这个天点灯笼?"

宝玉道:

"不相干,是羊角的,不怕雨。"

黛玉听说,回手向书架上把个玻璃绣球灯拿下来,命点一枝小蜡儿来,递与宝玉,道:"这个又比那个亮,正是雨里点的。"

宝玉道:

"我也有这么一个,怕他们失脚滑倒了打破了,所以没点来。"

黛玉道:

"跌了灯值钱呢,是跌了人值钱?你又穿不惯木屐子。那灯笼叫他们前头点着,这个又轻巧,又亮,原是雨里自己拿着的。你自己手里拿着这个,岂不好?明儿再送来。——就失了手也有限的。怎么忽然又变出这'剖腹藏珠'的脾气来?"

宝玉听了,随过来接了。前头两个婆子打着伞,拿着羊角灯;后头还有两个小丫鬟打着伞。宝玉便将这个灯递给一个小丫头捧着,宝玉扶着她的肩,一径去了。

就有蘅芜院两个婆子,也打着伞,提着灯,送了一大包燕窝来还有一包子洁粉梅片雪花洋糖——说:

"这比买的强。我们姑娘说:姑娘先吃着,完了再送来。"

黛玉回说:

"费心。"命她外头坐了吃茶。

婆子笑道：

"不喝茶了，我们还有事呢。"

黛玉笑道：

"我也知道你们忙。如今天又凉，夜又长，越发该会个夜局，赌两场了。"

一个婆子笑道：

"不瞒姑娘说，今年我沾了光了。横竖每夜有几个上夜的人，误了更又不好，不如会个夜局，又坐了更，又解了闷。今儿又是我的头家，如今园门关了，就该上场儿了。"

黛玉听了，笑道：

"难为你们。误了你们的发财，冒雨送来。"

命人给她们几百钱，打些酒吃，避避雨气。那两个婆子笑道：

"又破费姑娘赏酒吃。"

说着，磕了头，出外面接了钱，打伞去了。

紫鹃收起燕窝，然后移灯下帘，伏侍黛玉睡下。黛玉自在枕上感念宝钗，一时又羡她有母有兄；一回又想宝玉与我素昔和睦，终有嫌疑。又听见窗外竹梢蕉叶之上，雨声渐沥，清寒透幕，不觉又滴下泪来。直到四更，方渐渐的睡熟了。

① 狗长尾巴尖儿的好日子——指人的生日而言，是一种玩笑话。
② 扎窝子——形容某些人好聚在一处不分散，如同动物扎在一个窝中。这里说宝玉只爱好在家中人多处留恋。
③ 着三不着两——没有中心、有头无尾、忽东忽西、有一阵无一阵等意思。
④ 司马牛之叹——司马牛，孔子弟子。他因为没有兄弟而叹气。
⑤ 信子——这里是中心的签子的意思。

第四十六回　尷尬[①]人难免尷尬事
鸳鸯女誓绝鸳鸯偶

　　如今且说凤姐儿因见邢夫人叫她,不知何事,忙另穿戴了一番,坐车过来邢夫人将房内人遣出,悄悄向凤姐儿道:

　　"叫你来不为别的,有一件为难的事,老爷托我,我不得主意,先和你商议。老爷因看上了老太太屋里的鸳鸯,要她在房里,叫我和老太太讨去;我想这倒是常有的事,就怕老太太不给。你可有法子办这件事么?"

　　凤姐儿听了,忙陪笑道:

　　"依我说,竟别碰这个钉子去。老太太离了鸳鸯,饭也吃不下去,那里就舍得了?况且平日说起闲话来,老太太常说:老爷如今上了年纪,做什么左一个右一个的放在屋里?头宗耽误了人家的女孩儿,二则放着身子不保养,官儿也不好生做,成日和小老婆喝酒!太太听听,很喜欢咱们老爷么?这会子躲还怕躲不及,这不是'拿草棍儿戳老虎的鼻子眼儿'去吗?太太别恼,我是不敢去的。明放着不中用,而且反招出没意思来。老爷如今上了年纪,行事不免有点儿背晦,太太劝劝才是。比不得年轻,做这些事无碍。如今兄弟、侄儿、儿子、孙子一大群,还这么闹起来,怎么见人呢?"

　　邢夫人冷笑道:

　　"大家子三房四妾的也多,偏咱们就使不得?我劝了也未必依。就是老太太心爱的丫头,这么胡子苍白了又做了官的一个大儿子,要了做屋里人,也未必好驳回的。我叫了你来,不过商议商议,你先派了一篇的不是,也有叫你去的理?自然是我说去。你倒说我不劝!你还是不知老爷那性子的?劝不成,先和我闹起来!"

　　凤姐知道邢夫人禀性愚弱，只知奉承贾赦以自保，次则婪取财货为自得。家下一应大小事务，俱由贾赦摆布，凡出入银钱，一经她的手，便克扣异常。以贾赦浪费为名，须得我就中俭省，方可偿补。儿女奴仆，一人不靠，一言不听。如今又听说如此的话，便知她又弄左性子，劝也不中用了，连忙陪笑说道：

　　"太太这话说的极是。我能活了多大？知道什么轻重？想来父母跟前，别说一个丫头，就是那么大的一个活宝贝，不给老爷给谁？背地里的话，那里信的？——我竟是个傻子。拿着二爷说起：或有日得了不是，老爷太太恨的那样，恨不得立刻拿来，一下子打死；及至见了面，也罢了，依旧拿着老爷太太心爱的东西赏他。如今老太太待老爷，自然也是这么着。依我说，老太太今儿喜欢，要讨，今儿就讨去。我先过去哄着老太太，等太太过去了，我搭讪着走开，把屋子里的人我也带开，太太好和老太太说。给了，更好；不给，也没妨碍，众人也不能知道。"

　　邢夫人见她这般说，便又喜欢起来，又告诉她道：

　　"我的主意，先不和老太太说，老太太说不给，这事就死了。我心里想着：先悄悄的和鸳鸯说，——她虽害臊，我细细的告诉了她，她要是不言语，就妥了。那时再和老太太说。老太太虽不依，搁不住她愿意。常言'女大不中留'，自然这就妥了。"

　　凤姐儿笑道：

　　"到底是太太有智谋。这是千妥万妥。别说是鸳鸯，凭她是谁，那一个不想巴高望上，不想出头的？放着半个主子不做，倒愿意做丫头，将来配个小子，就完了呢！"

　　邢夫人笑道：

> 邢氏愚弱，凤姐精明，两婆媳一对照，就更突出。

　　"正是这个话了。别说鸳鸯，就是那些执事的大丫头，谁不愿意这样呢？你先过去，别露一点风声，我吃了晚饭就过来。"

　　凤姐儿暗想：

　　"鸳鸯素昔是个极有心胸气性的丫头，虽如此说，保不严她愿

581

意不愿意。我先过去了，太太后过去，她要依了，便没的话说；倘或不依，太太是多疑的人，只怕疑我走了风声，叫她拿腔作势的。那时太太又见应了我的话，羞恼变成怒，拿我出起气来，倒没意思。不如同着一齐过去了，她依也罢，不依也罢，就疑不到我身上了。"想毕，因笑道："才我临来，舅母那边送了两笼子鹌鹑，我吩咐他们炸了，原要赶太太晚饭上送过来。我才进大门时，见小子们抬车，说：'太太的车拔了缝，拿去收拾去了。'不如这会子坐了我的车，一齐过去倒好。"

邢夫人听了，便命人来换衣裳。凤姐忙着伏侍了一回，娘儿两个坐车过来。凤姐儿又说道：

"太太过老太太那里去，我要跟了去，老太太要问起我过来做什么，那倒不好；不如太太先去，我脱了衣裳再来。"

邢夫人听了有理，便自往贾母处来。和贾母说了一回闲话儿，便出来，假托往王夫人屋里去。从后屋门进去，打鸳鸯的卧房门前过，只见鸳鸯正坐在那里做针线，见了邢夫人，站起来，邢夫人笑道：

"做什么呢?"一面说，一面便过来接她手内的针线道："我看看你扎的花儿。"

看了一看，又道："越发好了。"遂放下针线，又浑身打量，只见她穿着半新的藕色绫袄，青缎掐牙坎肩儿，下面水绿裙子；蜂腰削背，鸭蛋脸，乌油头发，高高的鼻子，两边腮上微微的几点雀斑。

鸳鸯见这般看她，自己倒不好意思起来，心里便觉诧异，因笑问道：

"太太，这会子，不早不晚的，过来做什么?"

邢夫人使个眼色儿，跟的人退出。邢夫人便坐下，拉着鸳鸯的手，笑道：

"我特来给你道喜来的。"

鸳鸯听了，心中已猜着三分，不觉红了脸，低了头，不发一言，听邢夫人道：

"你知道，老爷跟前竟没了个可靠的人。心里再要买一个，又怕那些牙子家②出来的，不干不净，也不知道毛病儿，买了来，三日两日，又弄鬼掉猴的。因满府里要挑个家生女儿，又没个好的：不是模样儿不好，就是性子不好；有了这个好处，没有那个好处——。因此，常冷眼选了半年。这些女孩子里头，就只你是个尖儿：模样儿，行事做人，温柔可靠，一概是齐全的。意思要和老太太讨了你去，收在屋里。你比不得外头新买了来的，这一进去，就开了脸，就封你作姨娘，又体面，又尊贵。你又是个要强的人，俗语说的，'金子还是金子换'，谁知竟叫老爷看中了！你如今这一来，可遂了你素日心高志大的愿了，又堵一堵那些嫌你的人的嘴。跟了我回老太太去。"说着，拉了她的手就要走。

鸳鸯红了脸，夺手不行。邢夫人知她害臊，便又说道：

"这有什么臊的？又不用你说话，只跟着我就是了。"

鸳鸯只低头不动身。邢夫人见她这般，便又说道：

"难道你还不愿意不成？若果然不愿意，可真是个傻丫头了！放着主子奶奶不做，倒愿意做丫头？三年两年，不过配上一个小子，还是奴才。你跟我们去，你知道我的性子又好，又不是那不容人的人，老爷待你们又好。过一年半载，生个一男半女，你就和我并肩了。家里的人，你要使唤谁，谁还不动？现成主子不做去，错过了机会，后悔就迟了。"

鸳鸯只管低头，仍是不语。邢夫人又道：

"你这么个爽快人，怎么又这样积稹③起来？有什么不称心的地方儿，只管说，我管保你遂心如意就是了。"

鸳鸯仍不语。邢夫人又笑道：

"想必你有老子娘，你自己不肯说话，怕臊，你等她们问你呢？这也是理。等我问她们去，叫她们来问，你有话，只管告诉她们。"说毕，便往凤姐儿屋里来。

凤姐儿早换了衣裳，因屋内无人，便将此话告诉了平儿。平儿也摇头笑道：

"据我看来未必妥当。平常我们背着人说起话来,听她那个主意,未必肯。也只说着瞧罢了。"

凤姐儿道:

"太太必来这屋里商量。依了还犹可,要是不依,白讨个没趣儿,当着你们,岂不脸上不好看? 你说给他们炸些鹌鹑,再有什么配几样,预备吃饭。你且别处逛逛去,估量着走了,你再来。"

平儿听说,照样传给婆子们,便逍遥自在的往园子里来。

这里鸳鸯见邢夫人去了,必到凤姐房里商议去了,还必定有人来问她,不如躲了这里。因找了琥珀,道:

"老太太要问我,只说我病了,没吃早饭,往园子里逛逛就来。"

琥珀答应了,鸳鸯便往园子里来各处游玩,不想正遇见平儿。平儿见无人,便笑道:

"新姨娘来了?"

鸳鸯听了,便红了脸,说道:

"怪道,你们串通一气来算计我! 等着我和你主子闹去就是了!"

平儿见鸳鸯满脸恼意,自悔失言,便拉到枫树底下,坐在一块石上,把方才凤姐过去回来,所有的形景言词,始末原由,都告诉了她。鸳鸯红了脸,向平儿冷笑道:

"我只想咱们好! 比如袭人、琥珀、素云、紫鹃、彩霞、玉钏、麝月、翠墨,跟了史姑娘去的翠缕,死了的可人和金钏,去了的茜雪,连上你我:这十来个人,从小儿什么话儿不说? 什么事儿不做? 这如今因都大了,各自干各自的去了,我心里却仍是照旧:有话有事,并不瞒你们。这话我先放在你心里,且别和二奶奶说:别说大老爷要我做小老婆,就是太太这会子死了,他三媒六证的娶我去做大老婆,我也不能去!"

平儿方欲说话,只听山石背后哈哈的笑道:

"好个没脸的丫头,亏你不怕牙碜①!"

二人听了,不觉吃了一惊,忙起身向山后找寻,不是别人,却是袭人，笑着走了出来，问：

"什么事情？也告诉告诉我。"

说着，三人坐在石上。平儿又把方才的话说了。袭人听了，说道：

"这话，论理不该我们说：这个大老爷，真真太下作了！略平头正脸的，他就不能放手了。"

平儿道：

"你既不愿意，我教你个法儿。"

鸳鸯道：

"什么法儿？"

平儿笑道：

"你只和老太太说，就说已经给了琏二爷了，大老爷就不好要了。"

鸳鸯啐道：

"什么东西！你还说呢！前儿你主子不是这么混说？谁知应到今儿了！"

袭人笑道：

"她两个都不愿意，依我说，就和老太太说，叫老太太就说把你已经许了宝二爷了，大老爷也就死了心了。"

鸳鸯又是气，又是臊，又是急，骂道：

"两个坏蹄子！再不得好死的！人家有为难的事，拿着你们当做正经人，告诉你们，与我排解排解，饶不管，你们倒替换着取笑儿！你们自以为都有了结果了，将来都是做姨娘的！据我看来，天底下的事，未必都那么遂心如意的。你们且收着些儿罢，别忒乐过了头儿！"

二人见她急了，忙陪笑道：

"好姐姐！别多心！咱们从小儿都是亲姊妹一般，不过无人处偶然取个笑儿。你的主意，告诉我们知道，也好放心。"

鸳鸯道：

"什么主意! 我只不去就完了!"

平儿摇头道:"你不去,未必得干休。大老爷的性子,你是知道的。虽然你是老太太房里的人,此刻不敢把你怎么样,难道你跟老太太一辈子不成? 也要出去的。那时落了他的手,倒不好了。"

鸳鸯冷笑道:

"老太太在一日,我一日不离这里;若是老太太归西去了,他横竖还有三年的孝呢。没个娘才死了,他先弄小老婆的! 等过了三年,知道又是怎么个光景呢? 那时再说。纵到了至急为难,我剪了头发,做姑子去! 不然,还有一死! 一辈子不嫁男人,又怎么样? 乐得干净呢!"

平儿袭人笑道:

"真个这蹄子没了脸,越发信口儿都说出来了!"

鸳鸯道:

"已经这么着,腺会子怎么样? 你们不信,只管看着就是了! 太太才说了,找我老子娘去,我看她南京找去!"

平儿道:

"你的父母都在南京看房子,没上来。终久也寻的着;现在还有你哥哥嫂子在这里。——可惜你是这里的家生女儿,不如我们两个只单在这里。"

鸳鸯道:

> 鸳鸯、平儿、袭人三人是贾府三个俏丽乖巧的丫头,但性格不同,鸳鸯之"烈"于此可见。

"家生女儿怎么样?'牛不喝水强按头'吗? 我不愿意,难道杀我的老子娘不成?"

正说着,只见她嫂子从那边走来。袭人道:

"他们当时找不着你的爹娘,一定和你嫂子说了。"

鸳鸯道:

"这个娼妇,专管是个'六国贩骆驼'⑤的! 听了这话,她有个不奉承去的?"说话之间,已来到跟前,她嫂子笑道:"那里没有找到,姑娘跑了这里来。你跟了我来,我和你说话。"

平儿袭人都忙让坐。她嫂子只说："姑娘们请坐。找我们姑娘说句话。"

袭人平儿都装不知道，笑说：

"什么话？这么忙！我们这里猜谜儿呢，等猜了再去罢。"

鸳鸯道：

"什么话？你说罢。"

她嫂子笑道："你跟我来，到那里告诉你，横竖有好话儿。"

鸳鸯道：

"可是太太和你说的那话？"

他嫂子笑道：

"姑娘既知道，还奈何我？快来，我细细的告诉你。可是天大的喜事！"

鸳鸯听说，立起身来，照他嫂子脸上下死劲啐了一口，指着骂道：

"你快夹着你那毗嘴，离了这里，好多着呢！什么好话？又是什么喜事？怪道成日家羡慕人家的丫头做小老婆，一家子都仗着她横行霸道的，一家子都成了小老婆了！看的眼热了，也把我送往火坑里去！我若得脸呢，你们外头横行霸道，自己就封了自己是舅爷；我若不得脸，败了时，你们把忘八脖子一缩，生死由我去！"

一面骂，一面哭。平儿袭人拦着劝她。

她嫂子脸上下不来，因说道：

"愿意不愿意，你也好说，犯不着拉三扯四的。俗语说的好：'当着矮人，别说矮话。'姑娘骂我，我不敢还言；这二位姑娘并没惹着你，小老婆长，小老婆短，人家脸上怎么过的去？"

袭人平儿忙道：

"你倒别说这话。她也并不是说我们，你倒别拉三扯四的。你听见那位太太、太爷们封了我们做小老婆？况且我们两个也没有爹娘哥哥兄弟在这门子里，仗着我们横行霸道的！她骂的人，自由她骂去，我们犯不着多心！"

鸳鸯道：

"她见我骂了她，她臊了，没的盖脸，又拿话调唆你们两个！幸亏你们两个明白！原是我急了，也没分别出来，她就挑出这个空儿来！"

她嫂子自觉没趣，赌气去了。

鸳鸯气的还骂，平儿袭人劝她一回方罢了。平儿因问袭人道："你在那里藏着做什么？我们竟没有看见你。"

袭人道：

"我因为往四姑娘房里看我们宝二爷去了。谁知迟了一步，说是家去了，我疑惑怎么没遇见呢？想要往林姑娘家找去，又遇见她的人，说也没去。我这里正疑惑是出园子去了，可巧你从那里来了。我一闪，你也没看见。后来她又来了，我从这树后头走到山子石后，我却见你两个说话来了。谁知你们四个眼睛没见我！"

一语未了，又听身后笑道：

"四个眼睛没见你，你们六个眼睛还没见我呢！"

三人吓了一跳，回身一看，你道是谁？却是宝玉。袭人先笑道：

"叫我好找！你在那里来着？"

宝玉笑道：

"我打四妹妹那里出来，迎头看见你走了来，我想来必是找我去的，我就藏起来了哄你。看你扬着头过去了，进了院子，又出来了，逢人就问，我在那里好笑。等着你到了跟前，吓你一跳。后来见你也藏藏躲躲的，我就知道也是要哄人了。我探头儿往前看了一看，却是她们两个。我就绕到你身后头。你出去，我也躲在你躲的那里了。"

平儿笑道：

"咱们再往后找找去罢。只怕还找出两个人来，也未可知。"

宝玉笑道：

"这可再没有了。"

鸳鸯已知这话俱被宝玉听了，只伏在石头上装睡。宝玉推她，笑道：

"这石头上冷，咱们回屋里去睡，岂不好？"

说着，拉着鸳鸯来，又忙让平儿来家吃茶，和袭人都劝鸳鸯走，鸳鸯方立起身来。四人竟往怡红院来。宝玉将方才的话俱已听见，心中着实替鸳鸯不快，只默默的歪在床上，任她三人在外间说笑。

那边邢夫人因问凤姐儿鸳鸯的父亲。凤姐因说：

"她爹的名字叫金彩，两口子都在南京看房子，不大上来。她哥哥文翔现在是老太太的买办，她嫂子也是老太太那边浆洗上的头儿。"

邢夫人便命人叫了她嫂子金文翔的媳妇来细细说给她。那媳妇自是喜欢，兴兴头头去找鸳鸯，指望一说必妥；不想被鸳鸯抢白了一顿，又被袭人平儿说了几句。羞恼回来，便对邢夫人说：

"不中用。她骂了我一场。"因凤姐儿在旁，不敢提平儿，说："袭人也帮着抢白我，说了我许多不知好歹的话，回不得主子的。太太和老爷商议再买罢。谅那小蹄子也没有这么大福，我们也没有这么大造化。"

邢夫人听了，说道：

"又与袭人什么相干？她们如何知道呢？"又问："还有谁在跟前？"

金家的道：

"还有平姑娘。"

凤姐儿忙道：

"你应该拿嘴巴子把她打回来？我一出了门，她就逛去了；回家来，连个影儿也摸不着她！她必定也帮着说什么来着？"

金家的道：

"平姑娘倒没在跟前，远远的看看，倒像是她，——可也不真切，不过是我白忖度着。"

凤姐便命人去快找了她来：

"告诉我家来了，太太也在这里，叫她快着来。"

丰儿忙上来回道：

"林姑娘打发了人下请字儿，请了三四次，她才去了；奶奶一进门，我就叫她去的。林姑娘说：'告诉奶奶：我烦她有事呢。'"凤姐儿听了方罢，故意的还说：

"天天'烦她'！有什么事情？"

邢夫人无计，吃了饭回家，晚上告诉了贾赦。贾赦想了一想，即刻叫贾琏来，说：

"南京的房子还有人看着，不止一家，即刻叫上金彩来。"

贾琏回道：

"上次南京信来，金彩已经得了痰迷心窍，那边连棺材银子都赏了，不知如今是死是活；即便是活着，人事不知，叫来无用。他老婆子又是个聋子。"

贾赦听了，喝了一声，又骂：

"混帐！没天理的囚攮的！偏你这么知道！还不离了我这里！"

唬的贾琏退出。一时又叫传金文翔。贾琏在外书房伺候着，又不敢家去，又不敢见他父亲，只得听着。

一时，金文翔来了，小么儿们直带入二门里去，隔了四五顿饭的工夫，才出来去了。贾琏暂且不敢打听，隔了一会，又打听贾赦睡了，方才过来。至晚间，凤姐儿告诉他，方才明白。

且说鸳鸯一夜没睡，至次日，他哥哥回贾母接她家去逛逛，贾母允了，叫她家去。鸳鸯意欲不去，只怕贾母疑心，只得勉强出来。她哥哥只得将贾赦的话说给她，又许她怎么体面，又怎么当家做姨娘。鸳鸯只咬定牙不愿意。她哥哥无法，少不得回去回覆贾赦。贾赦恼起来，因说道：

"我说给你，叫你女人和她说去，就说我的话：自古'嫦娥爱少

年'，她必定嫌我老了，大约她恋着少爷们！多半是看上了宝玉，
——只怕也有贾琏。若有此心，叫她早早歇了！我要她不来，以后
谁敢收她？——这是一件。第二件：想着老太太疼她，将来外边聘
个正头夫妻去。叫她细想：凭她嫁到了谁家，也难出我的手心，除
非她死了，或是终身不嫁男人，我就服了她！要不然时，叫她趁早
回心转意，有多少好处！"

　　贾赦说一句，金文翔应一声"是"。

　　贾赦道：

　　"你别哄我！明儿还打发你太太过去问鸳鸯。你们说了，她不
依，便没你们的不是；若问她，她再依了，仔细你们的脑袋！"

　　金文翔忙应了又应，退出回来，也等不得告诉他女人转说，竟
自己对面说了这话。把个鸳鸯气的无话可回，想了一想，便说道：

　　"我便愿意去，也须得你们带了我回声老太太去。"

　　她哥嫂只当回想过来，都喜之不尽。她嫂子即刻带了她上来
见贾母。

　　可巧王夫人、薛姨妈、李纨、凤姐儿、宝钗等姊
妹并外头的几个执事有头脸的媳妇，都在贾母跟
前凑趣儿呢。鸳鸯看见，忙拉了她嫂子，在贾母跟
前跪下，一面哭一面说，把邢夫人怎么来说，园子

> 此回作者
> 写鸳鸯的"美"
> 和"烈"生动有
> 致。

里她嫂子怎么说，今儿她哥哥又怎么说，"因为不依，方才大老爷越
发说我恋着宝玉，不然，要等着往外聘，凭我到天上，这一辈子也跳
不出他的手心去，终久要报仇！我是横了心的！当着众人在这里，
我这一辈子，别说是宝玉，就是宝金，宝银，宝天王，宝皇帝，——横
竖不嫁人就完了！就是老太太逼着我，一刀子抹死了，也不能从
命！伏侍老太太归了西，我也不跟着我老子娘哥哥去，或是寻死，
或是剪了头发当姑子去！——要说我不是真心，暂且拿话支吾，这
不是天地鬼神日头月亮照着？嗓子里头长疔！"

　　原来这鸳鸯一进来时，便袖内带了一把剪子，一面说着，一面
回手打开头发就铰：众婆子丫鬟看见，忙来拉住，已剪下半绺来

了。众人看时，幸而她的头发极多，铰的不透，连忙替她挽上。

贾母听了，气的浑身打战，口内只说：

"我通共剩了这么一个可靠的人，他们还要来算计！"因见王夫人在旁，便向王夫人道："你们原来都是哄我的！外头孝顺，暗地里盘算我！有好东西也来要，有好人也来要，剩了这个毛丫头，见我待她好了，你们自然气不过，弄开了她，好摆弄我！"

王夫人忙站起来，不敢还一言。薛姨妈见连王夫人怪上，反不好劝的了；李纨一听见鸳鸯这话，早带了姊妹们出去；探春是有心的人，想王夫人虽有委屈，如何敢辩？薛姨妈现是亲妹妹，自然也不好辩；宝钗也不便为姨母辩；李纨、凤姐、宝玉一发不敢辩：这正用着女孩儿之时。迎春老实，惜春小，因此，窗外听了一听，便走进来，陪笑向贾母道：

"这事与太太什么相干？老太太想一想，也有大伯子的事，小婶子如何知道？"

话未说完，贾母笑道：

"可是我老糊涂了！姨太太别笑话我！你这个姐姐，她极孝顺，不像我们那大太太，一味怕老爷，婆婆跟前不过应景儿。可是我委屈了她！"

薛姨妈只答应"是"，又说：

"老太太偏心，多疼小儿子媳妇，也是有的。"

贾母道：

"不偏心。"因又说："宝玉，我错怪了你娘，你怎么也不提我，看着你娘受委屈？"

宝玉笑道：

"我偏着母亲说大爷大娘不成？通共一个不是，我母亲要不认，却推谁去？我倒要认是我的不是，老太太又不信。"

贾母笑道：

"这也有理。你快给你娘跪下，你说：太太别委屈了，老太太有年纪了，看着宝玉罢。"

宝玉听了,忙走过来,便跪下要说。王夫人忙笑着,拉起他来,说:

"快起来!断乎使不得!难道替老太太给我赔不是不成?"

宝玉听说,忙站起来。

贾母又笑着道:

"凤姐儿也不提我!"

凤姐笑道:

"我倒不派老太太的不是,老太太倒寻上我了。"

贾母听了,和众人都笑道:

"这可奇了,倒要听听这个不是。"

凤姐道:

"谁叫老太太会调理人?调理的水葱儿似的,怎么怨得人要?我幸亏是孙子媳妇;我若是孙子,我早要了,还等到这会子呢!"

贾母笑道:

"这倒是我的不是了?"

凤姐笑道:

"自然是老太太的不是了。"

贾母笑道:

"这么着,我也不要了,你带了去罢。"

凤姐儿道:

"等着修了这辈子,来生托生男人,我再要罢。"

贾母笑道:

"你带了去,给琏儿放在屋里,看你那没脸的公公还要不要了!"

凤姐儿道:

"琏儿不配,就只配我和平儿这一对'烧糊了的卷子'和他混罢咧。"

说的众人都笑起来了。

丫头回说:

"大太太来了。"

王夫人忙迎出去,邢夫人犹不知贾母已知鸳鸯之事,正还又来打听信息,进了院门,早有几个婆子悄悄的回了她,她才知道。待要回去,里面已知,又见王夫人接出来了,少不得进来,先与贾母请安。贾母一声儿不言语。自己也觉得愧悔。凤姐儿早指一事回避了。鸳鸯也自回房去生气。薛姨妈王夫人等恐碍着邢夫人的脸面,也都渐渐的退了。邢夫人且不敢出去。贾母见无人,方说道:

"我听见你替你老爷说媒来了?你倒也'三从四德'的,只是这贤惠也太过了!你们如今也是孙子儿子满眼了,你还怕他使性子?我听见你还由着你老爷的那性子闹。"

邢夫人满面通红,回道:

"我劝过几次不依。老太太还有什么不知道的呢?我也是不得已儿。"

贾母道:

"他逼着你杀人,你也杀去?如今你也想想:你兄弟媳妇,本来老实,又生的多病多痛,上上下下,那不是他操习?你一个媳妇虽然帮着,也是天天'丢下钯儿弄扫帚'[⑥]。凡百事情,我如今自己灭了。她们两个就有些不到的去处,有鸳鸯那孩子还心细些,我的事情,她还想着一点子。该要的,她就要了来;该添什么,她就趁空儿告诉她们添了。鸳鸯再不这么着,娘儿两个,里头外头,大的小的,那里不忽略一件半件?我如今反倒自己操心去不成?还是天天盘算,向他们要东要西去?我这屋里,有的没有的,剩了她一个,年纪也大些;我凡做事的脾气性格儿,她还知道些。她二则也还投主子的缘法,她也并不指着我和那位太太要衣裳去,又和那位奶奶要银子去。所以这几年,一应事情,她说什么,从你小婶和你媳妇起至家下大大小小,没有不信的。所以不单我得靠,连你小婶媳妇也都省心。我有了这么个人,就是媳妇孙子媳妇想不到的,我也不得缺了,也没气可生了。这会子,她去了,你们又弄什么人来我使?你们就弄她那么个真珠儿似的人来,不会说话也无用。我正要打发人和你老爺說去，他要什麼人，我這裡有錢，叫他只管一萬八千的買去就是；要這個丫頭，不能！留下她伏侍我幾年，就和他日夜伏侍我，盡了孝的一樣。你來的也巧，就說去，更妥當了。"說畢，命人來："請了姨太太和你姑娘們來。才高興說個話兒，怎麼又都散了？"

丫頭忙答應找去了。眾人趕忙的又來，只有薛姨媽向那丫鬟道：

"我才來了，又做什麼去？你就說我睡了。"

那丫頭道：

"好親親的姨太太，姨祖宗！我們老太太生氣呢！你老人家不去，沒個開交了。只當疼我們罷！你老人家怕走，我背了你老人家去。"

薛姨媽笑道：

"小鬼頭兒，你怕什麼？不過罵幾句就完了。"

說著，只得和這小丫頭子走來。賈母忙讓坐，又笑道：

"咱們鬥牌罷。姨太太的牌也生了，咱們一處坐著，別叫鳳丫頭混了我們去。"

薛姨媽笑道：

"正是呢，老太太替我看著些兒。就是咱們娘兒四個鬥呢，還是添一兩個人呢？"

王夫人笑道："可不只四個人？"

鳳姐兒道：

"再添一個人熱鬧些。"

賈母道：

"叫鴛鴦來。叫她在這下手裡坐著。姨太太的眼花了，咱們兩個的牌都叫她看著些兒。"

鳳姐笑了一聲，向探春道：

"你們知書識字的，倒不學算命？"

探春道：

"这又奇了,这会子你不打点精神,赢老太太几个钱,又想算命?"

凤姐儿道:

"我正要算算今儿该输多少,我还想赢呢! 你瞧瞧,场儿没上,左右都埋伏下了。"说的贾母薛姨妈都笑起来。

一时,鸳鸯来了,便坐在贾母下首。鸳鸯之下便是凤姐儿。铺下红毡,洗牌告么⑦,五人起牌,斗了一回,鸳鸯见贾母的牌已十成,只等一张二饼,便递了暗号与凤姐儿。凤姐儿正该发牌,便故意蹉踏了半响,笑道:

"我这一张牌定在姨妈手里扣着呢,我若不发这一张牌,再顶不下来的。"

薛姨妈道:

"我手里并没有你的牌。"

凤姐儿道:

"我回来是要查的。"

薛姨妈道:

"你只管查。你且发下来,我瞧瞧是张什么。"

凤姐儿便送在薛姨妈跟前。薛姨妈一看是个二饼,便笑道:

"我倒不稀罕它,只怕老太太满了。"

凤姐听了,忙笑道:

"我发错了!"

贾母笑的已掷下牌来,说:

"你敢拿回去! 谁叫你错的不成?"

凤姐儿道:

"可是我要算一算命,这是自己发的,也怨不得人了!"

贾母笑道:

"可是你自己打着你那嘴,问着你自己才是!"又向薛姨妈笑道:

"我不是小气钱爱赢,原是个彩头儿。"

596

薛姨妈笑道:"我们可不是这样想? 那里有那样糊涂人,说老太太爱钱呢?"

凤姐儿正数着钱,听了这话,忙又把钱穿上了,向众人笑道:

"够了我的了! 竟不为赢钱,单为赢彩头儿。 我到底小气,输了就穿钱,快收起来罢。"

贾母规矩是鸳鸯代洗牌的,便和薛姨妈说笑。 不见鸳鸯动手。贾母道:

"你怎么恼了,连牌也不替我洗?"

鸳鸯拿起牌来笑道:

"二奶奶不给钱么?"

贾母道:

"她不给钱,那是她交运了!"

便命小丫头把她那一吊钱都拿过来。小丫头真就拿了,搁在贾母旁边。凤姐儿笑道:

"赏我罢! 照数儿给就是了。"

薛姨妈笑道:

"果然凤姐儿小器,不过玩儿罢了。"

凤姐儿听说,便站起来,拉住薛姨妈,回头指着贾母素日放钱的一个木箱子,笑道:

"姨妈瞧瞧! 那个里头不知玩了我多少去了! 这一吊钱,玩不了半个时辰,那里头的钱就招手儿叫它了,只等把这一吊也叫进去,牌也不用斗了,老祖宗气也平了,又有正经事差我办去了。"

话未说完,引的贾母众人笑个不住。正说着,偏平儿怕钱不够,又送了一吊来,凤姐儿道:

"不用放在我跟前,也放在老太太的那一处罢。 一齐叫进去倒省事,不用做两次,叫箱子里的钱费事。"

贾母笑的手里的牌撒了一桌子,推着鸳鸯,叫:

"快撕她的嘴!"

平儿依言放下钱,也笑了一回,方回来。至院门前,遇见贾琏

问她:

"太太在那里呢?老爷叫我请过去呢。"

平儿忙笑道:

"在老太太跟前站了这半日,还没动呢。趁早儿丢开手罢。老太太生了半日气,这会子,亏二奶奶凑了半日的趣儿才略好了些。"

贾琏道:

"我过去,只说讨老太太示下,十四往赖大家去不去,好预备轿子。又请了太太,又凑了趣儿,岂不好呢?"

平儿笑道:

"依我说,你竟别过去罢。合家子,连太太宝玉都有了不是,这会子你又填限®去了。"

贾琏道:

"已经完了,难道还找补不成?况且与我又无干。二则老爷亲自吩咐我请太太去。这会子我打发了人去,倘或知道了,正没好气呢,指着这个,拿我出气罢。"说着,就走。

平儿见他说的有理,也就跟了贾琏过来。到了堂屋里,便把脚步放轻了,往里间探头,只见邢夫人站在那里,凤姐儿眼尖,先瞧见了,便使眼色儿,不命他进来;又使眼色与邢夫人。邢夫人不便就走,只得倒了一碗茶来放在贾母跟前。贾母一回身,贾琏不防,便没躲过。贾母便问:

"外头是谁?倒像个小子一伸头的似的。"

凤姐儿忙起身说:

"我也恍惚看见有一个人影儿。"一面说,一面起身出来。

贾琏忙进去,陪笑道:

"打听老太太十四可出门,好预备轿子。"

贾母道:

"既这么样,怎么不进来,又做神做鬼的?"

贾琏陪笑道:

"见老太太玩牌,不敢惊动,不过叫媳妇出来问问。"

賈母道：

"就忙到這一時？等她家去，你問她，多少問不得？那一遭兒你怎麼小心來？這又不知是來做耳報神的，也不知是來做探子的。鬼鬼祟祟，倒嚇我一跳！什麼好下流種子！你媳婦和我玩牌呢，還有半日的空兒。你家去再和那趙二家的商量治你媳婦去罷！"說著，眾人都笑了。

鴛鴦笑道：

"鮑二家的，老祖宗又拉上趙二家的去。"

賈母也笑道：

"可不？我那裏記得什麼'抱著背著'的？提起這些事來，不由我不生氣！我進了這門子，做重孫媳婦起，到如今，我也有個重孫子媳婦了。連頭帶尾，五十四年，憑著大驚大險千奇百怪的事，也經了些，從沒經過這些事！還不離了我這裏呢！"

賈璉一聲兒不敢說，忙退出來。平兒在窗外站著，悄悄的笑道：

> 賈母世故風趣，與鴛鴦一搭檔便更有趣，"什麼抱著背著的"的話，諧而不虐；平兒說的"到底碰在網裏了"，都是極妙的語言。

"我說你不聽，到底碰在網裏了！"

正說著，只見邢夫人也出來。賈璉道：

"都是老爺鬧的！如今都擱在我和太太身上！"

邢夫人道：

"我打你這沒孝心的種子！人家還替老子死呢，白說了幾句，你就抱怨天抱怨地了。你還不好好的呢！這幾日生氣，仔細他捶你！"

賈璉道：

"太太快過去罷，叫我來請了好半日了。"

說著，送他母親出來，過那邊去。

邢夫人將方才的話只略說了幾句，賈赦無法，又且含愧。自此，便告了病，且不敢見賈母，只打發邢夫人及賈璉每日過去請安。只得又各處遣人購求尋覓，終久費了五百兩銀子買了一個十七岁女孩子来，名唤嫣红，收在屋里。不在话下。

这里斗了半日牌，吃晚饭才罢。此一二日间无话。

① 尴尬——行为不正或下流的意思，事情多生枝节而难处理的，也叫尴尬。

② 牙子家——牙子，也叫牙人，又名牙行。就是各行商业中垄断的中间经纪人。这里所说的牙子家是指买卖人口的人牙子。

③ 积稳——不爽直痛快的意思。也说滞粘。

④ 牙碜——沙子吃到嘴里使牙齿感觉难受。一种噪音听着使人皮肤起粟也叫牙碜。这里是说话令人肉麻的意思。

⑤ 六国贩骆驼——嘲笑到处管闲事或善于兜揽生意的。

⑥ 丢下钯儿弄扫帚——搁下这样，又做那样，就是说事情总做不完。

⑦ 告么——斗纸牌定庄(从谁起始)时，在座每人翻牌一张，谁的点数在最前，谁算庄家。点数次序是从么到九，所以决定先后叫作告么。

⑧ 填限——填空缺，空作牺牲的意思。这里有代别人抵空去找霉倒的意思。

第四十七回　呆霸王调情遭苦打
冷郎君惧祸走他乡

　　转眼到了十四，黑早，赖大的媳妇又进来请，贾母高兴，便带了王夫人薛姨妈及宝玉姐妹等至赖大花园中坐了半日。那花园虽不及大观园，却也十分齐整宽阔，泉石林木，楼台亭轩，也有好几处动人的。外面大厅上，薛蟠、贾珍、贾琏、贾蓉并几个近族的都来了。那赖大家内也请了几个现任的官长，并几个大家子弟作陪。因其中有个柳湘莲，薛蟠自上次会过一次，已念念不忘；又打听他最喜串戏，且都串的是生旦风月戏文，不免错会了意，误认他做了"风月子弟"，正要与他相交，恨没个引进：这一天可巧遇见，乐得无可不可；且贾珍等也慕他的名，酒盖住了脸，就求他串了两出戏；下来，移席和他一处坐着，问长问短，说东说西。

　　那柳湘莲原是世家子弟，读书不成，父母早丧，素性爽侠，不拘细事，酷好耍枪舞剑，赌博吃酒，以至眠花卧柳，吹笛弹筝，无所不为。因他年纪又轻，生得又美，不知他身分的人，都误认作优伶一类。那赖大之子赖尚荣与他素昔交好，故今儿请来做陪。不想酒后别人犹可，独薛蟠又犯了旧病。心中早已不快，得便意欲走开完事。无奈赖尚荣又说：

　　"方才宝二爷又嘱咐我：才一进门，虽见了只是人多不好说话，叫我嘱咐你散的时候别走，他还有话说呢。你既一定要去，等我叫出他来，你两个见了再走，与我无干。"

　　说着，便命小厮们到里头找一个老婆子悄悄告诉，请出宝二爷来。那小厮去了没一杯茶时候，果见宝玉出来了。赖尚荣向宝玉笑道：

601

"好叔叔,把他交给你,我张罗人去了。"

说着,已经去了,宝玉便拉了柳湘莲到厅侧书房坐下,问他这几日可到秦钟的坟上去了。湘莲道:

"怎么不去?前儿我们几个放鹰去,离他坟上还有二里,我想今年夏天雨水勤,恐怕他坟上站不住,我背着众人走到那里去瞧了一瞧,略又动了一点子。回家来,就便弄了几百钱,第三日一早出去,两个人收拾好了。"

宝玉说:

"怪道呢。上月我们大观园的池子里头结了莲蓬,我摘了十个,叫焙茗出去,到坟上供他去。回来我也问他可被雨冲坏了没有,他说:'不但没冲,更比上回新了些。'我想着必是这几个朋友新收拾了。我只恨我天天圈在家里,一点儿做不得主,行动就有人知道,不是这个拦,就是那个劝的,能说不能行!虽然有钱,又不由我使!"

柳湘莲道:

"这个事也用不着你操心,外头有我,你只心里有了就是了。眼前十月初一日,我已经打点下上坟的花消。你知道我一贫如洗,家里是没的积聚的,总有几个钱来,随手就光的,不如趁空儿留下这一份,省的到了跟前扎煞手^①。"

宝玉道:

"我也正为这个要打发焙茗找你,你又不大在家。知道你天天萍踪浪迹,没个一定的去处。"

柳湘莲道:

"你也不用找我,这个事也不过各尽其道。眼前我还要出门去走走,外头游逛,三年五载再回来。"

宝玉听了,忙问:

"这是为何?"

柳湘莲冷笑道:

"我的心事,等到跟前,你自然知道!我如今要别过了。"

宝玉道：

"好容易会着，晚上同散，岂不好？"

湘莲道：

"你那令姨表兄还是那样，再坐着，未免有事，不如我回避了倒好。"

宝玉想一想，说道：

"既是这么样，倒是回避他为是。只是你要果真远行，必须先告诉我一声，千万别悄悄的去了！"说着，便滴下泪来。

柳湘莲说道：

"自然要辞你去，你只别和别人说就是了。"说着，就站起来要走，又道："你就进去罢，不必送我。"

一面说，一面出了书房，刚至大门前，早遇见薛蟠在那里乱叫：

"谁放了小柳儿走了！"

柳湘莲听了，火星乱迸，恨不得一拳打死；复思酒后挥拳，又碍着赖尚荣的脸面，只得忍了又忍。薛蟠忽见他走出来，如得了珍宝，忙趔趄着走上去，一把拉住，笑道：

"我的兄弟！你往那里去了？"

湘莲道：

"走走就来。"

薛蟠笑道：

"你一去都没了兴头了，好歹坐一坐，就算疼我了！凭你什么要紧的事，交给哥哥，只别忙。你有这个哥哥，你要做官发财都容易！"

湘莲见他如此不堪，心中又恨又恼，早生一计，拉他到僻静处，笑道：

"你真心和我好，还是假心和我好呢？"

薛蟠听见这话，喜得心痒难挠，也斜着眼，笑道：

"好兄弟！你怎么问起我这样话来？我要是假心，立刻死在眼前！"

湘莲道:

"既如此,这里不便;等坐一坐,我先走,你随后出来,跟到我下处,咱们索性喝一夜酒。我那里还有两个绝好的孩子,从没出门^②的。你可连一个跟的人也不用带,到了那里,伏侍人都是现成的。"

薛蟠听如此说,喜的酒醒了一半,说:

"果然如此?"

湘莲笑道:

"如何? 人拿真心待你,你倒不信了!"

薛蟠忙笑道:

"我又不是呆子,怎么有个不信的呢? 既如此,我又不认得,你先去了,我在那里找你?"

湘莲道:

"我这下处在北门外头。你可舍得家,城外住一夜去?"

薛蟠道:

"有了你,我还要家做什么?"

湘莲道:

"既如此,我在北门外头桥上等你。咱们席上且吃酒去。你看我走了之后你再走,他们就不留神了。"

薛蟠听了,连忙答应道:

"是。"二人复又入席饮了一回。那薛蟠难熬,只拿眼看湘莲,心内越想越乐。左一壶,右一壶,并不用人让,自己就吃了又吃,不觉酒有八九分了。

湘莲就起身出来,瞅人不防,出至门外,命小厮杏奴:"先家去罢,我到城外就来。"说毕,已跨马直出北门,桥上等候薛蟠。一顿饭的工夫,只见薛蟠骑着一匹马,远远的赶了来,张着嘴,瞪着眼,头似拨浪鼓一般,不住左右乱瞧。及至从湘莲马前过去,只顾往远处瞧,不曾留心近处。湘莲又笑又恨他,便也撒马随后跟来。薛蟠往前看时,渐渐人烟稀少,便又圈马回来。再不想一回头见了湘莲,如获奇珍,忙笑道:

"我说你是个再不失信的!"

湘莲笑道:

"快往前走,仔细人看见跟了来就不好了!"

说着,先就撒马前去。薛蟠也就紧紧跟来。

湘莲见前面人烟已稀,且有一带苇塘,便下马,将马拴在树上,向薛蟠笑道:

"你下来,咱们先设个誓。日后要变了心,告诉别人的,就应誓。"

薛蟠笑道:

"这话有理。"

连忙下了马,也拴在树上,便跪下说道:

"我要日久变心,告诉人去的,天诛地灭!"

一言未了,只听镗的一声,背后好似铁锤砸下来,只觉得一阵黑,满眼金星乱迸,身不由己,就倒在地下了。湘莲走上来瞧瞧,知道他是个不惯挨

> 作者写柳湘莲苦打薛蟠,别具匠心,幽默风趣,最后又用贾蓉来调侃薛蟠,令人会心一笑。比《水浒传·鲁提辖拳打蒋门神》手法更细腻,是一大妙笔。

打的,只使了三分气力,向他脸上拍了几下, 登时便开了果子铺 ③。薛蟠先还要扎挣起身,又被湘莲用脚尖点了一点,仍旧跌倒,口内说道:

"原来是两家情愿! 你不依,只管好说,为什么哄出我来打我?"一面说,一面乱骂。

湘莲道:

"我把你这瞎了眼的! 你认认柳大爷是谁! 你不说哀求,你还伤我! 我打死你也无益,只给你个利害罢!"说着,便取了马鞭过来,从背后至胫,打了三四十下。薛蟠的酒早已醒了大半,不觉得疼痛难禁,由不的"嗳哟"一声。

湘莲冷笑道:

"也只如此! 我只当你是不怕打的!"一面说,一面又把薛蟠的左腿拉起来向苇中泞泥处拉了几步,滚的满身泥水,又问道:

"你可认得我了?"

薛蟠不应,只伏着哼哼。湘莲又掷下鞭子,用拳头向他身上擂了几下。薛蟠便乱滚乱叫,说:

"肋条折了! 我知道你是正经人,因为我错听了旁人的话了!"

湘莲道:

"不用拉旁人,你只说现在的!"

薛蟠道:

"现在也没什么说的! 不过你是个正经人,我错了!"

湘莲道:

"还要说软些,才饶你!"

薛蟠又哼哼的道:

"好兄弟——"

湘莲便又一拳。薛蟠"嗳"了一声,道:

"好哥哥——"

湘莲又连两拳。薛蟠忙嗳哟叫道:

"好老爷! 饶了我这没眼睛的瞎子罢! 从今以后,我敬你怕你了!"

湘莲道:

"你把那水喝两口!"

薛蟠一面听了,一面皱眉道:

"这水实在腌脏,怎么喝的下去!"

湘莲举拳就打。薛蟠忙道:

"我喝! 我喝!"

说着,只得俯头向苇根下喝了一口,犹未咽下去,只听哇的一声,把方才吃的东西都吐了出来。湘莲道:

"好腌脏东西! 你快吃完了,饶你!"

薛蟠听了,叩头不迭,说:

"好歹积阴功饶我罢! 这至死不能吃的!"

湘莲道:

"这么气息,倒薰坏了我!"说着,丢下了薛蟠,便牵马认镫④去了。

这里薛蟠见他已去，方放下心来，后悔自己不该误认了人。待要挣扎起来，无奈遍体疼痛难禁。

谁知贾珍等席上忽不见了他两个，各处寻找不见。有人说："恍惚出北门去了。"薛蟠的小厮素日是惧他的，他吩咐了不许跟去，谁敢找去？后来还是贾珍不放心，命贾蓉带着小厮们寻踪问迹的，直找出北门，下桥二里多路，忽见苇坑旁边薛蟠的马拴在那里。众人都道："好了！有马必有人！"一齐来至马前，只听苇中有人呻吟。大家忙走来一看，只见薛蟠的衣衫零碎，面目肿破，没头没脸，遍身内外，滚的似个泥母猪一般。

贾蓉心内已猜着八九了，忙下马命人揪了起来，笑道：

"薛大叔天天调情，今日调到苇子坑里，必定是龙王爷也爱上你风流，要你招驸马去，你就碰到龙犄角上了！"

薛蟠羞的没地缝儿钻进去，那里爬的上马去？贾蓉命人赶到关厢雇了一乘小轿子，薛蟠坐了，一齐进城。贾蓉还要抬往赖家去赴席，薛蟠百般苦告，央及他不用告诉人，贾蓉方依允了，让他各自回家。贾蓉仍往赖家回覆贾珍并方才的形景。贾珍也知湘莲所打，也笑道："他须得吃个亏才好！"至晚散了，便来问候。薛蟠自在卧房将养，推病不见。

贾母等回来，各自归家时，薛姨妈与宝钗见香菱哭的眼睛肿了，问起原故，忙来瞧薛蟠时，脸上身上虽见伤痕，并未伤筋动骨。薛姨妈又是心疼，又是发恨，骂一回薛蟠，又骂一回湘莲。意欲告诉王夫人，遣人寻拿湘莲。宝钗忙劝道：

"这不是什么大事，不过他们一处吃酒，酒后反脸常情。谁醉了，多挨几下子打，也是有的。况且咱们家的无法无天的人，也是人所共知的。妈妈不过是心疼的原故。要出气也容易，等三五天，哥哥好了，出得去的时候，那边珍大爷琏二爷这干人，也未必白丢开手，自然备个东道，叫了那个人来，当着众人替哥哥赔不是认罪就是了。如今妈妈先当件大事，告诉众人，倒显的妈妈偏心溺爱，纵容他生事招人;今儿偶然吃了一次亏,妈妈就这样兴师动众,倚着亲戚之势,欺压常人。"

薛姨妈听了道:

"我的儿,到底是你想的到,我一时气糊涂了!"

宝钗笑道:

"这才好呢。他又不怕妈妈,又不听人劝,一天纵似一天;吃过两三个亏,他也罢了。"

薛蟠睡在炕上,痛骂湘莲,又命小厮去拆他的房子,打死他,和他打官司。薛姨妈喝住小厮们,只说:"湘莲一时酒后放肆,如今酒醒,后悔不及,惧罪逃走了。"

薛蟠听见如此说了,气方渐平。三五日后,疼痛难愈,伤痕未平,只装病在家,愧见亲友。

① 扎煞手——手指伸张,引申为没办法。

② 出门——指交际应酬。当时社会风气很坏,有一种名为"相公'的男妓,这里上文所说的"两个绝好的孩子",就指的那种人。"从没出门的",是说只在家里接客,向不出外应酬的。

③ 开了果子铺——被打得青一块紫一块,皮破血流,好像水果铺里水果的五颜六色。

④ 认镫——找着鞍镫踏上去。

第四十八回　滥情人情误思游艺
慕雅女雅集苦吟诗

　　展眼已到十月，因有各铺面伙计内有算年帐要回家的，少不得家里治酒钱行。内有一个张德辉，自幼在薛蟠当铺内揽总，家内也有了二三千金的过活，今岁也要回家，明春方来。因说起：

　　"今年纸扎香料短少，明年必是贵的。明年先打发大小儿上来，当铺里照管，赶端阳前，我顺路就贩些纸扎香扇来卖。除去关税花销，稍亦可以剩得几倍利息。"

　　薛蟠听了，心下忖度：

　　"如今我挨了打，正难见人，想着要躲避一年半载，又没处去躲，天天装病，也不是常法儿。况且我长了这么大，文不文，武不武，虽说做买卖，究竟戥子、算盘，从没拿过；地土风俗，远近道路，又不知道。不如也打点几个本钱，和张德辉逛一年来。赚钱也罢，不赚钱也罢，且躲躲羞去。二则逛逛山水。也是好的。"

　　心内主意已定，至酒席散后，便和气平心，与张德辉说知，命他等一二日，一同前往。

　　晚间，薛蟠告诉他母亲。薛姨妈听了，虽是喜欢，但又恐他在外生事，花了本钱，倒是末事，因此，不叫他去，只说：

　　"你好歹跟着我，我还放心些。况且也不用这个买卖，等不着这几百银子使。"薛蟠主意已定，那里肯依？只说：

　　"天天又说我不知世务，这个也不知，那个也不学；如今我发狠把那些没要紧的都断了，如今要成人立事，学习买卖，又不准我！叫我怎么样呢？我又不是个丫头，把我关在家里，何日是个了手？况且那张德辉又是个有年纪的，咱们和他是世家，我问他，怎么得

609

有错？我就有一时半刻不好的去处，他自然说我劝我，就是东西贵贱行情，他是知道的，自然色色问他，何等顺利？倒不叫我去！——过两日，我不告诉家里，私自打点了走！明年发了财回来，才知道我呢！"说毕，赌气睡觉去了。

薛姨妈听他如此说，因和宝钗商议。宝钗笑道：

"哥哥果然要经历正事，倒也罢了；只是他在家里说着好听，到了外头，旧病复发，难拘束他了。——但也愁不得许多。他若是真改了，是他一生的福；若不改，妈妈也不能又有别的法子。一半尽人力，一半听天罢了。这么大人了，若只管怕他不知世路，出不得门，干不得事，今年关在家里，明年还是这个样儿。他既说的名正言顺，妈妈就打量着，丢了一千八百银子，竟交与他试一试。横竖有伙计帮着他，也未必好意思哄骗他的。二则他出去了，左右没了助兴的人，又没有倚仗的人，到了外头，谁还怕谁？有了的吃，没了的饿着，举眼无靠，他见了这样，只怕比在家里省了事也未可知。"

薛姨妈听了，思忖半晌，道：

"倒是你说的是。花两个钱，叫他学些乖来也值。"商议已定，一宿无话。

至次日，薛姨妈命人请了张德辉来，在书房中，命薛蟠款待酒饭。自己在后廊下，隔着窗子，千言万语，嘱托张德辉照管照管。张德辉满口应承，吃过饭，告辞，又回说：

"十四日是上好出行日期，大世兄即刻打点行李，雇下骡子，十四日一早就长行了。"

薛蟠喜之不尽，将此话告诉了薛姨妈。

薛姨妈和宝钗香菱并两个年老的嬷嬷，连日打点行装，派下薛蟠之奶公老苍头一名，当年谙事旧仆二名，外有薛蟠随身常使小厮二名。主仆一共六人，雇了三辆大车，单拉行李使物，又雇了四个长行骡子。薛蟠自骑一匹家内养的铁青大走骡，外备一匹坐马。诸事完毕，薛姨妈宝钗等连夜劝戒之言，自不必备说。

至十三日，薛蟠先去辞了他母舅，然后过来辞了贾宅诸人，贾珍等未免又有饯行之说,也不必细述。至十四日一早,薛姨妈宝钗等直同薛蟠出了仪门,母女两个,四只眼看他去了,方回来。

薛姨妈上京带来的家人不过四五房,并两三个老嬷嬷、小丫头,今跟了薛蟠一去,外面只剩了一两个男子。因此,薛姨妈即日到书房将一应陈设玩器并帘帐等物,尽行搬进来收贮,命两个跟去的男子之妻,一并也进来睡觉。又命香菱将她屋里也收拾严紧,"将门锁了,晚上和我去睡。"

宝钗道:

"妈妈既有这些人作伴,不如叫菱姐姐和我作伴去。我们园里又空,夜长了,我每夜做活,越多一个人,岂不越好?"

薛姨妈笑道:

"正是,我忘了,原该叫她和你去才是。我前日还和你哥哥说:文杏又小,到三不着两的;莺儿一个人,不够伏侍的。还要买一个丫头来你使。"

宝钗道:

"买的不知底里,倘或走了眼,花了钱事小,没的淘气。倒是慢慢打听着,有知道来历的,买个还罢了。"

一面说,一面命香菱收拾了衾褥妆奁,命一个老嬷嬷并臻儿送到蘅芜院去,然后宝钗和香菱才同回园中来。

香菱向宝钗道:

"我原要和太太说的,等大爷去了,我和姑娘做伴去,我又恐怕太太多心,说我贪着园里来玩,谁知你竟说了!"

宝钗笑道:

"我知道你心里羡慕这园子,不是一日两日的了,只是没有个空儿。每日来一趟,慌慌张张的,也没趣儿,所以趁着机会,越发住上一年,我也多个做伴的,你也遂了你的心。"

香菱笑道:

"好姑娘!趁着这个工夫,你教给我做诗罢!"

宝钗笑道:

"你说你'得陇望蜀'呢。我劝你且缓一缓。今儿头一日进来，先出园东角门，从老太太起，各处各人，你都瞧瞧，问候一声儿，也不必特意告诉我们搬进园来。若有提起因由儿的，你只带口说我带了你进来做伴儿就完了。回来进了园，再到各姑娘房里走走。"

香菱应着，才要走时，只见平儿忙忙的走来。香菱忙问了好，平儿只得陪笑相问。宝钗因向平儿笑道：

"我今儿把她带了来做伴儿，正要回你奶奶一声儿。"

平儿笑道：

"姑娘说的是那里的话？我竟没话答言了。"

宝钗道：

"这才是正理。'店房有个主人，庙里有个住持。'虽不是大事，到底告诉一声，就是园里坐更上夜的人，知道添了她，他们也好关门候户的了。你回去就告诉一声罢，我不打发人说去了。"

平儿答应着，因又向香菱道：

"你既来了，也不拜拜街坊去吗？"

宝钗笑道：

"我正叫她去呢。"

平儿道：

"你且不必往我们家去。二爷病了在家里呢。"

香菱答应着去了，先从贾母处来，不在话下。

且说平儿见香菱去了，就拉宝钗悄悄说道：

"姑娘可听见我们的新闻没有？"

宝钗道：

"我没听见新闻。因连日打发我哥哥出门，所以你们这里的事，一概不知道，连姐妹们这两天没见。"

平儿笑道：

"老爷把二爷打的动不得，难道姑娘就没听见吗？"

宝钗道：

"早起恍惚听见了一句，也信不真。我也正要瞧你奶奶去呢，不想你来。又是为了什么打他?"

平儿咬牙骂道:

"都是那什么贾雨村,半路途中,那里来的饿不死的野杂种!认了不到十年,生了多少事出来! 今年春天,老爷不知在那个地方看见几把旧扇子,回家来,看家里所有收着的这些好扇子,都不中用了,立刻叫人各处搜求。谁知就有个不知死的冤家,混号儿叫做石头呆子,穷的连饭也没的吃,偏偏他家就有二十把旧扇子,死也不肯拿出大门来。二爷好容易烦了多少情,见了这个人,说之再三,他把二爷请了到他家里坐着,拿出这扇子来略瞧了一瞧。据二爷说:原是不能再得的,全是湘妃棕竹、麋鹿玉竹的,皆是古人写画真迹。回来告诉了老爷,便叫买他的,要多少银子给他多少。偏那石呆子说:'我饿死,冻死,一千两银子一把,我也不卖!'老爷没法了,天天骂二爷没能为。已经许他五百银子,先兑银子,后拿扇子,他只是不卖,只说:'要扇子先要我的命!'姑娘想想,这有什么法子? 谁知那雨村——没天理的——听见了,便设了法子,讹他拖欠官银,拿他到了衙门里去,说:'所欠官银,变卖家产赔补! 把这扇子抄了来,做了官价送了来!'那石呆子如今不知是死是活。老爷问着二爷说:'人家怎么弄了来了?'二爷只说了一句:'为这点子小事,弄的人家倾家败产,也不算什么能为。'老爷听了就生了气,说二爷拿话堵老爷呢。——这是第一件大的。过了几日,还有几件小的,我也记不清,所以都凑在一处,就打起来了。也没拉倒用板子、棍子,就站着,不知他拿什么东西,打了一顿,脸上打破了两处。我们听见姨太太这里有一种药,上棒疮的,姑娘寻一丸给我呢。"

宝钗听了,忙命莺儿去找了两丸来与平儿。宝钗道:

"既这样,你去替我问候罢,我就不去了。"

平儿向宝钗答应着去了。不在话下。

且说香菱见了众人之后,吃过晚饭,宝钗等都往贾母处去了,自己便往潇湘馆中来。此时黛玉已好了大半了,见香菱也进园来

613

住,自是喜欢。香菱因笑道:

"我这一进来了,也得空儿,好歹教给我做诗,就是我的造化了!"

黛玉笑道:

"既要学做诗,你就拜我为师。我虽不通,大略也还教的起你?"

香菱笑道:

"果然这样,我就拜你为师。——你可不许腻烦的。"

黛玉道:

"什么难事,也值得去学? 不过是起承转合。当中承转,是两副对子:平声的对仄声;虚的对实的,实的对虚的。若是果有了奇句,连平仄虚实不对都使得的。"

香菱笑道:

"怪道我常弄本旧诗偷空儿看一两首,又有对的极工的,又有不对的;又听见说,'一三五不论,二四六分明',看古人的诗上,亦有顺的,亦有二四六上错了的:所以天天疑惑。如今听你一道,原来这些规矩竟是没事的,只要词句新奇为上。"

黛玉道:

"正是这个道理。词句究竟还是末事,第一是立意要紧。若意趣真了,连词句不用修饰,自是好的:这叫做'不以辞害意'。"

香菱道:

"我只爱陆放翁的'重帘不卷留香久;古砚微凹聚墨多',说的真切有趣!"

黛玉道:

"断不可看这样的诗。你们因不知诗,所以见了这浅近的就爱。一入了这个格局,再学不出来的。你只听我说:你若真心要学,我这里有王摩诘全集,你且把他的五言律一百首细心揣摩透熟了,然后再读一百二十首老杜的七言律,次之再李青莲的七言绝句读一二百首,肚子里先有了这三个人做了底子,然后再把陶渊明、应、刘、谢、阮、庾、鲍等人的一看。你又是这样一个极聪明伶俐的人，不用一年工夫，不愁不是诗翁了！"

香菱听了，笑道：

"既这样，好姑娘，你就把这书给我拿出来，我带回去，夜里念几首也是好的。"

黛玉听说，便命紫鹃将王右丞的五言律拿来，递与香菱，道：

"你只看有红圈的，都是我选的，有一首念一首。不明白的，问你姑娘；或者遇见我，我讲与你就是了。"

香菱拿了诗，回至蘅芜院中，诸事不管，只向灯下一首一首的读起来。宝钗连催她数次睡觉，她也不睡。宝钗见她这般苦心，只得随她去了。

一日，黛玉方梳洗完了，只见香菱笑吟吟的送了书来，又要换杜律。黛玉笑道：

"共记得多少首？"

香菱笑道：

"凡红圈选的，我尽读了。"

黛玉道：

"可领略了些没有？"

香菱笑道：

"我倒领略了些，只不知是不是，说给你听听。"

黛玉笑道：

"正要讲究讨论，方能长进。你且说来我听听。"香菱笑道：

"据我看来，诗的好处，有口里说不出来的意思，想去却是逼真的；又似乎无理的，想去竟是有理有情的。"

黛玉笑道：

"这话有了些意思，但不知你从何处见得？"

香菱笑道：

"我看他塞上一首，内一联云：'大漠孤烟直，长河落日圆'。想

作者以黛玉的嘴论诗理十分中肯。

615

来烟如何直？日自然是圆的，这'直'字似无理，'圆'字似太俗。合上书想了想，倒像是见了这景的。要说再找两个字换这两个，竟再找不出两个字来。再还有'日落江湖白，潮来天地青'，这'白''青'两个字，也似无理。想来必得这两个字才形容的尽，念在嘴里，倒像有几千斤重的一个橄榄似的。还有'渡头余落日，墟里上孤烟'，这'余'字合'上'字，难为他怎么想来！我们那年上京来，那日下晚便挽住船，岸上又没有人，只有几棵树，远远的几家人家作晚饭，那个烟竟是青碧连云。谁知我昨儿晚上看了这两句，倒像我又到了那个地方去了。"

正说着，宝玉和探春来了，都入座听她讲诗。宝玉笑道：

"既是这样，也不用看诗，会心处不在远，听你说了这两句，可知'三昧'你已得了。"

黛玉笑道：

"你说他这'上孤烟'好，你还不知他这一句还是套了前人的来。我给你这一句瞧瞧，更比这个淡而现成。"

说着，便把陶渊明的"暧暧远人村，依依墟里烟"翻了出来，递给香菱。香菱瞧了，点头叹赏，笑道：

"原来'上'字是从'依依'两个字上化出来的！"

宝玉大笑道：

"你已得了，不用再讲；要再讲，倒学离了。你就做起来了，必是好的。"

探春笑道：

"明儿我补一个柬来，请你入社。"

香菱道：

"姑娘，何苦打趣我？我不过是心里羡慕才学这个玩罢了。"

探春黛玉都笑道：

"谁不是玩？难道我们是认真做诗呢？要说我们真成了诗，出了这园子，把人的牙还笑掉了呢！"

宝玉道：

“这也算自暴自弃了。前儿我在外头和相公们商画儿，他们听见咱们起诗社，求我把稿子给他们瞧瞧，我就写了几首给他们看看。谁不是真心叹服？他们抄了刻去了。”

探春黛玉忙问道：

“这是真话么？”

宝玉笑道：

“说谎的是那架上鹦哥！”

黛玉探春听说，都道：

“你真真胡闹！且别说那不成诗，便成诗，我们的笔墨，也不该传到外头去！”

宝玉道：

“这怕什么？古来闺阁中笔墨不要传出去，如今也没人知道呢。”

说着，只见惜春打发了入画来请宝玉，宝玉方去了。香菱又逼着换出杜律，又央黛玉探春二人：

“出个题目，让我诌去。诌了来，替我改正。”

黛玉道：

“昨夜的月最好，我正要诌一首，未诌成。你就做一首来。十四寒的韵，由你爱用那几个字去。”

香菱听了，喜的拿着诗回来，又苦思一回，做两句诗；又舍不得杜诗，又读两首：如此茶饭无心，坐卧不定。宝钗道：

“何苦自寻烦恼？都是颦儿引的你，我和她算帐去。你本来呆头呆脑的，再添上这样，越发弄成个呆子了！”

香菱笑道：

“好姑娘，别混我！”

一面说，一面做了一首先给宝钗看了，笑道：

“这个不好，不是这个做法。你别害臊，只管拿了给她瞧去，看她是怎么说。”

香菱听了，便拿了诗找黛玉。黛玉看时，只见写道是：

月到中天夜色寒,清光皎皎影团团。

诗人助兴常思玩,野客添愁不忍观。

翡翠楼边悬玉镜,珍珠帘外挂冰盘。

良宵何用烧银烛?晴彩辉煌映画栏。

黛玉笑道:

"意思却有,只是措词不雅。皆因你看的诗少,被他缚住了。把这首诗丢开,再做一首。只管放开胆子去做。"

香菱听了,默默的回来,越发连房也不进去,只在池边树下,或坐在山石上出神,或蹲在地下抠地。来往的人都诧异。李纨、宝钗、探春、宝玉等听得此言,都远远的站在山坡上瞅着她笑。只见她皱一回眉,又自己含笑一回。宝钗笑道:

"这个人定是疯了! 昨夜嘟嘟哝哝,直闹到五更才睡下。没一顿饭的工夫,天就亮了,我就听见她起来了,忙忙碌碌梳了头,就找颦儿去。一回来了,呆了一天,做了一首又不好,自然这会子另做呢。"

宝玉笑道:

"这正是'地灵人杰'! 老天生人,再不虚赋情性的。我们成日叹说:可惜她这么个人竟俗了! 谁知到底有今日! 可见天地至公。"

宝钗听了,笑道:

"你能够像她这苦心就好了。学什么,有个不成的吗?"宝玉不答。只见香菱兴兴头头的,又往黛玉那边来了。

探春笑道:

"咱们跟了去,看她有些意思没有。"

说着,一齐都往潇湘馆来。只见黛玉正拿着诗和她讲究呢。众人因问黛玉做的如何。黛玉道:

"自然算难为她了,只是还不好。这一首过于穿凿了,还得另做。

众人因要诗看时,只见做道是:

非银非水映窗寒，试来晴空护玉盘。

淡淡梅花香欲染，丝丝柳带露初干。

只疑残粉涂金砌，恍若轻霜抹玉栏。

梦醒西楼人迹绝，余容犹可隔帘看。

宝钗笑道：

"不像吟月了。月字底下添一个'色'字，倒还使得。你看句句倒像是月色。——也罢了，原是诗从胡说来。再迟几天就好了。"

香菱自为这首诗妙绝，听如此说，自己又扫了兴，不肯丢开手，便要思索起来。因见她姐妹们说笑，便自己走至阶下竹前，挖习搜胆的，耳不旁听，目不别视，一时，探春隔窗笑说道：

"菱姑娘，你闲闲罢。"

香菱怔怔答道：

"'闲'字是十五删的，错了韵了。"

众人听了，不觉大笑起来。宝钗道：

"可真诗魔了！都是颦儿引的她！"

黛玉笑道：

"圣人说：'诲人不倦'。她又来问我，我岂有不说的理？"

李纨笑道：

"咱们拉了她往四姑娘屋里去，引她瞧瞧画儿，叫她醒一醒才好。"

说着，真个出来，拉她过藕香榭，至暖香坞中。惜春正乏倦，在床上歪着睡午觉，画绢立在壁间，用纱罩着。众人唤醒了惜春，揭纱看时，十停方有了三停。见画上有几个美人，因指香菱道：

"凡会做诗的都画在上头，你快学罢。"

说着，玩笑了一回，各自散去。

香菱满心中正是想诗，至晚间，对灯出了一回神，至三更以后，上床躺下，两眼睁睁，直到五更，方才朦朦睡着了。

一时天亮，宝钗醒了，听了一听，她安稳睡了，心下想：

"她翻腾了一夜，不知可做成了？这会子乏了，且别叫她。"

正想着，只见香菱从梦中笑道：

"可是有了！难道这一首还不好吗？"

宝钗听了，又是可叹，又是可笑。连忙叫醒了她，问她：

"得了什么？你这诚心，都通了仙了。学不成诗，弄出病来呢！"一面说，一面梳洗了，和姐妹往贾母处来。

原来香菱苦志学诗，精血诚聚，日间不能做出，忽于梦中得了八句。梳洗已毕，便忙写出，来到沁芳亭，只见李纨与众姐妹方从王夫人处回来，宝钗正告诉她们，说她梦中做诗，说梦话。众人正笑，抬头见她来了，就都争着要诗看。

话说香菱见众人正说笑她，便迎上去，笑道：

"你们看。这首诗要使得，我就还学；要还不好，我就死了这做诗的心了。"

说着，把诗递与黛玉及众人看时，只见写道是：

　　精华欲掩料应难，影自娟娟魄自寒。

　　一片砧敲千里白，半轮鸡唱五更残。

　　绿蓑江上秋闻笛，红袖楼头夜倚栏。

　　博得嫦娥应自问，何缘不使永团圞？

众人看了，笑道：

"这首不但好，而且新巧有意趣，可知俗语说：'天下无难事，只怕有心人。'社里一定请你了。"

香菱听了，心下不信，料着是她们哄自己的话，还只管问黛玉宝钗等。

第四十九回　琉璃世界白雪红梅
脂粉香娃割腥啖膻

正说之间，只见几个小丫头并老婆子忙忙的走来，都笑道：
"来了好些姑娘奶奶们，我们都不认得。奶奶姑娘们，快认亲去。"

李纨笑道：
"这是那里的话？你到底说明白了，是谁的亲戚？"

那婆子丫头都笑道：
"奶奶的两位妹子都来了。还有一位姑娘，说是薛大姑娘的妹子。还有一位爷，说是薛大爷的兄弟。我这会子请姨太太去呢。奶奶和姑娘们先上去罢。"

说着，一径去了。宝钗笑道：
"我们薛蝌和他妹子来了不成？"

李纨笑道：
"或者我婶娘又上京来了。怎么他们都凑在一处？这可是奇事！"

大家来至王夫人上房，只见黑压压的一地。又有邢夫人的嫂子，带了女儿岫烟进京来投邢夫人的，可巧凤姐之兄王仁也正进京，两亲家一处搭帮来了。走至半路，泊船时，遇见李纨寡婶，带着两个女儿，——长名李纹，次名李绮，——也上京。大家叙起来，又是亲戚，因此三家一路同行。后有薛蟠之从弟薛蝌，因当年父亲在京时，已将胞妹薛宝琴许配都中梅翰林之子为妻，正欲进亲聘嫁，闻得王仁进京，他也随后带了妹子赶来。——所以今日会齐了来，访投各人亲戚。

621

于是大家见礼叙过。贾母王夫人都欢喜非常。贾母因笑道:"怪道昨日晚上灯花爆了又爆,结了又结,原来应到今日。"

一面叙些家常,收了带来的礼物,一面命留酒饭。凤姐儿自不必说,忙上加忙。李纨宝钗自然和婶母姊妹叙离别之情。

黛玉见了,先是欢喜,后想起众人皆有亲眷,独自己孤单无倚,不免又去垂泪。宝玉深知其情,十分劝慰了一番方罢。然后宝玉忙忙来至怡红院中,向袭人、麝月、晴雯笑道:

"你们还不快着看去!谁知宝姐姐的亲哥哥是那个样子,他这伯叔兄弟,形容举止,另是个样子,倒像是宝姐姐的同胞兄弟似的。更奇在你们成日家只说宝姐姐是绝色的人物,你们如今瞧见她这妹子,还有大嫂子的两个妹子,——我竟形容不出来了!老天!老天!你有多少精华灵秀,生出这些人上之人来!可知我'井底之蛙',成日家只说,现在的这几个人是有一无二的;谁知不必远寻,就是本地风光,一个赛似一个!如今我又长了一层学问了。除了这几个,难道还有几个不成?"一面说,一面自笑。

袭人见他又有些魔意,便不肯去瞧。晴雯等早去瞧了一遍回来,带笑向袭人说道:

"你快瞧瞧去。大太太一个侄女儿,宝姑娘一个妹妹,大奶奶两个妹妹,倒像一把子四根水葱儿!"

一语未了,只见探春也笑着进来找宝玉,因说:

"咱们诗社可兴旺了。"

宝玉笑道:

"正是呢。这是一高兴起诗社,鬼使神差来了这些人!——但只一件:不知她们可学过做诗不曾?"

探春道:

"我才都问了问,虽是她们自谦,看其光景,没有不会的。便是不会,也没难处,你看香菱就知道了。"

晴雯笑道:

"她们里头,薛大姑娘的妹妹更好。三姑娘看着怎么样?"

探春道:

"果然的。据我看来,连她姐姐,并这些人,总不及她。"

袭人听了,又是诧异,又笑道:

"这也奇了! 还从那里再寻好的去呢? 我倒要瞧瞧去。"

探春道:

"老太太一见了,喜欢的无可不可的,已经逼着咱们太太认了干女孩儿了。老太太要养活,才刚已经定了。"宝玉喜的忙问:"这话果然么?"

探春道:

"我几时撒过谎?"又笑道:"老太太有了这个好孙女儿,就忘了你这孙子了!"

宝玉笑道:

"这倒不妨,原该多疼女孩儿些是正理。明儿十六,咱们可该起社了。"

探春道:"林丫头刚起来了,二姐姐又病了,终是七上八下的。"

宝玉道:"二姐姐又不大做诗,没有她又何妨?"

探春道:

"索性等几天,等她们新来的混熟了,咱们邀上她们,岂不好? 这会子,大嫂子、宝姐姐心里自然没有诗兴的。况且湘云没来,颦儿才好了,人都不合式。不如等着云丫头来了,这几个新的也熟了,颦儿也大好了,大嫂子和宝姐姐心也闲了,香菱诗也长进了: 如此,邀一满社,岂不好? 咱们两个如今且往老太太那里去听听。除宝姐姐的妹妹不算外,她一定是在咱们家住定了的。倘或那三个要不在咱们这里住,咱们央告着老太太留下她们,也在园子里住了;咱们岂不多添几个人,越发有趣了?"

宝玉听了,喜的眉开眼笑,忙说道:"倒是你明白。我终久是个糊涂心肠,空喜欢了一会子,却想不到这上头。"

说着,兄弟两个一齐往贾母处来。果然王夫人已经认了薛宝琴做干女儿。贾母喜欢非常,不命往园中住,晚上跟着贾母一处安寝。薛蝌自向薛蟠书房中住下了。贾母和邢夫人说:"你侄女儿也不必家去了,园子里住几天,逛逛再去。"

邢夫人兄嫂家中原艰难,这一上京,原仗的是邢夫人与她们治房舍帮盘缠。听如此说,岂不愿意?邢夫人便将邢岫烟交与凤姐儿。凤姐儿算着园中姊妹多,性情不一,且又不便另设一处,莫若送到迎春一处去。倘日后邢岫烟有些不遂意的事,纵然邢夫人知道了,与自己无干。从此后,若邢岫烟家去住的日期不算,若在大观园住到一个月上,凤姐儿亦照迎春分例送一分与岫烟。凤姐儿冷眼戥敠岫烟心性行为,竟不像邢夫人及他的父母一样。却是个极温厚可疼的人。因此,凤姐儿反怜她家贫命苦,比别的姊妹多疼她些。邢夫人倒不大理论了。

贾母王夫人等因素喜李纨贤惠,且年轻守节,令人敬服,今见她寡婶来了,便不肯叫她外头去住。那婶母虽十分不肯,无奈贾母执意不从,只得带着李纹李绮在稻香村住下了。

当下安插既定,谁知忠靖侯史鼎又迁委了外省大员,不日要带家眷去上任。贾母因舍不得湘云,便留下她了,接到家中。原要命凤姐儿另设一处与她住,史湘云执意不肯,只要和宝钗一处住。因此,也就罢了。

此时大观园中比先又热闹了多少。李纨为首,余者,迎春、探春、惜春、宝钗、黛玉、湘云、李纹、李绮、宝琴、邢岫烟,再添上凤姐儿和宝玉,一共十三人。叙起年庚,除李纨年纪最长,凤姐次之,余者皆不过十五六七八九岁,大半同年异月,连她们自己也不能记清谁长谁幼。并贾母王夫人及家中婆子丫头,也不能细细分清,不过是"姐""妹""兄""弟"四个字随便乱叫。

此时宝钗香菱等已十八九岁故加"八""九"二字,此处亦可证明黛玉进贾府时决非六岁多,宝钗进贾府时决非九岁多了。

如今香菱正满心满意只想做诗,又不敢十分啰唆宝钗,可巧来了个史湘云。那史湘云极爱说话的,那里禁得香菱又请教她谈诗?越发高了兴,没昼没夜,高谈阔论起来。宝钗因笑道：

"我实在聒噪的受不得了！一个女孩儿家，只管拿着诗做正经事，讲起来，叫有学问的人听了反笑话，说不守本分。一个香菱没闹清，又添上你这个'话口袋子'，满口里说的是什么：怎么是'杜工部之沉郁'，'韦苏州之淡雅'；又怎么是'温八叉之绮靡'，'李义山之隐僻'。痴痴癫癫，那里还像两个女儿家呢！"说得香菱湘云二人都笑起来。

正说着，只见宝琴来了，披着一领斗篷，金翠辉煌，不知何物。宝钗忙问："这是那里的?"宝琴笑道：

"因下雪珠儿，老太太找了这一件给我的。"

香菱上来瞧，道：

"怪道这么好看，原来是孔雀毛织的。"

湘云笑道：

"那里是孔雀毛？就是野鸭子头上的毛做的。可见老太太疼你了：这么着疼宝玉，也没给他穿。"

宝钗笑道：

"真是俗语说的：'各人有各人的缘法。'我也想不到她这会子来，既来了，又有老太太这么疼她。"

湘云道：

"你除了在老太太跟前，就在园里来。这两处，只管玩笑吃喝。到了太太屋里，若太太在屋里，只管和太太说笑，多坐一回无妨；若太太不在屋里，你别进去，那屋里人多心坏，都是耍咱们的。"说的宝钗、宝琴、香菱、莺儿等都笑了。

宝钗笑道：

"说你没心却有心，虽然有心，到底嘴太直了。我们这琴儿，今儿你竟认她做亲妹妹罢。"

湘云又瞅着宝琴，笑道：

"这一件衣裳也只配她穿；别人穿了，实在不配。"

正说着，只见琥珀走来，笑道：

"老太太说了：叫宝姑娘别管紧了琴姑娘，她还小呢？让她爱怎么着就由她怎么着。她要什么东西，只管要，别多心。"

宝钗忙起身答应了，又推宝琴，笑道：

"你也不知是那里来的这点福气！你倒去罢，恐怕我们委屈了你。我就不信我那些儿不如你？"说话之间，宝玉黛玉进来了，宝钗犹自嘲笑。湘云因笑道：

"宝姐姐，你这话虽是玩，却有人真心是这样想呢。"

琥珀笑道：

"真心恼的，再没别人，就只是他。"

口里说，手指着宝玉。宝钗湘云都笑道：

"他倒不是这样人。"

琥珀又笑道：

"不是他，就是她。"

说着，又指黛玉。湘云便不作声。

宝钗笑道：

"更不是了。我的妹妹和她的妹妹一样，她喜欢的比我还甚呢，她那里还恼？你信云儿混说？她那嘴有什么正经！"

> 湘云心直口快，宝钗圆滑，两相对比，十分明显。宝钗不但笼络了湘云，连黛玉亦入彀中。此回作者写黛玉已输尚不自觉。宝玉不解，即是提醒读者。宝钗心机之深之险，初见于二十七回，再见于四十五回。

宝玉素昔深知黛玉有些小性儿，尚不知近日黛玉和宝钗之事，正恐贾母疼宝琴，她心中不自在；今见湘云如此说了，宝钗又如此答，再审度黛玉声色，亦不似往日，果然与宝钗之说相符，心中甚是不解。因想："她两个素日不是这样的，如今看来，竟更比他人好了十倍。"一时又见林黛玉赶着宝琴叫"妹妹"，并不提名道姓，直似亲姊妹一般。

那宝琴年轻心热，且本性聪敏，自幼读书识字，今在贾府住了两日，大概人物已知；又见众姊妹都不是那轻薄脂粉，且又和姐姐皆和气，故也不肯怠慢。其中又见林黛玉是个出类拔萃的，便更与黛玉亲敬异常。宝玉看着，只是暗暗的纳罕。

一时，宝钗姊妹往薛姨妈房内去后，湘云往贾母处来，林黛玉回房歇着。宝玉便找了黛玉来，笑道：

"我虽看了《西厢记》，也曾有明白的几句说了取笑，你还曾恼过；如今想来，竟有一句不解，我念出来，你讲讲我听。"

黛玉听了，便知有文章，因笑道：

"你念出来我听听。"

宝玉笑道：

"那闹简上有一句说的最好：'是几时，孟光接了梁鸿案？'① 这五个字，不过是现成的典，难为他'是几时'三个虚字问的有趣。

是几时接了？你说说我听听。"

黛玉听了，禁不住也笑起来，因笑道：

"这原问的好。他也问的好，你也问的好。"

宝玉道："先时你只疑我，如今你也没的说了。"

黛玉笑道：

"谁知她竟真是个好人，我素日只当她藏奸。"

因把说错了酒令，宝钗怎样待她，连送燕窝病中所谈之事，细细的告诉宝玉。宝玉方知原故，因笑道：

貌似忠厚，内藏奸诈，连黛玉亦识不透个中机关，方是大奸，宝玉情有独钟，于此亦可概见。

"我说呢！正纳闷'是几时孟光接了梁鸿案'，原来是从'小孩儿家口没遮拦'上就接了案了。"

黛玉因又说起宝琴来，想起自己没有姊妹，不免又哭了。宝玉忙劝道：

"这又自寻烦恼了。你瞧瞧，今年比旧年越发瘦了。你还不保养，每天好好的，你必是自寻烦恼，哭了一会子，才算完了这一天的事。"

黛玉拭泪道：

"近来我只觉心酸,眼泪却像比旧年少了些的。心里只管酸痛,眼泪却不多!"

宝玉道:

"这是你哭惯了,心里疑惑。岂有眼泪会少的?"

正说着,只见他屋里的小丫头子送了猩猩毡斗篷来,又说:

"大奶奶才打发人来说:下了雪,要商议明日请人做诗呢。"

一语未了,只见李纨的丫头走来请黛玉。宝玉便邀着黛玉同往稻香村来。黛玉换上掐金挖云红香羊皮小靴,罩了一件大红羽绉面白狐狸皮的鹤氅,系另一条青金闪绿双环四合如意绦,上罩了雪帽,二人一齐踏雪行来,只见众姊妹都在那里。都是一色大红猩猩毡与羽毛缎斗篷,独李纨穿一件哆啰呢对襟褂子,薛宝钗穿一件莲青斗纹锦上添花洋线番羓丝的鹤氅。邢岫烟仍是家常旧衣,并没避雨之衣。

一时,史湘云来了,穿着贾母给他的一件貂鼠脑袋面子,大毛黑灰鼠里子,里外发烧大褂子[②];头上戴着一顶挖云鹅黄片金里子大红猩猩毡昭君套,又围着大貂鼠风领。黛玉先笑道:

> 如此打扮,也是表现湘云性格的好手法。

"你们瞧瞧,孙行者来了。她一般的拿着雪褂子,故意装出个小骚达子样儿来。"

湘云笑道:

"你们瞧我里头打扮的。"

一面说,一面脱了褂子。只见她里头穿着一件半新的靠色三镶领袖秋香色盘金五色绣龙窄褙小袖掩襟银鼠短袄,里面短短的一件水红妆缎狐肷褶子,腰里紧紧束着一条蝴蝶结子长穗五色宫绦,脚下也穿着鹿皮小靴:越显得蜂腰猿背,鹤势螂形。众人笑道:

"偏她只爱打扮成个小子的样儿,原比她打扮女儿更俏丽了些。"

湘云笑道:

"快商议做诗。我听听是谁的东家?"

李纨道:

"我的主意:想来昨儿的正日已自过了,再等正日还早呢,可巧又下雪,不如咱们大家凑个热闹,又给他们接风,又可以做诗。你们的意思怎么样?"

宝玉先道:

"说话很是,只是今儿晚了——若到明儿,晴了又无趣。"

众人都道:

"这雪未必晴,纵晴了,这一夜下的也够赏了。"

李纨道:

"我这里虽然好,又不如芦雪亭好。我已经打发人笼地炕④去了,咱们大家拥炉做诗。老太太想来未必高兴。况且咱们小玩意儿,单给凤丫头个信儿就是了。你们每人一两银子就够了,送到我这里来。"——指着香菱、宝琴、李纹、李绮、岫烟,——"五个不算外,咱们里头,二丫头病了不算,四丫头告了假也不算,你们四分子送了来,我包管五六两银子也尽够了。"

宝钗等一齐应诺。因又拟题限韵,李纨笑道:

"我心里早已定了。等到了明日临期,横竖知道。"说毕,大家又说了一回闲话,方往贾母处来,且日无话。

到了次日清早,宝玉因心里惦记着,这一夜没好生得睡,天亮了就爬起来,掀起帐子一看,虽然门窗尚掩,只见窗上光辉夺目,心内早踌躇起来,埋怨定是晴了,日光已出。一面忙起来揭起窗屉,从玻璃窗外往外一看,原来不是日光,竟是一夜的雪,下的将有一尺厚,天上仍是搓棉扯絮一般。

宝玉此时喜欢非常,忙唤起人来。盥漱已毕,只穿一件茄色哆啰呢狐狸皮袄,罩一件海龙小鹰膀褂子,束了腰,披上玉针蓑,带了金藤笠,登上沙棠屐,忙忙的往芦雪亭来。出了院门,四顾一望,并无二色,远远的是青松翠竹,自己却似装在玻璃盆内一般。于是走至山坡之下,顺着山脚,刚转过去,已闻得一股寒香扑鼻。回头一看,却是妙玉那边栊翠庵中有十数枝红梅,如胭脂一般,映着雪色,分外显得精神,好不有趣。

宝玉便立住，细细的赏玩了一回方走。只见蜂腰板桥上一个人打着伞走来，是李纨打发了请凤姐儿去的人。宝玉来至芦雪亭，只见丫头婆子正在那里扫雪开径。原来这芦雪亭盖在一个傍山临水河滩之上，一带几间茅檐土壁，槿篱竹牖，推窗便可垂钓，四面皆是芦苇掩覆，一条去径，逶迤穿芦度苇过去，便是藕香榭的竹桥了。众丫头婆子见他披蓑戴笠而来，都笑道：

"我们才说，正少一个渔翁，如今果然全了。姑娘们吃了饭才来呢，你也太性急了。"

宝玉听了，只得回来。刚至沁芳亭，见探春正从秋爽斋出来，围着大红猩猩毡的斗篷，带着观音兜，扶着个小丫头，后面一个妇人打着一把青绸油伞。宝玉只道她往贾母处去，遂站在亭边，等她来到，二人一同出园前去。宝琴正在里间房内梳洗更衣。

一时，众姐妹来齐，宝玉只嚷饿了，连连催饭。好容易等到摆上饭来，头一样菜是牛肉蒸羊羔。贾母就说：

"这是我们有年纪人的菜，没见天日的东西，可惜你们小孩子吃不得。今儿另外有新鲜鹿肉，你们等着吃罢。"

众人答应了。

宝玉却等不得，只拿茶泡了一碗饭，就着野鸡爪子，忙忙的扒拉①完了。贾母道：

"我知道你们今儿又有事情，连饭也不顾吃了。"就叫："留着鹿肉给他晚上吃罢。"

凤姐儿忙说："还有呢，吃残了的倒罢了。"湘云就和宝玉计较道：

"有新鹿肉，不如咱们要一块，自己拿了园里弄着，又吃又玩。"

宝玉听了，真和凤姐要了一块，命婆子送进园去。

一时，大家散后，进园齐往芦雪亭来，听李纨出题限韵，独不见湘云宝玉二人。黛玉道：

"他两个人再到不得一处，要到了一处，生出多少事来。这会子一定算计那块鹿肉去了。"

正说着,只见李婶娘也走来看热闹,因问李纨道:

"怎么那一个带玉的哥儿和那一个挂金麒麟的姐儿,那样干净清秀,又不少吃的,他两个在那里商议着要吃生肉呢,说的有来有去。我只不信,肉也生吃得的?"

众人听了,都笑道:

"了不得! 快拿了他两个来!"

黛玉笑道:

"这可是云丫头闹的。我的卦再不错。"

李纨即忙出来,找着他两个,说道:

"你们两个要吃生的,我送你们到老太太那里吃去。那怕一只生鹿,撑病了不与我相干。这么大雪怪冷的,快替我做诗去罢!"

宝玉忙笑道:

"没有的事! 我们烧着吃呢!"

李纨道:

"这还罢了。"

只见老婆子们拿了铁炉、铁叉、铁丝蒙来。李纨道:

"留神割了手,不许哭!"说着,方进去了。

那边凤姐打发平儿回覆不来,为发放年例正忙着呢。湘云见了平儿,那里肯放? 平儿也是个好玩的,素日跟着凤姐儿无所不至,见如此有趣,乐得玩笑,因而退去手上的镯子,三个人围着火,平儿便要先烧三块吃。那边宝钗黛玉平素看惯了,不以为异,宝琴等及李婶娘深为罕事。探春和李纨等已定议了题韵。探春笑道:

"你们闻闻,香气这里都闻见了,我也吃去?"

说着,也找了她们来。李纨也随来,说:

"客已齐了,你们还吃不够吗?"

> 湘云是真风流洒脱。

湘云一面吃,一面说道:

"我吃这个方爱吃酒,吃了酒才有诗。若不是这鹿肉,今儿断不能做诗。"

说着,只见宝琴披着凫靥裘,站在那里笑。湘云笑道:

"傻子！你来尝尝！"

宝琴笑道：

"怪腌脏的！"

宝钗笑道：

"你尝尝去，好吃的很呢。你林姐姐弱，吃了不消化，不然，她也爱吃。"

宝琴听了，便过去吃了一块，果然好吃，就也吃起来。

一时，凤姐儿打发小丫头来叫平儿。平儿说：

"史姑娘拉着我呢。你先去罢。"

小丫头去了。一时，只见凤姐儿也披了斗篷走来，笑道：

"吃这样好东西，也不告诉我！"

说着，也凑在一处吃起来。黛玉笑道：

"那里找这一群花子去？罢了，罢了！今日芦雪亭遭劫，生生被云丫头作践了。我为芦雪亭一大哭！"

湘云冷笑道：

"你知道什么？'是真名士自风流'！你们都是假清高，最可厌的！我们这会子腥的膻的大吃大嚼，回来却是锦心绣口！"

宝钗笑道：

"你回来若做的不好了，把那肉掏出来，就把这雪压的芦苇子塞上些，以完此劫。"说着，吃毕，洗了一回手。

① 是几时孟光接了梁鸿案——语出西厢。汉梁鸿妻孟光拿饭菜给梁鸿的时候举案（类似托盘）齐眉，夫妻相敬如宾。红娘热心促成莺莺和张生的爱情，莺莺在红娘面前却假说拒绝张生。后来红娘才知道莺莺已经私应了张生的约会，自己反被瞒过，感到惊讶，所以有这句嘲讽的唱词。宝玉原来也要调和黛玉宝钗之间的感情，现在忽然发现他们已经要好起来，自己的情况却与红娘相似，所以借这句唱词来问。

② 里外发烧大褂子——反正两面都可穿的皮褂子,俗名里外发烧。

③ 地炕——在房屋的廊下,挖一长方形的坑,深约七尺,在坑内砌起一灶,通于室内的地下,地下皆有火道,可以使室内温暖,与今天东北的火墙壁炉用处相似。

④ 爬拉——这里指用筷子扒饭进口的动作。

第五十回

芦雪亭争联即景诗
暖香坞雅制春灯谜

　　却说平儿带镯子时，却少了一个，左右前后乱找了一番，踪迹全无，众人都诧异。

　　凤姐儿笑道：

　　"我知道这镯子的去向。你们只管做诗去，我们也不用找，只管前头去，不出三日包管就有了。"说着，又问："你们今儿做什么诗？老太太说了：离年又近了，正月里，还该做些灯谜儿，大家玩笑。"

　　众人听了，都笑道：

　　"可是呢，倒忘了。如今赶着做几个好的，预备着正月里玩。"说着，一齐来至地炕屋内，只见杯盘果菜俱已摆齐了，墙上已贴出诗题、韵脚、格式来了。宝玉湘云二人忙看时，只见题目是"即景联句，五言排律一首，限二萧韵"，后面尚未列次序。李纨道：

　　"我不大会做诗，我只起三句罢，然后谁先得了谁先联。"

　　宝钗道：

　　"到底分个次序，让我写出来。"

　　说着，便令众人拈阄为序。起首恰是李氏，然后按次各各开出，凤姐儿道：

　　"既这么说，我也说一句在上头。"

　　众人都笑起来了，说："这么更妙了！"宝钗将稻香老农之上补了一个"凤"字，李纨又将题目讲给她听。

　　凤姐儿想了半天，笑道：

　　"你们别笑话我。我只有了一句粗话，可是五个字的。下剩的我就不知道了。"

众人都笑道:

"越是粗话越好。你说了,就只管干正事去罢。"

凤姐儿笑道:

"想下雪必刮北风,昨夜听见一夜的北风,我有一句。这一句就是'一夜北风紧。'使得使不得,我就不管了。"

众人听说,都相视笑道:

"这句虽粗,不见底下的,这正是会作诗的起法。不但好,而且留了写不尽的多少地步与后人。就是这句为首,稻香老农快写上续下去。"

凤姐儿和李婶娘平儿又吃了两杯酒,自去了。

这里李纨就写了:"一夜北风紧。"自己联道:"开门雪尚飘。人泥怜洁白,"

香菱道:"匝地惜琼瑶。有意荣枯草,"

探春道:"无心饰萎苗。价高村酿熟,"

李绮道:"年稔府梁饶。葭动灰飞管,"

李纹道:"阳回斗转杓。寒山已失翠,"

岫烟道:"冻浦不生潮。易挂疏枝柳,"

湘云道:"难堆破叶蕉。麝煤融宝鼎,"

宝琴道:"绮袖笼金貂。光夺窗前镜,"

黛玉道:"香粘壁上椒。斜风仍故故,"

宝玉道:"清梦转聊聊。何处梅花笛?"

宝钗道:"谁家碧玉箫? 鳌愁坤轴陷,"

李纨笑道:"我替你们看热酒去罢。"

宝钗命宝琴续联,只见湘云起来道:"龙斗阵云销。野岸回孤棹,"

宝琴也联道:"吟鞭指灞桥。赐裘怜抚戍,"

湘云哪里肯让人? 且别人也不如她敏捷,都看她扬眉挺身的说道:"加絮念征徭。坳垤审夷险,"

宝钗连声赞好,也便联道:"枝柯怕动摇,皑皑轻趁步,"

黛玉忙联道:"翦翦舞随腰。苦茗成新赏,"

一面说,一面推宝玉命他联。宝玉正看宝琴、宝钗、黛玉三人共战湘云,十分有趣,那里还顾得联诗? 今儿黛玉推他,方联道:

"孤松订久要。泥鸿从印迹,"

宝琴接着联道:"林斧或闻樵。伏象千峰凸,"

湘云忙联道:"盘蛇一径遥。花缘经冷结,"

宝钗和众人又都赞好。探春联道:"色岂畏霜凋? 深院惊寒雀,"

湘云正渴了,忙忙的吃茶,已被岫烟抢着联道:

"空山泣老鸮。阶墀随上下,"

湘云忙丢了茶杯,联道:"池水任浮漂。照耀临清晓,"

黛玉忙联道:"缤纷入永宵。诚忘三尺冷,"

湘云忙笑联道:"瑞释九重焦。僵卧谁相问?"

宝琴也忙笑联道:"狂游客喜招。天机断缟带,"

湘云又忙道:"海市失鲛绡。——"

黛玉不容她道出,接着便道:"寂寞封台榭,"

湘云忙联道:"清贫怀箪瓢。"

宝琴也不容情,也忙:"烹茶水渐沸,"

湘云见这般自为得趣,又是笑,又忙联道:"煮酒叶难烧。"

黛玉也笑道:"没帚山僧扫,"

宝琴也笑道:"埋琴稚子挑。"

湘云笑弯了腰,忙念了一句。众人问道:

"到底说的是什么?"

湘云道:"石楼闲睡鹤,"

黛玉笑得握着胸口,高声嚷道:"锦罽暖亲猫。"

宝琴也忙笑道:"月窟翻银浪,"

湘云忙联道:"霞城隐赤标。"

黛玉忙笑道:"沁梅香可嚼,"

宝钗笑称好句,也忙联道:"淋竹醉堪调。"

宝琴也忙道:"或湿鸳鸯带,"

湘云忙联道:"时凝翡翠翘。"

黛玉又忙道:"无风仍脉脉,"

宝琴又忙笑联道:"不雨亦潇潇。"

湘云伏着,已笑软了。众人看她三人对抢,也都不愿作诗,看着也只是笑。黛玉还推她往下联,又道:"你也有才尽力穷之时?我听听,还有什么舌头嚼了?"

湘云只伏在宝钗怀里笑个不住。宝钗推她起来,道:"你有本事把'二萧'的韵全用完了,我才服你。"

湘云起身笑道:"我也不是作诗,竟是抢命呢!"

众人笑道:"倒是你自己说罢。"

探春早已料定没有自己联的了,便早写出来,因说:"还没收住呢。"

李纹听了,接过来,便联一句道:"欲志今朝乐,"

李绮收了一句道:"凭诗祝舜尧。"

李纨道:"够了,够了!虽没作完了韵,腾挪的字,若生扭了,倒不好了。"

说着,大家来细细评论一回,独湘云的多,都笑道:

"这都是那块鹿肉的功劳。"

李纨笑道:

"逐句评去,却还一气,只是宝玉又落了第了。"

宝玉笑道:

"我原不会联句,只好担待我罢。"

李纨笑道:

"也没有社社担待的。又说韵险了,又整误了,又不会联句,今日必罚你。我才看见栊翠庵的红梅有趣,我要折一枝插在瓶里,可厌妙玉为人,我不理她。如今罚你取一枝来,插着玩儿。"

众人都道:

"这罚的又雅又有趣。"

宝玉也乐为,答应着就要走。湘云黛玉一起说道:"外头冷得很,你且吃杯热酒再去。"

于是湘云早热起壶酒来了。黛玉递了个大杯,满斟了一杯。湘云笑道:"你吃了我们这酒,要取不来,加倍罚你!"

宝玉忙吃了一杯,冒雪而去。李纨命人好好跟着,黛玉忙拦说:

"不必,有了人。反不得了。"

李纨点头道:"是。"一面命丫鬟将一个美女耸肩瓶拿来,贮了水,准备插梅,因又笑道:"回来该吟红梅了。"

湘云忙道:

"我先作一首。"

宝钗笑道:

"今日断不容你再作了。你都抢了去,别人都闲着也没趣。回来罚宝玉。他说不会联句,如今就叫他自己做去。"

黛玉笑道:"这话很是。我还有主意:方才联句不够,莫若拣那联得少的人作红梅诗。"

宝钗笑道:

"这话是极。方才邢李二位屈才,且又是客;琴儿和颦儿云儿,她们抢了许多,我们一概都别作,只她们三人做才是。"

李纨因说:

"绮儿也不大会做,还是让琴妹妹罢。"

宝钗只得依允。又道:

"就用'红梅花'三个字做韵,每人一首七言律;邢大妹妹做'红'字,你们李大妹妹做'梅'字,琴儿做'花'字。"

李纨道:

"饶过宝玉去,我不服。"

湘云忙道:"有个好题目命他做。"众人问:"何题?"

湘云道:

"命他就做'访妙玉乞红梅',岂不有趣?"

众人听了,都说:"有趣!"

一语未了,只见宝玉笑欣欣擎了一枝红梅进来。众丫鬟忙已接过,插入瓶内。众人都过来赏玩。宝玉笑道:

"你们如今赏罢。也不知费了我多少精神呢!"

说着,探春早又递了一钟暖酒来。众丫鬟上来接了蓑笠掸雪。各人屋里丫鬟都添送衣裳来。袭人也遣人送了半旧的狐腋褂来。李纨命人将那蒸的大芋头盛了一盘,又将朱橘、黄橙、橄榄等物盛了两盘,命人带给袭人去。湘云且告诉宝玉方才的诗题,又催宝玉快做。宝玉道:

"好姐姐,好妹妹们,让我自己用韵罢,别限韵了!"

众人都说:"随你做去罢。"

一面说,一面大家看梅花。原来这一枝梅花只有二尺来高,旁有一枝,纵横而出,约有二三尺长,其间小枝分歧,或如蟠螭,或如僵蚓,或孤削如笔,或密聚如林。真乃花吐胭脂,香欺兰蕙。各各称赏。谁知岫烟、李纹、宝琴三人都已吟成,各自写了出来。众人便依"红""梅""花"三字之序看去,写道:

赋得红梅花

"桃未芳菲杏未红,冲寒先喜笑东风。

魂飞庾岭春难辨,霞隔罗浮梦未通。

绿萼添妆融宝炬,缟仙扶醉跨残虹。

看来岂是寻常色? 浓淡由他冰雪中。"——邢岫烟。

"白梅懒赋赋红梅,逞艳先迎醉眼开。

冻脸有痕皆是血,酸心无恨亦成灰。

误吞丹药移真骨,偷下瑶池脱旧胎。

江北江南春灿烂,寄言蜂蝶漫疑猜。"——李纹。

"疏是枝条艳是花,春妆儿女竞奢华。

闲庭曲槛无余雪,流水空山有落霞。

幽梦冷随红袖笛,游仙香泛绛河槎。

前身定是瑶台种，无复相疑色相差。"——宝琴。

众人看了，都笑着，称赞了一回，又指末一首更好。宝玉见宝琴年纪最小，才又敏捷。黛玉湘云二人斟了一小杯酒，都贺宝琴。宝钗笑道：

"三首各有好处。你们两个天天捉弄厌了我，如今又捉弄她来了。"

李纨又问宝玉：

"你可有了？"

宝玉忙道：

"我倒有了，才一看见这三首，又唬忘了。等我再想。"

湘云听了，便拿了一支铜火箸击着手炉，笑道：

"我击鼓了，若鼓绝不成，又要罚的。"

宝玉笑道：

"我已有了。"

黛玉提起笔来，笑道：

"你念，我写。"

湘云便击了一下，笑道：

"一鼓绝。"

宝玉笑道：

"有了，你写罢。"

众人听他念道：

"酒未开樽句未裁，"

黛玉写了，摇头笑道：

"起的平平。"

湘云又道：

"快着。"

宝玉笑道：

"寻春问腊到蓬莱。"

黛玉湘云都点头笑道：

"有些意思了。"

宝玉又道：

"不求大士瓶中露，为乞嫦娥槛外梅。"

黛玉写了，摇头说：

"小巧而已。"

湘云将手又敲了一下。宝玉笑道：

"入世冷挑红雪去，离尘香割紫云来。

槎枒谁惜诗肩瘦？衣上犹沾佛院苔。"

黛玉写毕，湘云大家才评论时，只见几个丫鬟跑进来道：

"老太太来了。"

众人忙迎出来。大家又笑道：

"怎么这等高兴？"

说着，远远见贾母围了大斗篷，带着灰鼠暖兜，坐着小竹轿，打着青绸油伞，鸳鸯琥珀等五六个丫鬟，每人都是打着伞，拥轿而来。李纨等忙往上迎。贾母命人止住，说：

"只站在那里就是了。"

来至跟前，贾母笑道：

"我瞒着你太太和凤丫头来了。大雪地下，我坐着这个无妨，没的叫她娘儿们硒雪吗。"

众人忙上前来接斗篷，搀扶着，一面答应着。

贾母来至室中，先笑道：

"好俊梅花！你们也会乐，我也不饶你们！"

说着，李纨早命人拿了一个大狼皮褥子来，铺在当中，贾母坐了，因笑道：

"你们只管照旧玩笑吃喝。我因为天短了，不敢睡中觉，抹了一会牌，想起你们来了，我也来凑个趣儿。"

李纨早又捧过手炉来。探春另拿了一副杯箸来，亲自斟了暖酒，奉给贾母。贾母便饮了一口，问：

"那个盘子是什么东西？"

众人忙捧了过来,回说:

"是糟鹌鹑。"

贾母道:

"这倒罢了,撕一点子腿儿来。"

李纨忙答应了,要水洗手,亲自来撕。贾母道:

"你们仍旧坐下说笑,我听着才喜欢。"又命李纨:"你也只管坐下,就如同我没来的一样才好;不然,我就走了。"

众人听了,方才依次坐下,只李纨挪到尽下边。贾母因问:

"你们作什么玩呢?"

众人便说:

"做诗呢。"

贾母道:

"有做诗的,不如做些灯谜儿,大家正月里好玩。"

众人答应。

说笑了一会,贾母便说:

"这里潮湿,你们别久坐,仔细着了凉。倒是你四妹妹那里暖和,我们到那里瞧瞧她的画儿,赶年下可能有了不能。"

众人笑道:

"那里能年下就有了?只怕明年端阳才有呢。"

贾母道:

"这还了得!她竟比盖这园子还费工夫了!"

说着,仍坐了竹椅轿,大家围随,过了藕香榭,穿入一条夹道。东西两边皆是过街门,门楼上,里外都嵌着石头匾,如今进的是西门,向外的匾上凿着"穿云"二字,向里的凿着"度月"两字。来至堂中,进了向南的正门,贾母下了轿,惜春已接出来了。从里面游廊过去,便是惜春卧房,厦檐下挂着"暖香坞"的匾,早有几个人打起猩红毡帘,已觉暖气拂脸。

大家进入屋里,贾母并不归坐,只问惜春:

"画到那里了?"

惜春因笑回:

"天气寒冷了,胶性都凝涩不润,画了恐不好看,故此收起来了。"

贾母笑道:

"我年下就要的,你别脱懒儿。快拿出来,给我快画。"

一语未了,忽见凤姐披着紫羯㺜褂,笑嘻嘻的来了,口内说道:

"老祖宗今儿也不告诉人,私自就来了,叫我好找!"

贾母见她来了,心中喜欢,道:

"我怕你冻着,所以不许人告诉你们。你真是个小鬼灵精儿,到底找了我来。论礼,孝敬也不在这上头。"

凤姐儿笑道:

"我那里是孝敬的心找了来呢? 我因为到了老祖宗那里,鸦没鹊静的,问小丫头子们,她又不肯叫我找到园里来。我正在疑惑,忽然又来了两个姑子,我心里才明白了:那姑子必是来送年疏,或要年例香例银子,老祖宗年下的事也多,一定是躲债来了。我赶忙问了那姑子,果然不错,我才把年例给了她们去了。这会子老祖宗的债主儿已去了,不用躲着。已预备下稀嫩的野鸡,请用晚饭去罢,再迟一回就老了。"

她一行说,众人一行笑。

凤姐儿也不等贾母说话,便命人抬过轿来。贾母笑着,挽了凤姐儿的手,仍上了轿,带着众人,说笑出了夹道东门。一看,四面粉妆银砌。忽见宝琴披着凫靥裘,站在山坡背后遥等,身后一个丫鬟,抱着一瓶红梅。众人都笑道:

"怪道少了两个,她却在这里等着,也弄梅花去了。"

贾母喜的忙笑道:

"你们瞧,这雪坡儿上,配上她这个人物儿,又是这件衣裳,后头又是这梅花,像个什么?"

众人都笑道:

"就像老太太屋里挂的仇十洲画的'艳雪图'。"

贾母摇头笑道:

"那画的那里有这件衣裳?人也不能这样好!"

一语未了,只见宝琴身后又转出一个穿大红猩猩毡的人来。贾母道:

"那又是那个女孩儿?"

众人笑道:

"我们都在这里,那是宝玉。"

贾母笑道:

"我的眼越发花了。"

说话之间,来至跟前,可不是宝玉和宝琴两个。宝玉笑向宝钗黛玉等道:

"我才又到了栊翠庵,妙玉竟每人送你们一枝梅花,我已经打发人送去了。"

众人都笑道:

"多谢你费心。"

说话之间,已出了园门。来至贾母房中,吃毕饭,大家又说笑了一回。忽见薛姨妈也来了,说:

"好大雪!一日也没过来望候老太太。今日老太太倒不高兴?正该赏雪才是。"

贾母笑道:

"何曾不高兴了?我找了她们姐妹去玩了一会子。"

薛姨妈笑道:

"昨儿晚上,我原想着今日要和我们姨太太借一天园子,摆两桌粗酒,请老太太赏雪的,又见老太太安歇的早。我听见宝儿说,老太太心里不大爽,因此,如今也不敢惊动。早知如此,我竟该请了才是呢。"

贾母笑道:

"这才是十月,是头场雪;往后下雪的日子多着呢,再破费姨太太不迟。"

　　薛姨妈笑道：

　　"果然如此，算我的孝心虔了。"

　　凤姐儿笑道：

　　"姨妈怎么忘了？如今现秤五十两银子来，交给我收着，一下
雪，我就预备下酒。姨妈也不用操心，也不得忘了。"

　　贾母笑道：

　　"既这么说，姨太太给她五十两银子收着，我和她每人分二十
五两，到下雪的日子，我装心里不爽，混过去了。姨太太更不用操
心，我和凤姐到得实惠呢！"

　　凤姐将手一拍，笑道：

　　"妙极！这和我的主意一样。"

　　众人都笑了。贾母笑道：

　　"呸！没脸的！就顺着竿子爬上来了。你不说姨太太是客，在
咱们家受屈，我们该请姨太太才是；那里有破费姨太太的理？不这
么说呢，还有脸先要五十两银子？真不害臊！"

　　凤姐笑道：

　　"我们老祖宗最是有眼色的，试一试，姨妈要
松呢，拿出五十两来，就和我分；这会子估量着不
中用了，翻过来拿我做法子，说出这些大方话来。
如今我也不和姨妈要银子了，我竟替姨妈出银子，
治了酒，请老太太吃了，我另外再对五十两银子孝
敬老祖宗，算是罚我个包揽闲事，这可好不好？"

　　话未说完，众人都笑倒在炕上。

　　贾母又因说及宝琴雪下折梅，比画儿上还好；
又细问她的年庚八字并家内景况。薛姨妈度其意
思，大约是要给她求配。薛姨妈心中因也遂意，只
是已许过梅家了，因贾母尚未说明，自己也不好拟
定，遂半吐半露，告诉贾母道：

　　"可惜了这孩子没福！前年她父亲就没了，她从小儿见的世面

> 四十九回宝
> 琴来大观园起，
> 贾母就赞她，此
> 回贾母凤姐又想
> 与宝玉撮合，可
> 见，她们二人，不
> 以黛玉为宝玉对
> 象。作者此一穿
> 插，除暗示宝玉、
> 黛玉好事难成
> 外，别无意义。

645

倒多，跟她父亲四山五岳都走遍了。她父亲好乐的，各处因有买卖，带了家眷，这一省逛一年，明年又到那一省逛半年，所以天下十停走了有五六停了。那年在这里把她许了梅翰林的儿子，偏第二年她父亲就辞世了。如今她母亲又是痰症。"

凤姐儿也不等说完，便嘴声跺脚的说：

"偏不巧！我正要做个媒呢，又已经许了人家！"

贾母笑道：

"你要给谁说媒？"

凤姐儿笑道：

"老祖宗别管。心里看准了，他们两个是一对。如今有了人家，说也无益，不如不说罢了。"

贾母也知凤姐儿的意思，听见已有人家，也就不提了。大家又闲话了一会方散。一宿无话。

次日雪晴，饭后，贾母又吩咐惜春：

"不管冷暖，你要画去。赶到年下，十分不能，就罢了。第一要紧，把昨儿琴儿和丫头、梅花，照样一笔别错，快快添上。"

惜春听了，虽是为难的事，也只得应了。一时，众人都来看她如何画。惜春只是出神。李纨因笑向众人道：

"让她自己想去，咱们且说话儿。昨儿老太太只叫做灯谜儿，回到家，和绮儿纹儿睡不着，我就编了两个四书的。她两个每人也编了两个。"

众人听了，都笑道：

"这倒该做的，先说了，我们猜猜。"

李纨笑道：

"'观音未有世家传'，打四书一句。"

湘云接着就说道：

"'在此于至善。'"

宝钗笑道：

"你也想一想'世家传'三个字的意思再猜。"

646

李纨笑道:

"再想。"

黛玉笑道:

"我猜罢。可是'虽善,无征'?"

众人都笑道:

"这句是了。"

李纨又道:

"'一池青草草何名?'"

湘云又忙道:

"这一定是'蒲芦也。'——再不是不成?"

李纨笑道:

"这难为你猜。纹儿的是'水向石边流出冷',打一古人名。"

探春笑着问道:

"可是山涛?"

李纨道:

"是。"

李纨又道:

"绮儿是个'萤'字,打一个字。",

众人猜了半日,宝琴道:

"这个意思却深,不知可是花草的'花'字?"

李绮笑道:

"恰是了。"

众人道:

"萤与花何干?"

黛玉笑道:

"妙的很! 萤可不是草化的?"

众人会意,都笑了,说:

"好。"

宝钗道:

"这些虽好,不合老太太的意;不如做些浅近的物儿,大家雅俗共赏才好。"

众人都道:

"也要做些浅近的俗物才是。"

湘云想了一想,笑道:

"我编了一支《点绛唇》,却真是个俗物,你们猜猜。"

说着,便念道:

溪壑分离,红尘游戏,真何趣? 名利犹虚,后事终难觅。

众人都不解,想了半日,也有猜是和尚的,也有猜是道士的,也有猜是偶戏人的。宝玉笑了半日,道:

"都不是。我猜着了,必定是耍的猴儿。"

湘云笑道:

"正是这个了。"

众人道:

"前头都好,末后一句怎么样解?"

湘云道:

"那一个耍的猴儿不是剁了尾巴去的?"

众人听了,都笑起来说:

"偏她编个谜儿也是刁钻古怪的!"

李纨道:

"昨日姨妈说,琴妹妹见的世面多,走的道路也多,你正该编谜儿。况且你的诗文好,为什么不编几个儿我们猜一猜?"

宝琴听了,点头含笑,自去寻思。宝钗也有一个,念道:

镂檀锲梓一层层,岂系良工堆砌成?

虽是半天风雨过,何曾闻得梵铃声?

众人猜时,宝玉也有一个,念道:

天上人间两渺茫,琅玕节过谨隄防。

鸾音鹤信须凝睇,好把歆虔答上苍。

黛玉也有了一个,念道:

骒骟何劳缚紫绳？驰城逐堑势狰狞。

主人指示风云动，鳌背三山独立名。

探春也有了一个。方欲念时，宝琴走来笑道：

"从小儿所走的地方的古迹不少，我也来挑了十个地方古迹，做了十首怀古诗。诗虽粗鄙，却怀往事，又暗隐俗物十件，姐姐们请猜一猜。"

众人听了，都说："这倒巧！何不写出来大家一看？"

第五十一回
薛小妹新编怀古诗
胡庸医乱用虎狼药

话说众人闻得宝琴将素昔所经过各省内古迹为题,做了十首怀古绝句,内隐十物,皆说"这自然新巧!"都争着看时,只见写道是:

> 五十回联诗已够热闹,此回再捧宝琴实无必要,因此,怀古诗十首稍嫌累赘,且自四十八回起,谈诗写诗联句所占篇幅嫌多,而又有故事重、人物轻之感觉,加重宝琴份量,亦不能制造宝玉、黛玉、宝钗之间的矛盾,此安排无多大作用。

赤壁怀古
赤壁沉埋水不流,徒留名姓载空舟。
喧阗一炬悲风冷,无限英魂在内游。

交趾怀古
铜柱金城振纪纲,声传海外播戎羌。
马援自是功劳大,铁笛无烦说子房。

钟山怀古
名利何曾伴女身?无端被诏出凡尘。
牵连大抵难休绝,莫怨他人嘲笑频。

淮阴怀古
壮士须防恶犬欺,三齐位定盖棺时。
寄言世俗休轻鄙:一饭之恩死也知。

广陵怀古
蝉噪鸦栖转眼过,隋堤风景近如何?
只缘占尽风流号,惹得纷纷口舌多。

桃叶渡怀古
衰草闲花映浅池,桃枝桃叶总分离。
六朝梁栋多如许,小照空悬壁上题。

青冢怀古

黑水茫茫咽不流，冰弦拨尽曲中愁。
汉家制度诚堪笑，樗栎应惭万古羞。

马嵬怀古

寂寞脂痕积汗光，温柔一旦付东洋。
只因遗得风流迹，此日衣裳尚有香。

蒲东寺怀古

小红骨贱一身轻，私掖偷携强撮成。
虽被夫人时吊起，已经勾引彼同行。

梅花观怀古

不在梅边在柳边，个中谁拾画婵娟？
团圆莫忆春香到，一别西风又一年。

众人看了，都称奇妙。宝钗先说道：

"前八首都是史鉴上有据的：后二首却无考，我们也大不懂得，不如另做两首为是。"

黛玉忙拦道：

"这宝姐姐也忒'胶柱鼓瑟^①，矫揉造作'了。两首虽于史鉴上无考，咱们虽不曾看这些外传，不知底里，难道咱们连两本戏也没见过不成？那三岁的孩子也知道，何况咱们？"

探春便道：

"这话正是了。"

李纨又道：

"况且她原走到这个地方的。这两件事虽无考，古往今来，以讹传讹，好事者竟故意的弄出这古迹来以愚人。比如那年上京的时节，便是关夫子的坟，倒见了三四处。关夫子一生事业，皆是有据的，如何又有许多的坟？自然是后来人敬爱他生前为人，只怕从这敬爱上穿凿出来，也是有的。及至看《广舆记》上，不止关夫子的坟多，自古来有名望的人，那坟就不少，无考的古迹更多。如今这两首诗虽无考，凡说书唱戏，甚至于求的签上都有。老少男女，俗语口头，人人皆知皆说的。况且又并不是看了《西厢记》、《牡丹亭》

的词曲,怕看了邪书了。这也无妨,只管留着。"

宝钗听说,方罢了。大家猜了一回,皆不是的。

冬日天短,不觉又是吃晚饭时候,一齐往前头来吃晚饭。因有人回王夫人说:

"袭人的哥哥花自芳,在外头回进来说,他母亲病重了,想她女儿,他来求恩典,接袭人家去走走。"

王夫人听了,便说:

"人家母女一场,岂有不许她去的呢?"一面就叫了凤姐来告诉了,命她酌量办理。

凤姐儿答应了,回至屋里,便命周瑞家的去告诉袭人原故。吩咐周瑞家的:

"再将跟着出门的媳妇传一个。你们两个人,再带两仝小丫头子,跟了袭人去。分头派四个有年纪的跟车。要一辆大车,你们带着坐,一辆小车,给丫头们坐。"

周瑞家的答应了,才要去,凤姐又道:

"那袭人是个省事的,你告诉说我的话:叫她穿几件颜色好衣裳,大大的包一包袱衣裳拿着,包袱要好好的,拿手炉也拿好的。临走时,叫她先到这里来我瞧。"

周瑞家的答应去了。

半日,果见袭人穿戴了,两个丫头和周瑞家的拿着手炉和衣包。凤姐看袭人头上戴着几枝金钗珠钏,倒也华丽;又看身上穿着桃红百花刻丝银鼠袄,葱绿盘金彩绣绵裙,外面穿着青缎灰鼠褂。凤姐笑道:

"这三件衣裳都是太太赏的了,倒是好的;但这褂子太素了些,如今穿着也冷,你该穿一件大毛的。"

袭人笑道:

"太太就给了这件灰鼠的,还有件银鼠的,说赶年下再给大毛的呢。"

凤姐笑道:

"我倒有一件大毛的，我嫌风毛②出的不好了，正要改去，——也罢，先给你穿去罢。等年下太太给你做的时节，我再改罢，只当你还我的一样。"

众人都笑道：

"奶奶惯会说这话。成年家大手大脚的，替太太不知背地里赔垫了多少东西，真真赔的是说不出来的，那里又和太太算去？偏这会子又说这小器话。取笑来了。"

凤姐儿笑道：

"太太那里想的到这些？究竟这又不是正经事。再不照管，也是大家的体面。说不得我自己吃些亏，把众人打扮体统了，宁可我得个好名儿也罢了，一个一个，'烧糊了的卷子'似的，人先笑话我，说我当家倒把人弄出个花子来了。"众人听了，都叹说：

"谁似奶奶这样圣明！在上体贴太太，在下又疼顾下人。"

一面说，一面只见凤姐命平儿将昨日那件石青刻丝八团天马皮褂子拿出来给了袭人。又看包袱，只得一个弹墨花绫水红绸里的夹包袱，里面只见包着两件半旧绵袄合皮褂子。凤姐又命平儿把一个玉色绸里的哆啰呢包袱拿出来，又命包上一件雪褂子。平儿走去拿了出来。一件是件旧大红猩猩毡的，一件是半旧大红羽缎的。袭人道：

"一件就当不起了。"

平儿笑道：

"你拿这猩猩毡的。把这件顺手带出来，叫人给邢大姑娘送出。昨儿那么大雪，人人都穿着不是猩猩毡，就是羽缎的，十来件大红衣裳，映着大雪，好不齐整！只见她穿着那几件旧衣裳，越发显的拱肩缩背，好不可怜见的！如今把这件给她罢。"

凤姐笑道：

"我的东西，她私自就要给人。我一个还花不够，再添上你提着，更好了！"

众人笑道：

"这都是奶奶素日孝敬太太,疼爱下人;要是奶奶素日是小器的,收着东西为事的,不顾下人的,姑娘那里敢这么着?"

凤姐笑道:

"所以知道我的,也就是她还知三分罢了。"说着,又嘱咐袭人道:"你妈要好了就罢,要不中用了,只得住下,打发人来回我,我再另打发人给你送铺盖去。可别使她们的铺盖和梳头的家伙。"

又吩咐周瑞家的道:

"你们自然是知道这里的规矩的,也不用我吩咐了。"

周瑞家的答应:

"都知道。我们这去到那里,总叫他们的人回避。要住下,必是另要一两间内房的。"

说着,跟了袭人出去,又吩咐小厮预备灯笼,遂坐车往花自芳家来。不在话下。

这里凤姐又将怡红院的嬷嬷唤了两个来,吩咐道:

"袭人只怕不来家了。你们素日知道那个大丫头知好歹,派出来在宝玉屋里上夜。你们也好生照管着,别由着宝玉胡闹。"

两个嬷嬷答应着去了,一时来回说:

"派了晴雯和麝月在屋里,我们四个人原是轮流着带管上夜的。"

凤姐听了点头,又说道:

"晚上催他早睡,早上催他早起。"

老嬷嬷们答应了,自回园去。

一时,果有周瑞家的带了信,回凤姐说:

"袭人之母业已停床,不能回来。"

凤姐回明了王夫人,一面着人往大观园去取她的铺盖妆奁。宝玉看着晴雯麝月二人打点妥当。送去之后,晴雯麝月皆卸罢残妆,脱换过裙袄。晴雯只在薰笼上围坐。麝月笑道:

"你今儿别装小姐了,我劝你也动一动儿。"

晴雯道:

“等你们都去净了，我再动不迟。有你们一日，我且受用了一日。”

麝月笑道：

“好姐姐，我铺床，你把那穿衣镜的套子放下来，上头的划子划上。你的身量比我高些。”

说着，便去给宝玉铺床。晴雯"嗤"了一声，笑道：

“人家才坐暖和了，你就来闹！”

此时宝玉正坐着纳闷，想袭人之母不知是死是活，忽听见晴雯如此说，便自己起身出去，放下镜套，划上消息，进来笑道：

“你们暖和罢，我都弄完了。”

晴雯笑道：

“终久暖和不成，我又想起来，汤婆子还没拿来呢。”

麝月道：

“这难为你想着！她素日又不要汤壶，咱们那薰笼上又暖和，比不得那屋里炕凉，今儿可以不用。”

宝玉笑道：

“你们两个都在那上头睡了，我这外边没个人，我怪怕的，一夜也睡不着。”

晴雯道：

“我是在这里睡的，麝月，你叫她往外边睡去。”

说话之间，天已二更，麝月早已放下帘幔，移灯炷香，伏侍宝玉卧下，二人方睡。晴雯自在薰笼上，麝月便在暖阁外边。

至三更以后，宝玉睡梦之中便叫袭人，叫了两声，无人答应，自己醒了，方想起袭人不在家，自己也好笑起来。晴雯已醒，因唤麝月，道：

“连我都醒了，她守在旁边，还不知道，真是挺死尸呢！”

麝月翻身，打个哈欠，笑道：

“他叫袭人，与我什么相干？”因问：“做什么？”

宝玉说：“要吃茶。”麝月忙起来，单穿着红绸小绵袄儿。宝玉

道:

"披了我的皮袄再去,仔细冷着。"

麝月听说,回手便把宝玉披着起来的一件貂颏满襟暖袄披上,下去向盆内洗洗手,先倒了一钟温水,拿了大漱盂,宝玉漱了口。然后才向茶桶上取了茶碗,先用温水过了,向暖壶中倒了半碗茶,递给宝玉吃了。自己也漱了一漱,吃了半碗。晴雯笑道:

"好妹妹,也赏我一口儿呢!"

麝月笑道:"越发上脸儿了!"

晴雯道:

"好妹妹,明儿晚上你别动,我伏侍你一夜,如何?"

麝月听说,只得也伏侍她漱了口,倒了半碗茶给她吃了。麝月笑道:

"你们两个别睡,说着话儿,我出去走走回来。"

晴雯笑道:

"外面有个鬼等着呢。"

宝玉道:

"外头自然有大月亮的。我们说着话,你只管去。"一面说,一面便嗽了两声。

麝月便开了后房门,揭起毡帘一看,果然好月色。晴雯等她出去,便欲唬她玩耍。仗着素日比别人气壮,不畏寒冷,也不披衣,只穿着小袄,便蹑手蹑脚的下了薰笼,随后出来。宝玉劝道:

"罢呀!冻着不是玩的!"

晴雯只摆手,随后出了屋门,只见月光如水。忽听一阵微风,只觉侵肌透骨,不禁毛骨悚然,心下自思道:"怪道人说热身子不可被风吹,这一冷果然利害!"一面正要唬她,只听宝玉在内高声说道:

"晴雯出来了!"

晴雯忙回身进来，笑道：

"那里就唬死了她？偏惯会这么蝎蝎螫螫③，老婆子的样儿！"

宝玉笑道：

"倒不是怕唬坏了她。头一件，你冻着也不好；二则她不防，不免一喊，倘或惊醒了别人，不说咱们是玩意儿，倒反说袭人才去了一夜，你们就见神见鬼的。你来把我这边的被掖掖罢。"

晴雯听着，就上来掖了一掖，伸手进去，就渥一渥。宝玉笑道：

"好冷手！我说看冻着！"

一面又见晴雯两腮如胭脂一般，用手摸一摸，也觉冰冷，宝玉道：

"快进被来渥渥罢。"

一语未了，只听咯噔的一声门响，麝月慌慌张张的笑着进来，说着笑道：

"唬我一跳！好的黑影子里，山子石后头，只见一个人蹲着，我才要叫喊，原来是那个大锦鸡，见了人一飞。飞到亮处来，我才见了。要冒冒失失一嚷，倒闹起人来。"一面说，一面洗手，又笑道："说晴雯出去了？我怎么没见？一定是要唬我去了。"

宝玉笑道：

"这不是她？在这里渥着呢。我若不嚷的快，可是倒唬一跳。"

晴雯笑道：

"也不用我唬去，这小蹄子已经自惊自怪的了。"

一面说，一面仍回自己被中去。麝月道：

"你就这么跑解马的打扮儿④伶伶俐俐的出去了不成？"

宝玉笑道：

"可不就是这么出去了？"

麝月道：

"你死不拣好日子！你出去自站一站瞧，把皮不冻破了你的！"

说着，又将火盆上的铜罩揭起，拿灰锹重将熟炭埋了一埋，拈了两块速香放上，仍旧罩了，至屏后重剔亮了灯，方才睡下。

晴雯因方才一冷,如今又一暖,不觉打了两个喷嚏。宝玉叹道:

"如何?到底伤了风了!"

麝月笑道:

"她早起就嚷不受用,一日也没吃碗正经饭。她这会子不说保养着些,还要捉弄人。明儿病了,叫她自作自受!"

宝玉问道:"头上热不热?"

晴雯嗽了两声,说道:

"不相干,那里这么娇嫩起来了!"

说着,只听外间屋里十锦槅上的自鸣钟"当当"的两声,外间值宿的老嬷嬷嗽了两声,因说道:

"姑娘们睡罢,明儿再说笑罢。"

宝玉方悄悄的笑道:

"咱们别说话了,看又惹她们说话。"说着,方大家睡了。

至次日起床,晴雯果觉有些鼻塞声重,懒怠动弹。宝玉道:

"快别声张!太太知道了,又要叫你搬回家去养着。家里纵好,到底冷些,不如在这里。你就在里间屋里躺着,我叫人请了大夫,悄悄的,从后门进来瞧瞧就是了。"

晴雯道:

"虽这么说,你到底要告诉大奶奶一声儿;不然,一时大夫来了,人问起来怎么说呢?"

宝玉听了有理,便唤一个老嬷嬷来吩咐道:

"你回大奶奶去,就说晴雯白冷着了些,不是什么大病。袭人又不在家,她若家去养病,这里更没有人了。传一个大夫,从后门悄悄的进来瞧瞧,别回太太了。"

老嬷嬷去了半日,回来说:

"大奶奶知道了,说:两剂药好了便罢;若不好时,还是出去为是。如今时气不好,沾染了别人事小,姑娘们的身子要紧。"

晴雯睡在暖阁里,只管咳嗽,听了这话,气的嚷道:

"我那里就害瘟病了？生怕招了人！我离了这里，看你们这一辈子都别头疼脑热的！"

说着，便真要起来。宝玉忙按她笑道：

"别生气。这原是她的责任，生恐太太知道了说她。不过白说一句。你素昔又爱生气，如今肝火自然又盛了。"

正说时，人回大夫来了。宝玉便走过去，避在书架后面，只见两三个后门口的老婆子带了一个太医进来。这里的丫头都回避了，有三四个老嬷嬷放下暖阁上的红绣幔，晴雯从幔中单伸出手来。那大夫见这只手上有两根指甲，足有二三寸长，尚有金凤仙花染的通红的痕迹，便回过头来。有一个老嬷嬷忙拿了一块绢子掩上了，那大夫方诊了一回脉，起身到外间，向嬷嬷们说道：

"小姐的症是外感内滞。近日时气不好，竟算是个小伤寒，幸亏是小姐素日饮食有限，风寒也不大，不过是气血原弱，偶然沾染了些。吃两剂药疏散疏散就好了。"说着，便又随婆子们出去。

彼时李纨已遣人知会过后门上的人及各处丫鬟回避，大夫只见了园中景致，并不曾见一个女子。一时出了园门，就在守园门的小厮们的班房内坐了，开了药方。老嬷嬷道：

"老爷且别去，我们小爷啰唆，恐怕还有话问。"

那太医忙道：

"方才不是小姐，是位爷不成？那屋子竟是绣房，又是放下幔子来瞧的，如何是位爷呢？"

老嬷嬷笑道：

"我的老爷，怪道小子才说，今儿请了一位新太医来了，真不知我们家的事！那屋子是我们小哥儿的，那人是屋里的丫头，倒是个大姐，那里的小姐的绣房？小姐病了，你那么容易就进去了？"说着，拿了药方进去。

宝玉看时，上面有紫苏、桔梗、防风、荆芥等药，后面又有枳实、麻黄。宝玉道：

"该死，该死！他拿着女孩儿们也像我们一样的治法，如何使得？凭她有什么内滞，这枳实、麻黄，如何禁得？谁请了来的？快打发他去罢！再请一个熟的来罢。"

老嬷嬷道：

"用药好不好，我们不知道。如今再叫小厮去请王大夫去倒容易，只是这个大夫又不是告诉总管房请的，这马钱是要给他的。"

宝玉道：

"给他多少？"

婆子道：

"少了不好，看来得一两银子，才是我们这样门户的礼。"

宝玉道：

"王大夫来了，给他多少？"

婆子笑道：

"王大夫和张大夫每常来了，也并没个给钱的，不过每年四节，一大趸儿送礼。那是一定的年例。这个人新来了一次，须得给他一两银子。"

宝玉听说，便命麝月去取银子。麝月道：

"花大姐姐还不知搁在那里呢。"

宝玉道：

"我常见着在那小螺甸柜子里拿银子，我和你找去。"

说着，二人来至袭人堆东西的房内，开了螺甸柜子。上一槅都是些笔、墨、扇子、香饼、各色荷包、汗巾等类的东西；下一槅却有几串钱。于是开了抽屉，才看见一个小笸箩内放着几块银子，倒也有戥子。麝月便拿了一块银，提起戥子来问宝玉：

"那是一两的星儿？"

宝玉笑道：

"你问的我有趣儿！你倒成了是才来的了！"

麝月也笑了，又要去问人。宝玉道：

"拣那大的给他一块就走了。又不做买卖，算这些做什么！"

麝月听了，便放下戥子，拣了一块，掂了一掂，笑道：

"这一块只怕是一两了。宁可多些好,别少了,叫那穷小子笑话。不说咱们不认得戥子,倒说咱们有心小器似的。"

那婆子站在门口笑道:

"那是五两的锭子夹了半个,这一块,至少还有二两呢。这会子又没夹剪,姑娘收了这块,拣了一块小些的。"

麝月早关了柜子出来,笑道:

"谁又找去呢?多少你拿了去就完了。"

宝玉道:

"你快叫焙茗再请个大夫来罢。"

婆子接了银子,自去料理。

一时,焙茗果请了王大夫来。先诊了脉,后说病症,也与前头不同。方子上果然没有枳实、麻黄等药,倒有当归、陈皮、白芍等药,那分两较先也减了些。宝玉喜道:

"这才是女孩儿们的药。虽疏散,也不可太过。旧年我病了,却是伤寒,内里饮食停滞,他瞧了,还说我禁不起麻黄、石膏、枳实等狼虎药。我和你们就如秋天芸儿送我的那才开的白海棠似的。我禁不起的药,你们那里禁得起?比如人家坟里的大杨树,看着枝叶茂盛,都是空心子的。"

麝月笑道:

"野坟里只有杨树,难道就没有松柏不成?最讨人嫌的是杨树:那么大树,只一点子叶子;没一点风儿,它也是乱响。你偏要比它,你也太下流了!"

宝玉笑道:

"松柏不敢比。连孔夫子都说'岁寒然后知松柏之后凋'呢。可知这两件东西高雅,不害臊的才拿它混比呢。"

说着,只见老婆子取了药来。宝玉命把煎药的银吊子找了出来,就命在火盆上煎。晴雯因说:

"正经给他们茶房里煎去罢咧,弄的这屋里药气,如何使得?"

宝玉道:

"药气比一切的花香还香呢。神仙采药烧药,再者,高人逸士,采药治药,最妙的一件东西! 这屋里我正想各色都齐了。就只少药香,如今恰全了。"

一面说,一面早命人煨上。又嘱咐麝月打点些东西,叫个老嬷嬷去看袭人,劝她少哭。——妥当,方过前边,来贾母王夫人处请安吃饭。

正值凤姐儿和贾母王夫人商议,说:

"天又短又冷,不如以后大嫂子带着姑娘们在园子里吃饭;等天暖和了,再来回的跑,也不妨。"

王夫人笑道:

"这也是好主意。刮风下雪倒便宜,吃东西受了冷气也不好;空心走来,一肚子冷气,压上些东西也不好。不如园子后门里头的五间大屋子,横竖有女人们上夜的,挑两个女厨子在那里单给她姐妹弄饭。新鲜菜蔬是有分例的,在总管帐房里支了去,或要钱、或要东西。那些野鸡獐狍,各样野味,分些给她们就是了。"

贾母道:

"我也正想着呢,就怕又添厨房事多些。"

凤姐道:

"并不事多:一样的分例,这里添了,那里减了。就便多费些事,小姑娘们受了冷气,别人还可,第一,林妹妹如何禁得住? 就连宝玉兄弟也禁不住。况兼众位姑娘都不是结实身子。"

贾母道:

"正是这个了。上次我要说这话,我见你们事太多,如今又添出些事来,你们固然不敢抱怨,未免想着我只顾疼这些小孙子孙女儿们,就不体贴你们这当家人了。你既这么说出来,便好了。"

因此时薛姨妈李婶娘都在座,邢夫人及尤氏等也都过来请安,还未过去,贾母因向王夫人等说道:

"今日我才说这话,素日我不说:一则怕逼了凤丫头的脸,二则众人不服。今日你们都在这里,都是经过姒娌姑嫂的,还有她这么想得到的没有?"

薛姨妈、李婶娘、尤氏齐笑说:

"真个少有! 别人不过是礼上的面情儿,实在她是真疼小姑子小叔子。就是老太太跟前,也是真孝顺。"

贾母点头叹道:

"我虽疼她,我又怕她伶俐了,也不是好事。"

凤姐儿忙笑道:

"这话老祖宗说差了。世人都说太伶俐聪明,怕活不长。世人都说,世人都信,独老祖宗不当说,不当信。老祖宗只有伶俐聪明过我十倍的,怎么如今这么福寿双全的? 只怕我明儿还胜老祖宗一倍呢? 我活一千岁后,等老祖宗归了西,我才死呢!"

贾母笑道:

"众人都死了,单剩咱们两个老妖精,有什么意思?"

说的众人都笑了。

① 胶柱鼓瑟——瑟是一种古乐器,有五十根弦的,也有二十五根弦的。上面有柱,就是架弦来调音的。胶柱鼓瑟就是说把瑟上的柱胶住了再弹。这是比喻人的固执不化。
② 风毛——皮衣服的领子上边、对襟、下摆、开叉等处露出的皮毛叫作风毛。
③ 蝎(xiē)蝎螫(shì)螫——问题不大,而过分地表示关心、怜惜。
④ 跑解(xiè)马的打扮儿——跑解马又名跑马解,是一种民间技艺,表演者均穿短衣。这里是指穿短衣而言。

第五十二回　俏平儿情掩虾须镯
勇晴雯病补孔雀裘

宝玉因惦记着晴雯等事，便先回园里来。到了屋中，药香满室，一人不见，只有晴雯独卧于炕上，脸上烧的飞红。又摸了一摸，只觉烫手；忙又向炉上将手烘暖，伸进被去，摸了摸身上，也是火热。因说道：

"别人去了也罢，麝月秋纹也这么无情，各自去了？"

晴雯道：

"秋纹是我撵了她去吃饭了，麝月才方是平儿来找她出去了。两个人鬼鬼祟祟的，不知说什么，必是说我病了不出去。"

宝玉道：

"平儿不是那样人。况且她并不知你病，特来瞧你，想来一定是找麝月来说话，偶然见你病了，随口说，特瞧你的病，这也是人情乖觉取和儿的常事。便不出去，又与她何干。你们素日又好，断不肯为这无干的事伤和气。"

晴雯道：

"这话也是了，只是疑她为什么忽然又瞒起我来？"

宝玉笑道：

> 写宝玉偷听而不写平儿当面直言，甚妙。

"等我从后门出去，到那窗户根下，听听说些什么，来告诉你。"

说着，果然从后门出去至窗下潜听。麝月悄悄问道：

"你怎么就得了的？"

平儿道：

"那日彼时洗手时不见了，二奶奶就不许吵嚷，出了园子，即刻就传给园里各处的妈妈们，小心访查。我们只疑惑邢姑娘的丫头，本来又穷，只怕小孩子家没见过，拿起来是有的，再不料定是你们这里的。幸而二奶奶没在屋里，你们这里的宋妈去了，拿着这支镯子，说是小丫头坠儿偷起来的，被她看见，来回二奶奶的。我赶忙接了镯子，想了一想。宝玉是偏在你们身上留心用意，争胜要强的。那一年有个良儿偷玉，刚冷了这二年，闲时还常有人提起来趁愿，这会子又跑出一个偷金子的来了，而且更偷到街坊家去了。偏是他这么着，偏是他的人打嘴。所以我倒忙叮咛宋妈，千万别告诉宝玉，只当没有这事，总别和一个人提起。第二件，老太太、太太听了生气。三则袭人和你们也不好看。所以我回二奶奶，只说：'我往大奶奶那里去来着。谁知镯子褪了口，丢在草根底下，雪深了，没看见。今儿雪化尽了，黄澄澄的映着日头，还在那里呢，我就捡了起来。'二奶奶也就信了，所以我来告诉你们。你们以后防着她些，别使唤她到别处去。等袭人回来，你们商议着，变个法子打发出去就完了。"

麝月道：

"这小娼妇也见过些东西，怎么这样眼浅！"

平儿道：

"究竟这镯子能多重？原是二奶奶的，说这叫做'虾须镯'；倒是这颗珠子重了。晴雯那蹄子是块爆炭，要告诉了她，她是忍不住的，一时气上来，或打或骂，依旧嚷出来，所以单告诉你留心就是了。"说着，便作辞而去。

宝玉听了，又喜、又气、又叹：喜的是平儿竟能体贴自己的心，气的是坠儿小窃，叹的是坠儿那样伶俐，做出这丑事来。因而回至房中，把平儿之话，一长一短，告诉了晴雯。又说：

"她说你是个要强的，如今病了，听了这话，越发要添病，等好了再告诉你。"

晴雯听了，果然气的蛾眉倒蹙，凤眼圆睁，即时就叫坠儿。宝

665

玉忙劝道：

"这一喊出来，岂不辜负了平儿待你我的心呢？不如领她这个情，过后打发她出去就完了。"

晴雯道：

"虽如此说，只是这气如何忍得住？"

宝玉道：

"这有什么气的？你只养病就是了。"

晴雯服了药，至晚间又服了二和，夜间虽有些汗，还未见效，仍是发烧头疼，鼻塞声重。次日，王太医又来诊视，另加减汤剂。虽然稍减了烧，仍是头疼。宝玉便命麝月取鼻烟来给她闻些，痛打几个嚏喷，就通快了。麝月果真去取了一个金镶双金星玻璃小扁盒儿来，递给宝玉。宝玉便揭开盒盖，里面是个西洋 珐琅的黄发赤身女子，两肋又有肉翅，里面盛着些真正上等洋烟。晴雯只顾看画儿。宝玉道：

"闻些，走了气就不好了。"

晴雯听说，忙用指甲挑了些抽入鼻中，不见怎么，便又多多挑了些抽入，忽觉鼻中一股酸辣透入囟门①，接连打了五六个嚏喷，眼泪鼻涕登时齐流。晴雯忙收了盒子，笑道：

"了不得，辣！快拿纸来！"

早有小丫头子递过一搭子细纸，晴雯便一张一张的拿来醒鼻子。宝玉笑问：

"如何？"

晴雯笑道：

"果然通快些，只是太阳还疼。"

宝玉笑道：

"越发尽用西洋药治一治，只怕就好了。"说着，便命麝月："往二奶奶要去，就说我说了：姐姐那里常有那西洋贴头疼的膏子药，叫做'依弗哪'，找寻一点儿。"

麝月答应，去了半日，果然拿了半节来，便去找了一块红缎子角儿，铰了两块指顶大的圆式，将那药烤和了，用簪挺摊上。晴雯自拿着一面靶儿镜子贴在两太阳上。麝月笑道：

"病的蓬头鬼一样，如今贴了这个，倒俏皮了！二奶奶贴惯了，倒不大显。"说毕，又向宝玉道："二奶奶说：明儿是舅老爷的生日，太太说了，叫你去呢。明儿穿什么衣裳？今儿晚上，好打点齐备了，省的明儿早起费手。"

宝玉道：

"什么顺手，就是什么罢了。一年闹生日也闹不清。"

说着，便起身出房，往惜春屋里去看画儿。刚到院门外边，忽见宝琴小丫头名小螺的从那边过去，宝玉忙赶上问：

"哪里去？"

小螺笑道：

"我们二位姑娘都在林姑娘屋里呢，我如今也往那里去。"

宝玉听了，转步也便和她往潇湘馆来。不但宝钗姐妹在此，且连岫烟也在那里。四人围坐在薰笼上叙家常。紫鹃倒坐在暖阁里，临窗户做针线。一见他来，都笑说：

"又来了一个。没了你的坐处了。"

宝玉笑道：

"好一幅'冬闺集艳图'！可惜我迟来了！横竖这屋子比各屋子暖，这椅子坐着并不冷。"

说着，便坐在黛玉常坐的地方——上搭着灰鼠椅搭一张椅上。因见暖阁之中有一玉石条盆。里面攒三聚五，栽着一盆单瓣水仙，宝玉便极口赞道：

"好花！这屋子越暖，这花香的越浓！怎么昨儿没见？"

黛玉笑道：

"这是你家的大总管赖大奶奶送薛二姑娘的。两盆水仙，两盆腊梅。她送了我一盆水仙，送了云丫头一盆腊梅。我原不要的，又恐辜负了她的心。你若要，我转送你，如何？"

宝玉道：

"我屋里却有两盆，只是不及这个。琴妹妹送你的，如何又转送人？这个断断使不得。"

黛玉道：

"我一日药吊子不离火，我竟是药培着呢，那里还搁的住花香来薰？越发弱了。况且这屋子里一股药香，反把这花香搅坏了，不如你抬了去，这花儿倒清净了，没什么杂味来搅它。"

宝玉笑道：

"我屋里今儿也有个病人煎药呢。你怎么知道的？"

黛玉笑道：

"这说奇了。我原是无心话，谁知你屋里的事？你不早来听古记儿，这会子来了，自惊自怪的。"

宝玉笑道：

"咱们明儿下一社，又有了题目了，就咏水仙，腊梅。"

黛玉听了，笑道：

"罢，罢！再不敢作诗了。做一回，罚一回，没的怪羞的。"

说着，便两手握起脸来。宝玉笑道：

"何苦来？又打趣我做什么？我还不怕臊呢，你倒握起脸来了。"

宝钗因笑道：

"下次我邀一社，四个诗题，四个词题。每人四首诗，四首词。头一个诗题，'咏太极图'，限'一先'的韵，五言排律，要把一先的韵都用尽了，一个不许剩。"

宝琴笑道：

"这一说，可知是姐姐不是真心起社了，这分明是难人。要论起来，也强扭的出来，不过颠来倒去，弄些易经上的话生填，究竟有何趣味？我八岁的时节，跟我父亲到西海沿上买洋货。谁知有个真真国的女孩子，才十五岁，那脸面就和那西洋画上的美人一样，也披着黄头发，打着联垂，满头带着都是玛瑙、珊瑚、猫儿眼、祖母绿；身上穿着金丝织的锁子甲，洋绵袄袖，带着倭刀，也是镶金嵌宝的。实在画儿上也没她那么好看！有人说，她通中国的诗书，会讲五经，能做诗填词。因此，我父亲央烦了一位通官②烦她写了一张字，就写她做的诗。"众人都称道奇异。

宝玉忙笑道：

"好妹妹，你拿出来我们瞧瞧。"

宝琴笑道：

"在南京收着呢，此时那里去取？"

宝玉听了，大失所望，便说：

"没福得见这世面！"

黛玉笑着拉宝琴道：

"你别哄我们。我知道你这一来，你的这些东西，未必放在家里，自然都是要带上来的。这会子又扯谎，说没带来。他们虽信，我是不信的。"

宝琴便红了脸，低头微微笑不答。宝钗笑道：

"偏这颦儿惯说这些话。你就伶俐的太过了。"

黛玉笑道：

"带了来，就给我们见识见识也罢了。"

宝钗笑道：

"箱子笼子一大堆，还没清理呢，知道在那个里头呢？等过日子收拾了找出来，大家再看罢了。"又向宝琴道："你要记得，何不念念，我们听听？"

宝琴答道：

"记得她做的五言律一首。要论外国的女子，也就难为她了。"

宝钗道：

"你且别念，等我把云儿叫了来，也叫她听听。"说着，便叫小螺来，吩咐道："你到我那里去，就说我们这里有一个外国的美人来了，做的好诗，请你这'诗疯子'来瞧去；再把我们'诗呆子'也带来。"

小螺笑着去了。半日，只听湘云笑问：

669

"那一个外国的美人来了？"

一头说，一头走，和香菱来了。众人笑道：

"人未见形，先已闻声。"

宝琴等让坐，遂把方才的话重告诉了一遍。湘云笑道：

"快念来听听。"

宝琴因念道：

> 昨夜朱楼梦，今宵水国吟。
>
> 岛云蒸大海，岚气接丛林。
>
> 月本无今古，情缘自浅深。
>
> 汉南春历历，焉得不关心？

众人听了，都道：

"难为她！ 竟比我们中国人还强。"

一语未了，只见麝月走来说：

"太太打发了人来告诉：二爷明儿一早往舅舅那里去，就说太太身上不大好，不得亲身来。"

宝玉忙站起来答应道：

此处写黛玉欲言又止，宝玉的关心以及最后一问，不但细腻之至，而且大有文章。宝玉比黛玉了解宝钗用心。

"是。"因问宝钗宝琴：

"你们二位可去？"

宝钗道：

"我们不去。昨儿单送了礼去了。"

大家说了一回方散。宝玉因让诸姐妹先行，自己在后面，黛玉便又叫住他，问道：

"袭人到底多早晚回来？"

宝玉道：

"自然等送了殡才来呢。"

黛玉还有话说，又不能出口，出了一回神，便说道：

"你去罢。"

宝玉也觉心里有许多话，只是口里不知要说什么，想了一想，也笑道："明儿再说罢。"

一面下台阶，低头正欲迈步，复又忙回身问道：

"如今夜越发长了，你一夜咳嗽几次？醒几遍？"

黛玉道：

"昨儿夜里好了，只咳嗽两遍；却只睡了四更一个更次，就再不能睡了。"

宝玉又笑道：

"正是，有句要紧的话，这会子才想起来。"一面说，一面便挨近身来，悄悄道："我想宝姐姐送你的燕窝——"

一语未了，只见赵姨娘走进来瞧黛玉，问：

"姑娘，这几天可好了？"

黛玉便知她从探春处来，从门前过，顺路的人情，忙陪笑让坐，说：

"难得姨娘想着！怪冷的，亲自走来。"又忙命倒茶，一面又使眼色给宝玉。

宝玉会意，便走了出来。正值吃晚饭时，见了王夫人，又嘱咐他早去。宝玉回来，看晴雯吃了药，此夕宝玉便不命晴雯挪出暖阁来，自己便在晴雯外边。又命将薰笼抬至暖阁前，麝月便在薰笼上睡。一宿无话。

至次日，天未明，晴雯便叫醒麝月道：

"你也该醒了，只是睡不够！你出去叫人给他预备茶水，我叫醒他就是了。"

麝月忙披衣起来道：

"咱们叫他起来穿好衣裳，抬过这火箱③去，再叫他们进来。老妈妈们已经说过，不叫他在这屋里，怕过了病气；如今他们见咱们挤在一处，又该唠叨了。"

晴雯道：

"我也是这么说。"

二人才叫时，宝玉已醒了，忙起身披衣。麝月先叫进小丫头子来收拾妥了，才命秋纹等进来一同伏侍。宝玉梳洗已毕，麝月道：

"天又阴阴的,只怕下雪,穿一套毡子的罢。"宝玉点头,即时换了衣裳。小丫头便用小茶盘捧了一盖碗建莲红枣汤来,宝玉喝了两口。麝月又捧过一小碟法制紫姜来,宝玉嗑了一块,又嘱咐了晴雯,便忙往贾母处来。

贾母犹未起来,知道宝玉出门,便开了屋门,命宝玉进去。宝玉见贾母身后,宝琴面向里睡着未醒。贾母见宝玉身上穿着荔枝色哆啰呢的箭袖,大红猩猩毡盘金彩绣石青妆缎沿边的排穗褂。贾母道:

"下雪呢么?"

宝玉道:

"天阴着,还没下呢."

贾母便命鸳鸯来:

"把昨儿那一件孔雀毛的氅衣给他罢。"

鸳鸯答应走去,果取了一件来。宝玉看时,金翠辉煌,碧彩闪灼,又不似宝琴所披之凫靥裘。只听贾母笑道:

"这叫做'雀金泥',这是俄罗斯国拿孔雀毛拈了线织的。前儿那件野鸭子的给了你小妹妹,这件给你罢。"

宝玉磕了一个头,便披在身上。贾母笑道:

"你先给你娘瞧瞧去再去。"

宝玉答应了,便出来,只见鸳鸯站在地上揉眼睛。因自那日鸳鸯发誓绝婚之后,她总不合宝玉说话,宝玉正自日夜不安。此时见她又要回避,宝玉便上来笑道:

"好姐姐,你瞧瞧,我穿着这个好不好?"

鸳鸯一摔手,便进贾母屋里来了。宝玉只得到了王夫人屋里,给王夫人看了,然后又回至园中,给晴雯麝月看过,来回复贾母,说,

"太太看了,只说,可惜了的,叫我仔细穿,别糟蹋了。"

贾母道:

"就剩下这一件,你糟蹋了,也再没了。这会子特给你做这个,

也是没有的事。"说着，又嘱咐："不许多吃酒，早些回来。"

宝玉应了几个"是"。老嬷嬷跟至厅上。只见宝玉的奶兄李贵、王荣和张若锦、赵亦华、钱升、周瑞六个人，带着焙茗、伴鹤、锄药、扫红四个小厮，背着衣包，拿着坐褥，笼着一匹雕鞍彩辔的白马，已伺候多时了。老嬷嬷又嘱咐他们些话，六个人连应了几个"是"，忙捧鞍坠镫。宝玉慢慢的上了马。李贵、王荣笼着嚼环，钱升、周瑞二人在前引导，张若锦、赵亦华在两边，紧贴宝玉身后。宝玉在马上笑道：

"周哥，钱哥，咱们打这角门走罢，省了到老爷的书房门口，又下来。"

周瑞侧身笑道：

"老爷不在书房里，天天锁着，爷可以不用下来罢了。"

宝玉笑道：

"虽锁着，也要下来的。"

钱升李贵都笑道：

"爷说的是。就托懒不下来，倘或遇见赖大爷林二爷，虽不好说爷，也要劝两句，所有的不是，都派在我们身上，又说我们不教给爷礼了。"

周瑞、钱升便一直出角门来。

正说话时，顶头见赖大进来，宝玉忙笼住马，意欲下来。赖大忙上来抱住腿。宝玉便在镫上站起来，笑着，携手说了几句话。接着又见几个小厮，带着二三十人，拿着扫帚簸箕进来，见了宝玉，都顺墙垂手立住，独为首的小厮打了个千儿，说请爷安。宝玉不知名姓，只微笑点点头儿，马已过去，那人方带人去了。于是出了角门外，有李贵等六人的小厮并几个马夫，早预备下十来匹马专候，一出角门，李贵等各上马前引，一阵烟去了。不在话下。

这里晴雯服了药，仍不见病退，急的乱骂大夫，说：

"只会哄人的钱！一剂好药也不给人吃。"

麝月笑劝她道：

"你太性急了。俗语说:'病来如山倒,病去如抽丝。'又不是老君的仙丹,那有这么灵药?你只静养几天,自然就好了。你越急越费手。"

晴雯又骂小丫头子们:

"那里攒沙去了!瞅着我病了,都大胆子走了。明儿我好了,一个个的才揭了你们的皮!"

吓的小丫头子定儿忙进来问:

"姑娘做什么?"

晴雯道:

"别人都死了,就剩了你不成?"说着,只见坠儿也蹭进来了。晴雯道:

"你瞧瞧这小蹄子!不问她还不来呢!这里又放月钱了,又散果子了,你该跑在头里了。你往前些!我是老虎,吃了你?"

坠儿只得往前凑了几步,晴雯便冷不防,欠身一把将她的手抓住,向枕边拿起一丈青④来,向她手上乱戳,又骂道:

"要这爪子做什么?拈不动针,拿不动线,只会偷嘴吃!眼皮子又浅,爪子又轻,打嘴现世的,不如戳烂了!"

坠儿疼的乱喊。麝月忙拉开,按着晴雯躺下,道:

"你才出了汗,又作死!等你好了,要打多少打不得?这会子闹什么?"

> 晴雯好强好胜,不肯饶人,作者又在此处彩笔一挥,轻轻点出。

晴雯便命人叫宋嬷嬷进来,说道:

"宝二爷才告诉了我,叫我告诉你们;坠儿很懒。宝二爷当面使她,她拨嘴儿不动,连袭人使她,她也背地里骂。今儿务必打发她出去,明儿宝二爷亲自回太太就是了。"

宋嬷嬷听了,心下便知镯子事发,因笑道:

"虽如此说,也等花姑娘回来,知道了,再打发她。"

晴雯道:

"宝二爷今儿千叮咛万嘱咐的。什么'花姑娘''草姑娘'的?

我们自然有道理！你只依我的话，快叫她家的人来领她出去。"

麝月道：

"这也罢了。早也是去，晚也是去，早带了去，早清净一日。"

宋嬷嬷听了，只得出去唤了她母亲来，打点了她的东西。又见了晴雯等，说道：

"姑娘们怎么了？你侄女儿不好，你们教导她，怎么撵出去？也到底给我们留个脸儿。"

晴雯道：

"这话只等宝玉来问他，与我们无干。"

那媳妇冷笑道："我有胆子问他去？他那一件事不是听姑娘们的调停？他纵依了，姑娘们不依，也未必中用！比如方才说话，虽背地里，姑娘就直叫他的名字，在姑娘们就使得，在我们就成了野人了！"

晴雯听说，越发急红了脸，说道：

"我叫了他的名字了！你在老太太、太太跟前告我去，说我野，也撵出我去！"

麝月道：

"嫂子，你只管带了人出去，有话再说。这个地方，岂有你叫喊讲礼的？你见谁和我们讲过礼？别说嫂子你，就是赖大奶奶林大娘也得担待我们三分。就是叫名字，从小儿直到如今，都是老太太吩咐过的，你们也知道的：恐怕难养活，巴巴的写了他的小名儿各处贴着，叫万人叫去，为的是好养活。连挑水挑粪花子都叫得，何况我们？连昨儿林大娘叫了一声爷，老太太还说呢。——此是一件。二则我们这些人，常回老太太、太太的话去，可不叫着名回话，难道也称爷？那一日不把'宝玉'两字叫二百遍？偏嫂子又来挑这个了！过一天，嫂子闲了，在老太太、太太跟前，听听我们当着面儿叫他，就知道了。嫂子原也不得在老太太、太太跟前当些体统差使，成年家只在三门外头混，怪不得不知道我们里头的规矩！这里

> 麝月亦非弱者，作者写人物，有点石成金之妙。

675

不是嫂子久站的。再一会,不用我们说话,就有人来问你了。有什
么分证的话,且带了她去,你回了林大娘,叫她来找二爷说话。家
里上千的人,他也跑来,我也跑来,我们认人问姓还认不清呢!"说
着,便叫小丫头子拿了擦地的布来擦地。

那媳妇听了,无言可对,亦不敢久站,赌气带了坠儿就走。

宋嬷嬷忙道:

"怪道你这嫂子不知规矩:你女儿在屋里一场,临去时也给姑
娘们磕个头。没有别的谢礼,她们也不稀罕,不过磕个头;尽心罢
咧。怎么说走就走?"

坠儿听了,只得翻身进来,给她两个磕头,又找秋纹等。她们
也并不睬她。那媳妇嗤声叹气,口不敢言,抱根而去。

晴雯方才又闪了风,着了气,反觉更不好了,翻腾至掌灯,刚安
静了些。只见宝玉回来,进门就嗤声顿脚。麝月忙问原故。宝玉
道:

"今儿老太太喜喜欢欢的给了这件褂子,谁知不防,后襟子上
烧了一块!幸而天晚了,老太太、太太都不理论。"

一面脱下来。麝月瞧时,果然有指顶大的烧眼,说:

"这必定是手炉里的火迸上了。这不值什么,赶着叫人悄悄拿
出去叫个能干织补匠人织上就是了。"

说着,就用包袱包上,叫了一个嬷嬷送出去,说:"赶天亮就有
才好,千万别给老太太、太太知道!"

婆子去了半日,仍旧拿回来,说:

"不但织补匠,能干裁缝、绣匠并做女工的问了,都不认的这是
什么,都不敢揽。"

麝月道:

"这怎么好呢?明儿不穿也罢了。"

宝玉道:

"明儿是正日子,老太太、太太说了,还叫穿过这个去呢!偏头
一日就烧了,岂不扫兴!"

　　晴雯听了半日，忍不住翻身说道：

　　"拿来我瞧瞧罢。没那福气穿就罢了！这会子又着急！"

　　宝玉笑道：

　　"这话倒说的是。"

　　说着，便递给晴雯。又移过灯来细瞧了一瞧，晴雯道：

　　"这是孔雀金线的。如今咱们也拿孔雀金线，就像界线似的界密了，只怕还可混的过去。"

　　麝月笑道：

　　"孔雀线现成的，但这里除你还有谁会界线？"

　　晴雯道：

　　"说不的我挣命罢了！"

　　宝玉忙道：

　　"这如何使得？才好了些，如何做得活？"

　　晴雯道：

　　"不用你蝎蝎螫螫的，我自知道。"

> 作者以补孔雀裘表现晴雯的刚强、忠心、能干，言语动作神态历历如绘。

　　一面说，一面坐起来，挽了一挽头发，披了衣裳，只觉头重身轻，满眼金星乱进，实实撑不住。待不做，又怕宝玉着急，少不得狠命咬牙捱着，便命麝月只帮着拈线。晴雯先拿了一根比一比，笑道：

　　"这虽不很像，要补上也不很显。"

　　宝玉道：

　　"这就很好，那里又找俄罗斯国的裁缝去？"

　　晴雯先将里子拆开，用茶杯口大小一个竹弓，钉绷在背面，再将破口四边用金刀刮的散松松的，然后用针缝了两条，分出经纬，亦如界线之法，先界出地子来，后依本纹，来回织补。补两针，又看看；织补不上三五针，便伏在枕上歇一会。宝玉在旁，一时又问吃些滚水不吃，一时又命歇一歇，一时又拿一件灰鼠斗篷替她披在背上，一时又拿个枕头给她靠着。急的晴雯央道：

　　"小祖宗！你只管睡罢。再熬上半夜，明儿眼睛抠搂⑤了，那却怎么好!"

宝玉见她着急,只得胡乱睡下,仍睡不着。一时,只听自鸣钟已敲了四下,刚刚补完,又用小牙刷慢慢的剔出毧毛[6]来。麝月道:

"这就很好,要不留心,再看不出的。"

宝玉忙要了瞧瞧,笑说:

"真真一样了!"

晴雯已嗽了几声,好容易补完了,说了一声:

"补虽补了,到底不像,——我也再不能了!""嗳哟"了一声,就身不由主,睡下了。

宝玉见晴雯将雀裘补完,已使得力尽神危,忙命小丫头子来替她捶着。彼此捶打了一会歇下,没一顿饭的工夫,天已大亮,且不出门,只叫快请大夫。一时,王大夫来了,诊了脉,疑惑说道:

"昨日已好了些,今日如何反虚浮微缩起来?敢是吃多了饮食?不然,就是劳了神思。外感却倒轻了。这汗后失调养,非同小可。"

一面说,一面出去,开了药方进来,宝玉看时,已将疏散驱邪诸药减去,倒添了茯苓、地黄、当归等益神养血之剂。宝玉一面忙命人煎去,一面叹说:

"这怎么处?倘或有个好歹,都是我的罪孽!"

晴雯睡在枕上嗜道:

"好二爷!你干你的去罢。那里就得了痨病了呢?"

宝玉无奈,只得去了。至下半天,说身上不好,就回来了。晴雯此症虽重,幸亏她素昔是个使力不使心的人;再者,素昔饮食清淡,饥饱无伤的。这贾宅中的秘法:无论上下,只略有些伤风咳嗽,总以净饿为主,次则服药调养。故于前一日病时,就饿了两三天,又谨慎服药调养。而今虽劳碌了些,又加倍培养了几日,便渐渐的好了。近日园中姐妹皆各在房中吃饭,炊爨饮食甚便,宝玉自能要汤要羹调停,不必细说。

　　袭人送母殡后，业已回来，麝月便将坠儿一事并晴雯撵逐出去，也曾回过宝玉等语，一一的告诉袭人。袭人也没说别的，只说"太性急了"。

　　只因李纨亦因时气感冒，邢夫人正害火眼，迎春岫烟皆过去朝夕侍药；李纨之兄又接了李婶娘、李纹、李绮家去住几天；宝玉又见袭人常常思母含悲，晴雯又未大愈：因此，诗社一事，皆未有人作兴，便空了几社。

　　当下已是腊月，离年日近，王夫人和凤姐儿治办年事。王子腾升了九省都检点。贾雨村补授了大司马，协理军机，参赞朝政，不提。

①　囟(xìn)门——前额顶。
②　通官——翻译官。
③　火箱——就是薰笼。将炭盆放在箱形的罩内，用来取暖。
④　一丈青——一种细长簪，一头是尖，一头是一个小杓，普通叫耳挖子。
⑤　抠搂——因缺乏睡眠而眼窝略陷，叫作抠搂眼。
⑥　氄(rǒng)毛——鸟身上细软茸密的羽毛。

第五十三回 宁国府除夕祭宗祠
荣国府元宵开夜宴

　　且说贾珍那边开了宗祠，着人打扫，收拾供器请神主；又打扫上屋，以备悬供遗真影像。此时荣宁二府，内外上下，皆是忙忙碌碌。这日，宁府中尤氏正起来，同贾蓉之妻打点送贾母这边的针线礼物，正值丫头捧了一茶盘押岁锞子进来回说：

　　"兴儿回奶奶：前儿那一包碎金子，共是一百五十三两六钱七分，里头成色不等，总倾了二百二十个锞子。"

　　说着，递上去。尤氏看了一看，只见也有梅花式的，也有海棠式的，也有笔锭如意的，也有八宝联春的。尤氏命收拾起来。"兴儿将银锞子快快交了进来。"丫鬟答应去了。

　　一时，贾珍进来吃饭，贾蓉之妻回避了。贾珍因问尤氏：

　　"咱们春祭的恩赏可领了不曾？"

　　尤氏道：

　　"今儿我打发蓉儿关去了。"

　　贾珍道：

　　"咱们家虽不等这几两银子使，多少是皇上天恩。早关了来，给那边老太太送过去置办祖宗的供，上领皇上的恩，下则是托祖宗的福。咱们那怕用一万银子供祖宗，到底不如这个有体面，又是'沾恩锡福'。除咱们这么一二家之外，那些世袭穷官儿家，要不仗着这银子，拿什么上供过年？真正皇恩浩荡，想得周到！"

　　尤氏道：

　　"正是这话。"

　　二人正说着，只见人回："哥儿来了。"贾珍便命叫他进来。只

680

见贾蓉捧了一个小黄布口袋进来。贾珍道:

"怎么去了这一日?"

贾蓉陪笑回说:

"今儿不在礼部关领了,又在光禄寺库上,因又到了光禄寺,才领下来了。光禄寺老爷们都说,问父亲好。多日不见,都着实想念。"

贾珍笑道:

"他们那里是想我!这又到了年下了,不是想我的东西,就是想我的戏酒了。"

一面说,一面瞧那黄布口袋上有封条,就是"皇恩永锡"四个大字。那一边又有礼部祠祭司的印记。一行小字,道是:宁国公贾演,荣国公贾源,恩锡永远春祭赏共二份,净折银若干两,某年月日,龙禁尉候补侍卫贾蓉当堂领讫。值年寺丞某人,下面一个硃笔花押。

贾珍看了,吃过饭,盥漱毕,换了靴帽,命贾蓉捧着银子跟了来,回过贾母王夫人;又至这边回过贾赦邢夫人,方回家去。取出银子,命将口袋向宗祠大炉内焚了,又命贾蓉道:

"你去问问你那边二婶娘,正月里请吃年酒的日子拟了没有,若拟定了,叫书房里明白开了单子来,咱们再请时,就不能重复了。旧年不留神,重了几家。人家不说咱们不留心,倒像两家商议定了,送虚情怕费事的一样。"

贾蓉忙答应去了。一时,拿了请人吃年酒的日期单子来了。贾珍看了,命交给赖升去看了,请人别重了这上头的日子。因在厅上看着小厮们抬围屏,擦抹几案金银供器。只见小厮手里拿着一个禀帖并一篇帐目,回说:

"黑山村乌庄头来了。"

贾珍道:

"这个老砍头的!今儿才来!"

贾蓉接过禀帖和帐目,忙展开捧着。贾珍倒背着两手,向贾蓉

手内看去,那红禀上写着:

"门下庄头乌进孝叩请爷奶奶万福金安,并公子小姐金安。新春大喜大福,荣贵平安,加官进禄,万事如意。"

贾珍笑道:

"庄家人有些意思。"

贾蓉也忙笑道:

"别看文法,只取个吉利儿罢。"

一面忙展开单子看时,只见上面写着:

大鹿三十只。獐子五十只。狍子五十只。暹猪二十个。汤猪二十个。龙猪二十个。野猪二十个。家腊猪二十个。野羊二十个。青羊二十个。家汤羊二十个。家风羊二十个。鲟鳇鱼二百个。各色杂鱼二百斤。活鸡、鸭、鹅,各二百只。风鸡、鸭、鹅,二百只,野鸡、野猫,各二百对。熊掌二十对。鹿筋二十斤。海参五十斤。鹿舌五十条。牛舌五十条。蛏干二十斤。榛、松、桃、杏瓤,各二口袋。大对虾五十对。干虾二百斤。银霜炭上等选用一千斤,中等二千斤。柴、炭三万斤。御田胭脂米二担。碧糯五十斛。白糯五十斛。粉粳五十斛。杂色粱谷各五十斛,下用常米一千担。各色干菜一车。外卖粱谷牲口各项,折银二千五百两。外门下孝敬哥儿玩意儿:活鹿两对,白兔四对,黑兔四对,活锦鸡两对,西洋鸭两对。

贾珍看完,说:

这份年礼便可表现侯门气派。

"带进他来。"

一时,只见乌进孝进来,只在院内磕头请安。

贾珍命人拉起他来,笑说:

"你还硬朗。"

乌进孝笑道:

"不瞒爷说:小的们走惯了,不来也闷的慌。他们可都不是愿意来见见天子脚下世面? 他们到底年轻,怕路上有闪失。再过几年,就可以放心了。"

贾珍道:

"你走了几日?"

乌进孝道:

"回爷的话:今年雪大,外头都是四五尺深的雪,前日忽然一暖
一化,路上竟难走的很,耽搁了几日,虽走了一个月零两日,日子有
限,怕爷心焦,可不赶着来了?"

贾珍道:

"我说呢,怎么今儿才来? 我才看那单子上,今年你这老货又
来打擂台①来了。"

乌进孝忙进前两步,回道:

"回爷说:今年年成实在不好。 从三月下雨,接连着直到八月,
竟没有一连晴过五六日。 九月一场碗大的雹子,方近二三百里地
方,连人带房,并牲口粮食,打伤了上千上万的:所以才这样。 小的
并不敢说谎。"

贾珍皱眉道:

"我算定你至少也有五千银子来。 这够做什么的? 如今你们
一共只剩了八九个庄子,今年倒有两处报了旱涝,你们又打擂台,
真真是叫别过年了!"

乌进孝道:

"爷的这地方还算好呢。 我兄弟离我那里只一百多地,竟又大
差了。 他现管着那府八处庄地,比爷这边多着几倍,今年也是这些
东西,不过二三千两银子,也是有饥荒打呢!"

贾珍道:

"正是呢。 我这边倒可以,没什么外项大事,不过是一年的费
用。 我受用些就费些,我受些委屈就省些。 再者,年例送人请人,
我把脸皮厚些,也就完了,比不得那府里,这几年添了许多花钱的
事,一定不可免是要花的,却又不添些银子产业。 这一二年里赔了
许多,不和你们要找谁去?"

乌进孝笑道:

"那府里如今虽添了事,有去有来。娘娘和万岁爷岂不赏呢?"

贾珍听了,笑向贾蓉等道:

"你们听听,他说的可笑不可笑?"

贾蓉等忙笑道:

> 贾府盛极
> 而衰,此处亦
> 为伏笔。

"你们山坳海沿子上的人,那里知道这道理?娘娘难道把皇上的库给我们不成?她心里纵有这心,她不能作主。'岂有不赏之理'!按时按节,不过是些彩缎,古董,玩意儿;就是赏,也不过一百两金子,才值一千多两银子,够什么?这二年,那一年不赔出几千两银子来?初年省亲,连盖花园子,我算算,那一注花了多少,就知道了。再二年,再省一回亲,只怕就精穷了!"

贾珍笑道:

"所以他们庄家老实人,外明不知里暗的事。'黄柏木作了磬捶子,外头体面里头苦!"

贾蓉又说又笑向贾珍道:

"果真那府里穷了。前儿我听见二婶娘和鸳鸯悄悄商议,要偷老太太的东西去当银子呢。"

贾珍笑道:

"那又是凤姑娘的鬼!那里就穷到如此?她必定是见去路大了,实在赔得很了,不知又要省那一项的钱,先设出这法子来,使人知道,说穷到如此了。我心里却有个算盘,还不至此田地。"

说着,便命人带了乌进孝出去,好生待他。不在话下。

这里贾珍吩咐将方才各物留出供祖宗的来,将各样取了些,命贾蓉送过荣府里来,然后自己留了家中所用的;余者派出等第,一份一份的堆在月台底下,命人将族中子侄唤来,分给他们。接着荣国府也送了许多供祖之物及给贾珍之物。贾珍看着收拾完备供器,靸着鞋,披着一件猞猁狲大皮袄,命人在厅柱下右阶上太阳中,铺了一个大狼皮褥子负暄,闲看各子弟们来领取年物。因见贾芹亦来领物,贾珍叫他过来,说道:

"你做什么也来了?谁叫你来的?"

贾芹垂手回说:

"听见大爷这里叫我们领东西,我没等人去就来了。"

贾珍道:

"我这东西原是给你那些闲着无事没进益的叔叔兄弟们的。那二年你闲着,我也给过你的。你如今在那府里管事,家庙里管和尚道士们,一月又有你的分例外,这些和尚的分例银钱都从你手里过,你还来取这个来?也太贪了!你自己瞧瞧,你穿的可像个手里使钱办事的?先前你说没进益,如今又怎么了?比先倒不像了。"

贾芹道:

"我家里原人口多,费用大。"

贾珍冷笑道:

"你又支吾我!你在家庙里干的事,打谅我不知道呢!你到那里,自然是爷了,没人敢抗违你,你手里又有了钱,离着我们又远,你就为王称霸起来,夜夜招聚匪类赌钱,养老婆小子!这会子花得这个形像,你还敢领东西来?领不成东西,领一顿驮水棍去才罢!等过了年。我必和你二叔说,叫你回来!"

贾芹红了脸,不敢答言。人回:

"北府王爷送了对联荷包来了。"

贾珍听说,忙命贾蓉出去款待,"只说我不在家。"贾蓉去了。

这里贾珍撵走贾芹,看着领完东西,回屋与尤氏吃毕晚饭。一宿无话,至次日更忙,不必细说。

已到了腊月二十九日了,各色齐备,两府中都换了门神、联对、挂牌、新油了桃符,焕然一新。宁国府从大门、仪门、大厅、暖阁、内厅、内三门、内仪门并内垂门,直到正堂,一路正门大开。两边阶下一色朱红大高烛,点的两条金龙一般。次日,由贾母有封诰者,皆按品级着朝服,先坐八人大轿,带领众人进宫朝贺行礼。领宴毕回来,便到宁府暖阁下轿。诸子弟有未随人朝者,皆在宁府门前排班伺候,然后引入宗祠。

且说宝琴是初次进贾祠观看,一面细细留神,打量这宗祠。原

685

来宁府西边另一个院子，黑油栅栏内五间大门，上面悬一匾，写着是"贾氏宗祠"四个字，旁书"特晋爵太傅前翰林掌院事王希献书"。两边有一副长联，写道：

"肝脑涂地，兆姓赖保育宏恩；

功名贯天，百代仰蒸尝之盛。"

也是王太傅所书。进入院中，白石甬路，两边皆是苍松翠柏，月台上设着古铜鼎彝等器。抱厦前面悬一块九龙金匾，写道：

"星辉辅弼。"乃先皇御笔。两边一副对联，写道是：

"勋业有光昭日月，

功名无间及儿孙。"也是御笔。五间正殿前悬一块闹龙填青匾，写道是："慎终追远。"旁边一副对联，写道是：

"以后儿孙承福德，

至今黎庶念宁荣。"俱是御笔。

作者利用宝琴写"贾氏宗祠"的气派和祭祖的大场面，是适当人选，如用黛玉、宝钗便不合适，用宝玉更不行，因为他们不是初来乍到。

里边灯烛辉煌，锦幛绣幕，虽列着些神主，却看不真。只见贾府诸人分了昭穆，排班立定。贾敬主祭，贾赦陪祭，贾珍献爵，贾琏贾琮献帛，宝玉捧香，贾菖贾菱展屏拜垫，守焚池。青衣乐奏，三献爵，兴拜毕，焚帛奠酒。礼毕，乐止，退出。众人围随贾母至正堂上影前，锦帐高挂，彩屏张护，香烛辉煌，上面正房中，悬着荣宁二祖遗像，皆是披蟒腰玉；两边还有几轴列祖遗像。贾荇贾芷等，从内仪门挨次站列，直到正堂廊下；槛外方是贾敬贾赦；槛内是各女眷；众家人小厮皆在仪门之外。每一道菜至，传至仪门，贾荇贾芷等便接了，按次传至阶下贾敬手中。贾蓉系长房长孙，独他随女眷在槛里。每贾敬捧菜至，传于贾蓉；贾蓉便传于他媳妇，又传于凤姐尤氏诸人；直传至供桌前，方传与王夫人；王夫人传与贾母，贾母方捧放在桌上。邢夫人在供桌之西，东向立，同贾母供放。直至将菜饭汤点酒茶传完，贾蓉方退出去，归入贾芹阶位之首。当时凡从"文"旁之名者，贾敬为首;下则从"玉"者,贾珍是首;再下从"草头"者,贾蓉为首。左昭右穆,男东女西。俟贾母拈香下拜,众人方一齐跪下,将五间大厅,三间抱厦,内外廊檐,阶上阶下,两丹墀内,花团锦簇,塞的无一些空地,鸦雀无闻,只听铿锵叮当,金铃玉佩微微摇曳之声,并起跪靴履飒沓之响。

一时礼毕,贾敬贾赦等便忙退出至荣府,专候与贾母行礼。尤氏上房,地下铺满红毡,当地放着象鼻三足泥鳅流金珐琅大火盆。正面炕上铺着新猩红毡子,设着大红彩绣云龙捧寿的靠背引枕;坐褥外,另有黑狐皮的袱子,搭在上面;大白狐皮坐褥。请贾母上去坐了,两边又铺皮褥,让贾母一辈的两三位妯娌坐了。这边横头排插之后,小炕上也铺了皮褥,让邢夫人等坐下。地下两面相对十二张雕漆椅上,都是一色灰鼠椅搭小褥,每一张椅下一个大铜脚炉,让宝琴等姐妹坐。尤氏用茶盘亲捧茶与贾母,贾蓉媳妇捧与众老祖母,然后尤氏又捧与邢夫人等,贾蓉媳妇又捧与众姐妹。凤姐李纨等只在地上伺候。

茶毕,邢夫人等便先起身来侍贾母吃茶。贾母与年老妯娌们闲话了两三句,便命看轿。凤姐儿忙上去搀起来。尤氏笑回说:

"已经预备下老太太的晚饭。每年都不肯赏些体面。用过晚饭再过去,果然我们就不济凤丫头了?"

凤姐儿搀着贾母笑道:

"老祖宗走罢。咱们家去吃去,别理她。"

贾母笑道:

"你这里供着祖宗,忙得什么儿似的,那里还搁的住我闹?况且我每年不吃,你们也要送去的;不如还送了来,我吃不了,留着明儿再吃,岂不多吃些?"说的众人都笑了。又吩咐她:"好生派妥当人夜里坐着看香火,不是大意得的。"

尤氏答应了。一面走出来,至暖阁前,尤氏等闪过屏风,小厮们才领轿夫,请了轿出大门。尤氏亦随邢夫人等回至荣府。

这里轿出大门。这一条街上,东一边设立着宁国公的仪仗执

687

事乐器, 西边设立着荣国公的仪仗执事乐器, 来往行人皆屏退不从此过。

一时来至荣府, 也是大门正门一直开到里头。如今便不在暖阁下轿了, 过了大厅, 转弯向西, 至贾母这边正厅上下轿。众人围随同至贾母正堂中间, 亦是锦裀绣屏, 焕然一新。当地火盆内焚着松柏香, 百合草。贾母归了坐, 老嬷嬷来回:

"老太太们来行礼。"

贾母忙起身要迎, 只见两三个老妯娌已进来了, 大家挽手, 笑了一回, 让了一回。吃茶去后, 贾母只送至内仪门就回来归了正坐。贾敬贾赦等领了诸子弟进来。贾母笑道:

"一年家难为你们, 不行礼罢。"

一面男一起, 女一起, 一起一起俱行过了礼, 左右设下交椅, 然后又按长幼挨次归坐受礼。两府男女、小厮、丫鬟, 亦按差役(上, 中, 下)行礼毕, 然后散了押岁钱并荷包金银锞等物。摆上合欢宴来, 男东女西归坐。献屠苏酒、合欢汤、吉祥果、如意糕毕, 贾母起身进内间更衣, 众人方各散出。那晚各处佛堂灶王前焚香上供。王夫人正房院内设着天地纸马香供。大观园正门上挑着角灯, 两旁高照, 各处皆有路灯。上下人等, 打扮的花团锦簇, 一夜人声杂沓, 语笑喧阗。爆竹起火, 络绎不绝。

至次日五鼓, 贾母等人按品上妆, 摆全副执事进宫朝贺, 兼祝元春千秋。领宴回来, 又至宁府祭过列祖, 方回来。受礼毕, 便换衣歇息。所有贺节来的亲友, 一概不会, 只和薛姨妈李婶娘二人说话, 随便或和宝玉宝钗等姐妹赶围棋摸牌作戏。王夫人和凤姐天天忙着请人吃年酒, 那边厅上和院内皆是戏酒, 亲友络绎不绝, 一连忙了七八天, 才完了。

早又元宵将近, 宁荣二府皆张灯结彩。十一日是贾赦请贾母等, 次日贾珍又请贾母, 王夫人和凤姐儿也连日被人请去吃年酒, 不能胜记。至十五这一晚上, 贾母便在大花厅上命摆几席酒, 定一班小戏, 满挂各色花灯, 带领宁荣二府各子侄孙男孙媳等家宴。贾敬素不饮酒茹荤，因此不去请他。十七日祀祖已完，他就出城修养。就是这几天在家，也只静室默处，一概无闻。不在话下。

贾赦领了贾母之赏，告辞而去。贾母知他在此不便，也随他去了。贾赦到家中，和众门客赏灯吃酒，笙歌聒耳，锦绣盈眸，其取乐与这里不同。

这里贾母花厅上摆了十来席酒，每席旁边设一几。几上设炉瓶三事，焚着御赐百合宫香，又有八寸来长，四五寸宽，二三寸高，点缀着山石的小盆景，俱是新鲜花卉；又有小洋漆茶盘放着旧窑十锦小茶杯，又有紫檀雕嵌的大纱透绣花草诗字的缨络。各色旧窑小瓶中，都点缀着岁寒三友、玉堂富贵等鲜花。上面两席是李婶娘薛姨妈坐；东边单设一席，乃是雕夔龙护屏，矮足短榻，靠背、引枕、皮褥俱全。榻上设一个轻巧洋漆描金小几，几上放着茶碗、漱盂、洋巾之类，又有一个眼镜匣子。

贾母歪在榻上，和众人说笑一回，又取眼镜向戏台上照一回。又说：

"恕我老了骨头疼，容我放肆些，歪着相陪罢。"又命琥珀坐在榻上，拿着美人拳②捶腿。榻下并不摆席面，只一张高几，设着高架缨络、花瓶、香炉等物外，另设一小高桌，摆着杯箸。在旁边一席，命宝琴、湘云、黛玉、宝玉四人坐着。每馔果菜来，先捧给贾母看，喜则留在小桌上尝尝，仍撤了放在席上，只算他四人跟着贾母坐。下面方是邢夫人王夫人之位；下边便是尤氏、李纨、凤姐、贾蓉的媳妇；西边便是宝钗、李纹、李绮、岫烟、迎春姐妹等。两边大梁上，挂着联三聚五玻璃彩穗灯。每席前竖着倒垂荷叶一柄，柄上有彩烛插着。这荷叶乃是洋錾珐琅活信，可以扭转向外，将灯影遮住，照着看戏，分外真切。窗槅门户一齐摘下，全挂彩穗，各种宫灯。廊檐内外及两边游廊罩棚，将羊角、玻璃、戳纱、料丝——或绣、或画、或绢、或纸——诸灯挂满。廊上几席就是贾珍、贾琏、贾环、贾琮、贾蓉、贾芹、贾芸、贾菖、贾菱等。

贾母也曾差人去请众族中男女，奈他们有年老的，懒于热闹；

有家内没有人，又有疾病淹留，要来竟不能来；有一等妒富愧贫，不肯来的；更有憎畏凤姐之为人，赌气不来的；更有羞手羞脚，不惯见人，不敢来的：因此，族中虽多女眷，来者不过贾兰之母娄氏带了贾兰来。男人只有贾芹、贾芸、贾菖、贾菱四个——现在凤姐麾下办事的——来了。当下人虽不全，在家庭小宴，也算热闹的。

当下又有林之孝的媳妇，带了六个媳妇，抬了三张炕桌，每一张上搭着一条红毡，放着选净一般大新出局的铜钱，用大红绳串穿着。每二人搭一张，共三张。林之孝家的叫将那两张摆至薛姨妈李婶娘的席下，将一张送至贾母榻下。贾母便说："放在当地罢。"这媳妇素知规矩，放下桌子，一并将钱都打开，将红绳抽去，堆在桌上。此时唱的《西楼会》。正是这出将完，于叔夜赌气去了，那文豹便发科诨道："你赌气去了。恰好今日正月十五，荣国府里老祖宗家宴，待我骑了这马，赶进去讨些果子吃是要紧的。"说毕，引得贾母等都笑了，薛姨妈等都说：

"好个鬼头孩子！可怜见的"

凤姐便说：

"这孩子才九岁了。"

贾母笑说：

"难为他说得巧！"说了一个"赏"字。早有三个媳妇已经手下预备下小笸箩，听见一个"赏"字，走上去，将桌上散堆钱，每人撮了一笸箩，走出来，向戏台说：

"老祖宗、姨太太、亲家太太赏文豹买果子吃。"

说毕，向台一撒，只听豁啷啷，满台的钱啊。贾珍贾琏，已命小厮们抬大笸箩的钱预备，听见贾母说赏，忙命小厮们快撒钱，只听满台钱响。贾母大悦。

二人遂起身。小厮们忙将一把新暖银壶捧来，递与贾琏手内，随了贾珍，趋至里面。贾珍先到李婶娘席上，躬身取下杯来，回身，贾琏忙斟了一盏，然后便至薛姨妈席上，也斟了。二人忙起来，笑说：

"二位爷请坐着罢了,何必多礼?"

于是除邢王二夫人,满席都离了席,也俱垂手旁站。贾珍等至贾母榻前,因榻矮,二人便屈膝跪了。贾珍在前捧杯,贾琏在后捧壶。虽只二人捧酒,那贾琮弟兄等却都是一溜排班,随着他二人进来,见他二人跪下,都一溜跪下。宝玉也忙跪下。湘云悄推他,笑道:

"你这会子又帮着跪下做什么? 有这么着的呢,你也去斟一巡酒,岂不好?"

宝玉悄笑道:

"再等一会再斟去。"

说着,等他二人斟完起来。又给邢王二夫人斟过了,贾珍道说:

"妹妹们怎么着呢?"

贾母等都说道:

"你们去罢,她们倒便宜些呢。"

贾珍等方退出。

当下天未二鼓,戏演的是《八义观灯》八出③。正在热闹之际,宝玉因下席往外走。贾母问:

"往那里去? 外头炮仗利害,留神天上掉下火纸来烧着。"

宝玉笑回说:

"不往远去,只出去就来。"贾母命婆子们好生跟着。宝玉出来,只有麝月秋纹几个小丫头随着。贾母因说:

"袭人怎么不见? 她如今也有些拿大了,单支使小女孩儿出来。"王夫人忙起身笑说道:

"她妈前日没了,因有热孝,不便前头来。"

贾母点头,又笑道:

"跟主子却讲不起这孝与不孝,要是她还跟我,难道这会子也不在这里? 这些竟成了例了。"

凤姐儿忙过来笑回道:

691

"今晚便没孝,那园子里头也须看着,灯烛花爆最是担险的!这里一唱戏,园子里的,谁不来偷瞧瞧?她还细心,各处照看。况且这一散后,宝兄弟回去睡觉,各色都是齐全的。若她再来了,众人又不经心,散了回去,铺盖也是冷的,茶水也不齐全,便各色都不便宜,自然我叫她不用来。老祖宗要叫她来,我就叫她就是了。"

贾母听了这话,忙说:

"你这话很是,你必想的周到。快别叫她了。但只她妈几时没了?我怎么不知道?"

凤姐儿笑道:

"前儿袭人去亲自回老太太的,怎么倒忘了?"

贾母想了想,笑道:

"想起来了。我的记性竟平常了!"

众人都笑说:

"老太太那里记得这些事。"

贾母因又叹道:

"我想着她从小儿伏侍我一场,又伏侍了云儿,末后给了个魔王,给她磨了这好几年!她又不是咱们家根生土长的奴才,没受过咱们什么大恩典,她娘没了,我想着要给她几两银子,发送她娘,也就忘了!"

凤姐儿道:

"前儿太太赏了她四十两银子,就是了。"

贾母听说,点头道:

"这还罢了。正好前儿鸳鸯的娘也死了,我想她老子娘都在南边,我也没叫她家去守孝。如今她两处全礼,何不叫她二人一处作伴去?"

又命婆子拿些果子、菜馔、点心之类和她二人吃去。琥珀笑道:

"还等这会子?她早就去了。"

说着,大家又吃酒看戏。

　　且说宝玉一径来至园中，众婆子见他回房，便不跟去，只坐在园门里茶房里烤火，和管茶的女人偷空饮酒斗牌。宝玉至院中，虽是灯光灿烂，却无人声。麝月道：

　　"她们都睡了不成？咱们悄悄进去吓她们一跳。"

　　于是大家蹑手蹑脚，潜踪进镜壁去一看，只见袭人和一个人对歪在地炕上，那一头有两个老嬷嬷打盹。

　　宝玉只当她两个睡着了，才要进去，忽听鸳鸯啾了一声，说道：

　　"天下事可知难定！论理，你单身在这里，父母在外头，每年他们东去西来，没个定准，想来你是再不能送终的了；偏生今年就死在这里，你倒出去送了终！"

　　袭人道：

　　"正是；我也想不到能够看着父母殡殓。回了太太，又赏了四十两银子，这倒也算养我一场，我也不敢妄想了！"

　　宝玉听了，忙转身悄向麝月等道：

　　"谁知她也来了。我这一进去，她又赌气走了，不如咱们回去罢，让她两个清清净净的说话。袭人正在那里闷着，幸她来的好。"

　　说着，仍悄悄出来。宝玉便走过山石后去站着撩衣。麝月秋纹皆站住，背过脸去，口内笑说：

　　"蹲下再解小衣，留神风吹了肚子！"

　　后面两个小丫头知是小解，忙先出去，茶房内预备水去了。

　　这里宝玉刚过来，只见两个媳妇迎面来了，又问：

　　"是谁？"

　　秋纹道：

　　"宝玉在这里呢，大呼小叫，留神吓着罢！"

　　那媳妇们忙笑道："我们不知，大节下来惹祸了。姑娘们可连日辛苦了！"

　　说着，已到跟前。麝月等问：

　　"手里拿着什么？"

　　媳妇道：

"是老太太赏给金花二位姑娘吃的。"

麝月又笑道：

"外头唱的是《八义》,没唱《混元盒》,那里又跑出'金花娘娘来了'"

宝玉道：

"揭起来我瞧瞧。"

秋纹麝月忙上去将两个盒子揭开,两个媳妇忙蹲下身子。

宝玉看了两个盒内都是席上所有的上等果品茶点,点了一点头就走。麝月等忙胡乱掷了盒盖跟上来。宝玉笑道：

"这两个女人倒和气,会说话。她们天天乏了,倒说你们连日辛苦,倒不是那矜功自伐的。"

麝月道：

> 宝玉菩萨心肠,作者在他对待下人和丫头时,往往于字里行间,轻轻点出。

"这两个就好,那不知理的也太不知理。"

宝玉道：

"你们是明白人,担待她们是粗夯可怜的人就完了。"一面说,一面走,出了园门。

那几个婆子,虽吃酒斗牌,却不住出来打探,见宝玉出来,也都跟上来。到了花厅廊上,只见那两个小丫头——一个捧着小盆,又一个搭着手巾,又拿着沤子^④小壶儿——在那里久等。秋纹先忙伸手向盆内试了试,说道：

"你越大越粗心了。那里弄得这冷水?"

小丫头笑道：

"姑娘,瞧瞧这个天,我怕水冷,倒的是滚水,这还冷了。"

正说着,可巧见一个老婆子提着一壶滚水走来,小丫头便说：

"好奶奶,过来给我倒上些水。"

那婆子道：

"姐姐,这是老太太沏茶的,劝你去舀罢。那里就走大了脚呢?"

秋纹道：

“不管你是谁的！你不给我，管把老太太的茶吊子倒了洗手！“

那婆子回头见了秋纹，忙提起壶来倒了些。秋纹道：

“够了！你这么大年纪，也没见识！谁不知是老太太的？要不着的，就敢要了？”

婆子笑道：

“我眼花了，没认出这姑娘来。”

宝玉漱了口，那小丫头子拿小壶儿倒了沤子在他手内，宝玉洗了手了。秋纹麝月也趁热水洗了一回，跟进宝玉来。

宝玉便要了一壶暖酒，也从李婶娘斟起。他二人也笑让坐。贾母便说：

“他小人家儿，让她斟去。大家倒要干过这杯。”

说着，便自己干了。邢王二夫人也忙干了，薛姨妈李婶娘也只得干了。贾母又命宝玉道：

“你连姐姐妹妹的一齐斟上，不许乱斟，都要叫她干了。”宝玉听说，答应者，一一按次斟上了。至黛玉前，偏她不饮，拿起杯来，放在宝玉唇边。宝玉一气饮干。黛玉笑说：

“多谢。”

宝玉替她斟上一杯，凤姐儿便笑道：

“宝玉别喝冷酒，仔细手颤，明儿写不的字。拉不的弓。”

宝玉道：

“没有吃冷酒。”

凤姐儿笑道：

“我知道没有，不过白嘱咐你。”

然后宝玉将里面斟完，——只除贾蓉之妻是命丫鬟们斟的——复出至廊下，又给贾珍等斟了。坐了一回，方进来，仍归旧坐。

一时，上汤之后，又接着献元宵。贾母便命：

“将戏暂歇。小孩子们可怜见的。也给他们些滚汤热菜的吃了再唱。”又命将各样果子，元宵等物拿些给他们吃。

① 打擂台——原意是在擂台上比武。这里是庄主认为庄头故意少缴钱粮,存心来和主人斗。

② 美人拳——一称捶腿、捶背的用具。一条长柄,上端形如人的拳头。

③ 《八义观灯》八出——《八义记》,明代传奇,演春秋晋国赵盾家的故事。

④ 沤子——一种润肤的香蜜,因有浸润的作用,所以叫作沤子。

第五十四回　　史太君破陈腐旧套
　　　　　　　　王熙凤效戏彩斑衣

　　一时歇了戏,便有婆子带了两个门下常走的女先儿进来,放了两张杌子在那一边,贾母命她们坐了,将弦子琵琶递过去。贾母便问李薛二人。

　　"听什么书?"

　　她二人都回说:

　　"不拘什么都好。"

　　贾母便问:

　　"近来可又添些什么新书?"

　　两个女先回说:

　　"倒有一段新书,是残唐五代的故事。"

　　贾母问是何名。女先儿回说:

　　"这叫做《凤求鸾》。"

　　贾母道:

　　"这个名字倒好,不知因什么起的,你先说大概,若好再说。"

　　女先儿道:

　　"这书上乃是说残唐之时,那一位乡绅,本是金陵人氏,名唤王忠,曾做过两朝宰辅。如今告老还家,膝下只有一位公子,名唤王熙凤。"

　　众人听了,笑将起来。

　　贾母笑道:

　　"这不重了我们凤丫头了?"

　　媳妇忙上去推她说:

"是二奶奶的名字,少混说!"

贾母道:

"你只管说罢。"

女先儿忙笑着站起来说:

"我们该死了! 不知是奶奶的讳!"

凤姐儿笑道:

"怕什么? 你说罢。重名重姓的多着呢。"

女先儿又说道:

"那年王老爷打发了王公子上京赶考,那日遇了大雨,到了一个庄子上避雨。谁知这庄上也有位乡绅,姓李,与王老爷是世交,便留下这公子住在书房里。这李乡绅膝下无儿,只有一位千金小姐。这小姐芳名叫做雏鸾,琴棋书画,无所不通。"

贾母忙道:

"怪道叫做《凤求鸾》。不用说了,我已经猜着了:自然是王熙凤要求这雏鸾小姐为妻了。"

女先儿笑道:

"老祖宗原来听过这回书?"

众人都道:

"老太太什么没听见过? 就是没听见,也猜着了。"

贾母笑道:

> 这是作者反对公子小姐后花园私订终身那类小说的陈腔滥调,所以《红楼梦》他自辟蹊径,以悲剧结束,不同凡响。

"这些书就是一套子,左不过是些佳人才子,最没趣儿。把人家女儿说的这么坏,还说是'佳人'! 编的连影儿也没有了。开口都是'乡绅门第',父亲不是尚书,就是宰相。一个小姐,必是爱如珍宝。这小姐必是通文知礼,无所不晓,竟是绝代佳人。只见了一个清俊男人,不管是亲是友,想起她的终身大事来,父母也忘了,书也忘了,鬼不成鬼,贼不成贼,那一点儿像个佳人? 就是满腹文章,做出这样事来,也算不得是佳人了! 比如一个男人家，满腹的文章，去做贼，难道那王法看他是个才子，就不入贼情一案了不成？可知那编书的是自己堵自己的嘴。再者：既说是世宦书香，大家子的小姐，又知礼读书，连夫人都知书识礼的，就是告老还家，自然奶妈子丫头伏侍小姐的人也不少，怎么这些书上凡有这样的事就只小姐和紧跟的一个丫头知道？你们想想：那些人都是管做什么的？可是前言不答后语了不是？”

众人听了，都笑说：

“老太太这一说，是谎都批出来了。”

贾母笑道：

“有个原故。编这样书的人，有一等妒人家富贵的，或者有求不遂心，所以编出来糟蹋人家。再有一等人，他自己看了这些书，看邪了，想着得一个佳人才好，所以编出来取乐儿。他何尝知道那世宦读书人家儿的道理？——别说那书上那些大家子，如今眼下，拿着咱们这中等人家说起，也没那样的事。别叫他诌掉了下巴颏子罢！所以我们从不许说这些书，连丫头们也不懂这些话。这几年我老了，她们姐儿们住的远，我偶然闷了，说几句听听，她们一来，就忙着止住了。”

李薛二人都笑说：

“这正是大家子的规矩。连我们家也没有这些杂话叫孩子们听见。”

凤姐儿走上来斟酒，笑道：

“罢，罢！酒冷了，老祖宗喝一口润润嗓子再掰谎罢。这一回就叫做‘掰谎记’，就出在本朝，本地，本年，本月，本日，本时。老祖宗一张口难说两家话，‘花开两朵，各表一枝。’‘是真是谎且不表，再整观灯看戏的人。’老祖宗且让这二位亲戚吃杯酒，看两出戏着，再从逐朝话言掰起，如何？”

一面说，一面斟酒，一面笑。未说完，众人俱已笑倒了。两个女先儿也笑个不住，都说：

“奶奶好刚口①！奶奶要一说书，真连我们吃饭的地方都没了！"

薛姨妈笑道：

"你少兴头些！外头有人，比不得往常。"

凤姐儿笑道：

"外头只有一位珍大哥哥，我们还是论哥哥妹妹，从小儿一处淘气淘了这么大。这几年因做了亲，我如今立了多少规矩了！便不是从小儿兄妹，只论大伯子，小婶儿，那二十四孝上'斑衣戏彩'，他们不能来戏彩引老祖宗笑一笑，我这里好容易引的老祖宗笑一笑，多吃了一点东西，大家喜欢，都该谢我才是，难道反笑我不成？"

贾母笑道：

"可是这两日我竟没有痛快的笑一场，倒是亏她。才一路说，笑的我这里痛快了些，我再吃钟酒。"吃着酒，又命宝玉："来敬你姐姐一杯。"

凤姐儿笑道：

"不用他敬，我讨老祖宗的寿罢。"

说着，便将贾母的杯拿起来，将半杯剩酒吃了，将杯递与丫鬟，另将温水浸的杯换一个上来。于是各席上的都撤去，另将温水浸着的代换斟了新酒上来，然后归坐。

女先儿回说：

"老祖宗不听这书，或者弹一套曲子听听罢。"

贾母道：

"你们两个对一套'将军令'罢。"

二人听说，忙合弦按调拨弄起来。贾母因问：

"天有几更了？"

众婆子忙回：

"三更了。"

贾母道：

"怪道寒浸浸的起来。"

早有众丫鬟拿了添换的衣裳送来。王夫人起身陪笑说道：

"老太太不如挪进暖阁里地炕上，倒也罢了。这二位亲戚也不是外人，我们陪着说是了。"

贾母听说，笑道：

"既这样说，不如大家都挪进去，岂不暖和？"

王夫人道：

"恐里头坐不下。"

贾母道：

"我有道理，如今也不用这些桌子，只用两三张并起来，大家坐在一处，挤着，又亲热，又暖和。"

众人都道：

"这才有趣儿！"

说着，便起了席。众媳妇忙撤去残席，里面直顺并了三张大桌，又添换了果馔摆好。贾母便说：

"都别拘礼，听我分派，你们就坐才好。"

说着，便让薛李正面上坐，自己西向坐了，叫宝琴、黛玉、湘云三人皆紧依左右坐下，向宝玉说："你挨着你太太。"于是邢夫人、王夫人之中夹着宝玉。宝钗等姐妹在西边。挨次下去，便是娄氏带着贾蓝；尤氏李纹夹着贾兰；下面横头是贾蓉媳妇胡氏。

贾母便说：

"珍哥，带着你兄弟们去罢，我也就睡了。"

贾珍等忙答应，又都进来听吩咐。贾母道：

"快去罢，不用进来。才坐好了，又都起来。你快歇着罢，明儿还有大事呢。"

贾珍忙答应了，又笑道：

"留下蓉儿斟酒才是。"

贾母笑道：

"正是，忘了他。"

贾珍应了一个"是"，便转身带领贾珗等出来。二人自是欢喜，便命人将贾琮贾璜各自送回家去，便约了贾珗去追欢买笑。不在话下。

这里贾母笑道：

"我正想着：虽然这些人取乐，必得重孙一对双全的在席上才好。蓉儿这可全了。蓉儿！和你媳妇坐在一处，倒也团圆了。"

因有家人媳妇呈上戏单，贾母笑道：

"我们娘儿们正说得兴头，又要吵起来。况且那孩子们熬夜怪冷的。也罢，且叫他们歇歇，把咱们的女孩子们叫来，就在这台上唱两出罢，也给他们瞧瞧。"

媳妇子们听了，答应出来，忙的一面着人往大观园去传人，一面二门口去传小厮们伺候。小厮们忙至戏房，将班中所有大人一概带出，只留下小孩子们。

一时，梨香院的教习，带了文官等十二人，从游廊角门出来，婆子们抱着几个软包②——因不及抬箱，料着贾母爱听的三五出戏的彩衣包了来。婆子们带了文官等进去见过，只垂手站着。

贾母笑道：

"大正月里，你师父也不放你们出去逛逛？你们如今唱什么？才刚八出《八义》闹得我头疼，咱们清淡些好。你瞧瞧，薛姨太太，这李亲家太太，都是有戏的人家，不知听过多少好戏的；这些姑娘们都比咱们家的姑娘见过好戏，听过好曲子。如今这小戏子又是那有名玩戏的人家的班子，虽是小孩子，却比大班子还强。咱们好歹别落了褒贬，少不得弄个新样儿的。叫芳官唱一出《寻梦》，只用箫和笙笛，余者一概不用。"

文官笑道：

"老祖宗说的是。我们的戏，自然不能入姨太太和亲家太太姑娘们的眼；不过听我们一个发脱口齿③再听个喉咙罢了。"

贾母笑道：

"正是这话了。"

李婶娘薛姨妈喜的笑道：

"好个灵透孩子！你也跟着老太太打趣我们！"

贾母笑道:

"我们这原是随便的玩意儿,又不出去做买卖,所以竟不大合时。"说着,又叫葵官:"唱一出'惠明下书',也不用抹脸,只用这两出叫她们二位太太听个助意儿罢了。若省了一点儿力,我可不依。"

文官等听了出来,忙去扮演上台,先是《寻梦》,次是《下书》。众人鸦雀无闻。薛姨妈笑道:

"实在戏也看过几百班,从没见过只用箫管的。"

贾母道:

"也有,只是像方才《西楼·楚江晴》一只,多有小生吹箫合的。这合大套的实在少,这也在人讲究罢了,这算什么出奇?"又指湘云道:"我像她这么大的时候儿,她爷爷有一班小戏,偏有一个弹琴的,凑了《西厢记》的《听琴》,《玉簪记》的《琴挑》,《续琵琶》的《胡笳十八拍》,竟成了真的了。比这个更如何?"

众人都道:

"那更难得了。"

贾母于是叫过媳妇们来,吩咐文官等叫她们吹弹一套《灯月圆》。媳妇们领命而去。当下贾蓉夫妻二人捧酒一巡。

凤姐儿因贾母十分高兴,便笑道:

"趁着女先儿们在这里,不如咱们'传梅',行一套'春喜上眉梢'的令,如何?"

贾母笑道:

"这是个好令啊,正对时景儿。"

忙命人取了黑漆铜钉花腔令鼓来,给女先儿们击着。席上取了一枝红梅,贾母笑道:

"到了谁手里住了鼓,吃一杯。也要说些什么才好?"

凤姐儿笑道:

"依我说,谁像老祖宗要什么有什么呢?我们这不会的,不没意思吗?怎么能雅俗共赏才好。不如谁住了,谁说个笑话儿罢。"

　　众人听了，都知道她素日善说笑话儿，肚内有无限新鲜趣令；今儿如此说，不但在席的诸人喜欢，连地下伏侍的老小人等无不欢喜。那小丫头子们都忙去找姐姐叫妹妹的，告诉她们快来听："二奶奶又说笑话儿了！"众丫头们便挤了一屋子。

　　于是戏完乐罢，贾母将些汤细点果给文官等吃去，便命响鼓。那女先儿们都是惯熟的，或紧或慢，或如残漏之滴，或如进豆之急，或如惊马之驰，或如疾电之光，忽然暗住鼓声。那梅方递至贾母手中，鼓声恰住，大家哈哈大笑。贾蓉忙上来斟了一杯。众人都笑道：

　　"自然老太太先喜了，我们才托赖些喜。"

　　贾母笑道：

　　"这酒也罢了，只是这笑话儿倒有些难说。"

　　众人都说：

　　"老太太的比凤姑娘说得还好，赏一个，我们也笑一笑。"

　　贾母笑道：

　　"并没有新鲜招笑儿的，少不得老脸皮厚的说一个罢。"因说道："一家子养了十个儿子，娶了十房媳妇儿。惟有第十房媳妇儿聪明伶俐，心巧嘴乖，公婆最疼，成日家说那九个不孝顺。这九个媳妇儿委屈，便商议说：'咱们九个心里孝顺，只是不像那小蹄子儿嘴巧，所以公公婆婆只说她好。这委屈向谁诉去？'有主意的说道：'咱们明儿到阎王庙去烧香，和阎王爷说去，问他一问：叫我们托生为人，怎么单单给那小蹄子儿一张乖嘴，我们都入了夯嘴里头。'那八个听了都喜欢，说：'这个主意不错！'第二日，便都往阎王庙里来烧香。九个都在供桌底下睡着了。九个魂专等阎王驾到，左等不来，右等也不到。正着急，只见孙行者驾着'筋斗云'来了，看见九个魂，便要拿'金箍棒'打来。吓得九个魂忙跪下央求。孙行者问起原故来，九个人忙细细的告诉了他。孙行者听了，把脚一跺，叹了一口气，道：'这原故幸亏遇见我！等着阎王来了，他也不得知道。'九个人听了，就求说：'大圣发个慈悲，我们就好了！'孙行者笑道:'却也不难:那日你们妯娌十个托生时,可巧我到阎王那里去,因为撒了一泡尿在地下,你那个小婶儿便吃了。你们如今要伶俐嘴乖,有的是尿,再撒泡你们吃就是了!'"

说毕,大家都笑起来。凤姐儿笑道:

"好的呀! 幸而我们都是夯嘴夯腮的,不然,也就吃了猴儿尿了!"

尤氏娄氏都笑向李纨道:

"咱们这里头谁是吃过猴儿尿的? 别装没事人儿!"

薛姨妈笑道:

"笑话儿在对景就发笑。"

说着,又击起鼓来。小丫头子们只要听凤姐儿的笑话,便悄悄的和女先儿说明,以咳嗽为记。须臾,传至两遍,刚到凤姐儿手里,小丫头子们故意咳嗽,女先儿便住了。众人齐笑道:

"这可拿住她了! 快吃了酒,说一个好的罢。——别太逗人笑的肠子疼。"

凤姐儿想一想,笑道:

"一家子也是过正月节,合家赏灯吃酒,真真的热闹非常。祖婆婆、太婆婆、媳妇、孙子媳妇、重孙子媳妇、亲孙子媳妇、侄孙子、重孙子、灰孙子、——滴里搭拉的孙子、孙女儿、外孙女儿、姨表孙女儿、姑表孙女儿······嗳哟哟! 真好热闹! ······"

众人听她说着,已经笑了,都说:

"听这数贫嘴④的! 又不知要编派那一个呢!"

尤氏笑道:

"你要招我,我可撕你的嘴!"

凤姐儿起身拍手笑道:

"人家这里费力,你们紧着混,我就不说了。"

贾母笑道:

"你说你的。底下怎么样?"

凤姐想了一想,笑道:

"底下就团团的坐了一屋子,吃了一夜酒就散了。"

众人见她正言厉色的说了,也都再无有别话,怔怔的还等往下说,只觉她冰冷无味的就住了。湘云看了她半日,凤姐儿笑道:

"再说一个过正月节的:几个人拿着房子大的炮仗往城外放去,引了上万的人跟着瞧去。有一个性急的人等不得,就偷着拿香点着了。只见扑哧的一声,众人哄然一笑,都散了。这抬炮仗的人抱怨卖炮仗的捆的不结实,没等放就散了。"

湘云道:

"难道本人没听见?"

凤姐儿道:

"本人原是个聋子。"

众人听说,想了一回,不觉失声都大笑起来。又想着先前那个没完的,问她道:

"先那一个到底怎么样?也该说完了。"

凤姐儿将桌子一拍道:"好啰唆!到了第二日是十六日,年也完了,节也完了,我看人忙着收东西还闹不清,那里还知道底下的事了?"众人听说,复又笑起。

凤姐儿笑道:"外头已经四更多了,依我说,老祖宗也乏了,咱们也该'聋子放炮仗',散了罢。"

尤氏等用绢握着嘴,笑的前仰后合,指她说道:

"这个东西真会数贫嘴!"

贾母笑道:

"真真这凤丫头越发练贫了!"一面说,一面吩咐道:"她提起炮仗来,咱们也把烟火放了解解酒。"

贾蓉听了,忙出去带着小厮们,就在院子内安下屏架,将烟火设吊齐备。这烟火俱系各处进贡之物,虽不甚大,却极精致,各色故事俱全,夹着各色的花炮。黛玉禀气虚弱,不禁劈拍之声,贾母便搂她在怀内。薛姨妈便搂湘云,湘云笑道:

"我不怕。"

宝钗笑道：

"她专爱自己放大炮仗，还怕这个呢！"

王夫人便将宝玉搂入怀内。凤姐儿笑道：

"我们是没人疼的！"

尤氏笑道：

"有我呢，我搂着你。你这会子又撒娇儿了。听见放炮仗，像就吃了蜜蜂儿屎的，今儿又轻狂了。"

凤姐儿笑道：

"等散了，咱们园子里放去。我比小厮们还放的好呢。"

说话之间，外面一色色的放了又放。又有许多"满天星"、"九龙入云"、"平地一声雷"、"飞天十响"之类的零星小炮仗。放罢，然后又命小戏子打了一回"莲花落"，撒得满台的钱，那些孩子们满台的抢钱取乐。

上汤时，贾母道：

"夜长，不觉得有些饿了。"

凤姐儿忙回说："有预备的鸭子肉粥。"

贾母道：

"我吃些清淡的罢。"

凤姐儿忙道："也有枣儿熬的粳米粥，预备太太们吃斋的。"

贾母道：

"倒是这个还罢了。"

说着，已经撤去残席，内外另设各种精致小菜。大家随意吃了些，用过嗽口茶，方散。十七日一早，又过宁府行礼，伺候掩了祠门，收过影像，方回来。此日便是薛姨妈请吃年酒。贾母连日觉得身上乏了，坐了半日，回来了。自十八日以后，亲友来请，或来赴席的，贾母一概不会，有邢夫人、王夫人、凤姐三人料理。连宝玉只除王子腾家去了，余者亦皆不去，只说是贾母留下解闷。

---

①　刚口——亦作纲口。指说话有技术，能动听。

707

② 软包——旧剧,不是大举演出时,只把简单的服装、道具等用布包携带,不用戏箱叫作软包。

③ 发脱口齿——指歌唱的发声、吐字。

④ 数贫嘴——废话很多,说个不完的意思。

第五十五回　辱亲女愚妾争闲气
欺幼主刁奴蓄险心

　　且说荣府中刚将年事忙过，凤姐儿因年内年外操劳太过，一时不及检点，便小月①了，不能理事，天天两三个大夫用药。凤姐儿自恃强壮，虽不出门，然筹划计算，想起什么事来，就叫平儿去回王夫人。任人谏劝，她只不听。王夫人便觉失了膀臂，一人能有多少精神，凡有了大事，就自己主张；将家中琐碎之事一应都暂令李纨协理。李纨本是个尚德不尚才的，未免逞纵了下人，王夫人便命探春合同李纨裁处，只说过了一月，凤姐将养好了，仍交给她。谁知凤姐禀赋气血不足，兼年幼不知保养，平生争强斗智，心力更亏，故虽系小月，竟着实亏虚下来。一月之后，又添了下红之症。她虽不肯说出来，众人看她面目黄瘦，便知失于调养。王夫人只令她好生服药调养，不令她操心。她自己也怕成了大症，遗笑于人，便想偷空调养，恨不得一时复旧如常。谁知服药调养，直到三月间，才渐渐的起复过来，下红也渐渐止了。——此是后话。

> 此回写凤姐小产，李纨、探春、宝钗三人"执政"。李纨是好人，宝钗是客卿，探春是主角，以前她在宝钗、黛玉之间隐而未露，四十五、四十六回，作者却让她出人头地。

　　如今且说目今王夫人见她如此，探春和李纨暂难谢事，园中人多，又恐失于照管，特请了宝钗，托她各处小心。因嘱咐她：

　　"老婆子们不中用，得空儿吃酒斗牌，白日里睡觉，夜里斗牌，我都知道的。凤丫头在外头，她们还有个怕惧，如今她们又该取便了。好孩子，你还是个妥当人。你兄弟妹妹们又小，我又没工夫，你替我辛苦两天，照应照应。凡

709

有想不到的事，你来告诉我，别等老太太问出来，我没话回。那些人不好，你只管说；他们不听，你来回我。别弄出大事来才好。"

宝钗听说，只得答应了。

时届季春，黛玉又犯了咳嗽；湘云又因时气所感，也病卧在蘅芜院，一天医药不断。探春和李纨相住间壁，二人近日同事，不比往年，来往回话人等亦甚不便，故二人议定：每日早晨，皆到园门口南边的三间小花厅上去会齐办事。吃过早饭，于午正方回。

> 探春的能干公正、严谨，写得十分出色，与写凤姐协理宁国府异曲同工，而分量更重。

这三间厅，原系预备省亲之时众执事太监起坐之处，故省亲以后也用不着了，每日只有婆子们上夜。如今天已和暖，不用十分修理，只不过略略的陈设些，便可她二人起坐。这厅上也有一个匾，题着"体仁谕德"四字，家下俗语皆只叫议事厅儿。如今她二人每日卯正至此，午正方散。凡一应执事的媳妇等，来往回话的，络绎不绝。众人先听见李纨独办，各各心中暗喜，因为李纨素日是个厚道多恩无罚的人，自然比凤姐儿好搪塞些；便添了一个探春，都想着不过是个未出闺阁的年轻小姐，且素日也最平和恬淡，因此，都不在意，比凤姐儿前便懈怠了许多。只三四天后，几件事过手，渐觉探春精细处不让凤姐，只不过是言语安静，性情和顺而已。

可巧连日有王公侯伯世袭官员十几处，皆荣宁非亲即世交之家，或有升迁，或有黜降。或有婚丧红白等事，王夫人贺吊迎送，应酬不暇，前边更无人照管。她二人便一日皆在厅上起坐，宝钗便一日在上房监察，至王夫人回方散。每于夜间针线暇时，临寝之先，坐了轿，带领园中上夜人等，各处巡察一次。

她三人如此一理，更觉比凤姐儿当权时倒更谨慎了些，因而里外下人，都暗中抱怨说：

"刚刚的倒了一个'巡海夜叉'，又添了三个'镇山太岁'，越发连夜里偷着吃酒玩的工夫都没了！"

这日，王夫人正是往锦乡侯府去赴席，李纨与探春，早已梳洗伺候出门。去后，回至厅上坐了，刚吃茶时，只见吴新登的媳妇进来回说：

"赵姨娘的兄弟赵国基昨儿出了事，已回过老太太、太太，说知道了，叫回姑娘来。"

说毕，便垂手旁侍，再不言语。

彼时来回话者不少，都打听她二人办事如何。若办得妥当，大家则安个畏惧之心；若少有嫌隙不当之处，不但不畏服，一出二门，还说出许多笑话来取笑。吴新登的媳妇心中已有主意：若是凤姐前，她便早已献殷勤，说出许多主意，又查出许多旧例来，任凤姐拣择施行；如今她藐视李纨老实，探春是年轻的姑娘，所以只说出这一句话来，试她二人有何主见。

探春便问李纨。李纨想了一想，便道："前日袭人的妈死了，听见说赏银四十两，这也赏他四十两罢了。"

吴新登的媳妇听了，忙答应了个"是"，接了对牌就走。探春道：

"你且回来。"

吴新登家的只得回来，探春道：

"你且别支银子。我且问你：那几年老太太屋里的几位老姨奶奶，也有家里的，也有外头的，有两个分别。家里的若死了人是赏多少？外头的死了人是赏多少？你且说两个我们听听。"

一问，吴新登家的便都忘了，忙陪笑回说道：

"这也不是什么大事。赏多赏少，谁还敢争不成？"

探春笑道：

"这话胡闹！依我说，赏一百倒好！若不按理，别说你们笑话，明儿也难见你二奶奶。"

吴新登家的笑道：

"既这么说，我查旧帐去，此时却记不得。"

探春笑道：

"你办事办老了的还不记得，倒来难我们？你素日回你二奶奶

（旁注：写刁仆存心欺主，探春尺寸分明，不假辞色，妙。）

711

也现查去？若有这道理，凤姐姐还不算利害，也就算是宽厚了。还不快找了来我瞧！再迟一日，不说你们粗心，倒像我们没主意了。"

吴新登家的满面通红，忙转身出来。众媳妇们都伸舌头。这里又回别的事。

一时，吴家的取了旧帐来，探春看时，两个家里的皆赏过二十四两，两个外头的皆赏过四十两。外还有两个外头的：一个赏过一百两，一个赏过六十两。这两笔底下皆有原故：一个是隔省迁父母之柩，外赏六十两；一个是现买葬地，外赏二十两。探春便递给李纨看了。探春便说：

"给他二十两银子，把这帐留下我们细看。"

吴新登家的去了，忽见赵姨娘进来，李纨探春忙让坐。赵姨娘开口便说道：

"这屋里的人，都踩下我的头去还罢了，姑娘，你也想一想，该替我出气才是！"一面说，一面便眼泪鼻涕哭起来。探春忙道：

"姨娘这话说谁？我竟不懂。谁踩姨娘的头？说出来，我替姨娘出气。"

赵姨娘道：

"姑娘现踩我，我告诉谁去？"

探春听说，忙站起来，说道：

"我并不敢。"

李纨也忙站起来劝。赵姨娘道：

"你们请坐下，听我说。我这屋里熬油似的，熬了这么大年纪，又有你兄弟，这会子连袭人都不如了，我还有什么脸？连你也没脸面，别说是我呀！"

探春笑道：

"原来为这个！我说我并不敢犯法违礼。"

一面便坐下，拿帐翻给赵姨娘瞧，又念给她听。又说道：

"这是祖宗手里旧规矩，人人都依着，偏我改了不成？这也不但袭人，将来环儿收了屋里的，自然也是和袭人一样。这原不是什

712

么争大争小的事，讲不到有脸没脸的话上。他是太太的奴才，我是按着旧规矩办。说办的好，领祖宗的恩典，太太的恩典；若说办的不公，那是他糊涂不知福，并只好凭他抱怨去。太太连房子赏了人，我有什么有脸的地方儿？一文不赏，我也没什么没脸的。依我说：太太不在家，姨娘安静些养神罢，何苦只要操心？太太满心疼我，因姨娘每每生事，几次寒心。我但凡是个男人，可以出得去，我早走了，立出一番事业来，那时自有一番道理，偏我是女孩儿家，一句多话也没我乱说的。太太满心里都知道，如今因看重我，才叫我管家务。还没有做一件好事，姨娘倒先来作践我。倘或太太知道了，怕我为难。不叫我管，那才正经没脸呢？——连姨娘真也没脸了！"

一面说，一面抽抽搭搭的哭起来。

赵姨娘没话答对，便说道：

"太太疼你，你该越发拉扯拉扯我们。你只顾讨太太的疼，就把我们忘了？"

探春道：

"我怎么忘了？叫我怎么拉扯？这也问他们各人。那一个主子不疼出力得用的人？那一个好人用人拉扯呢？"

李纨在旁，只管劝说：

"姨娘别生气，也怨不得姑娘。她满心里要拉扯，口里怎么说的出来？"

探春忙道：

"这大嫂子也糊涂了，我拉扯谁？谁家姑娘们拉扯奴才了？他们的好歹，你们该知道，与我什么相干？"

赵姨娘气的问道：

"谁叫你拉扯别人去了？你不当家，我也不来问你。你如今现在说一是一，说二是二！如今你舅舅死了，你多给了二三十两银子，难道太太就不依你？分明太太是好太太，都是你们尖酸刻薄！

可惜太太有恩无处使！ ——姑娘放心！ 这也使不着你的银子。 明日等出了阁，我还想你额外照看赵家呢！ 如今没有长翎毛儿就忘了根本，只拣高枝儿飞去了。"

探春没听完，气的脸白气噎，越发呜呜咽咽的哭起来。 因问道：

"谁是我舅舅？ 我舅舅早升了九省的检点了！ 那里又跑出一个舅舅来？ 我倒素昔按礼尊敬，怎么敬出这些亲戚来了！ ——既这么说，每日环儿出去，为什么赵国基又站起来？ 又跟他上学？ 为什么不拿出舅舅的款来？ 何苦来！ 谁不知道我是姨娘养的？ 必要过两三个月寻出由头来，彻底来翻腾一阵，怕人不知道，故意表白表白！ 也不知道是谁给谁没脸！ ——幸亏我还明白，但凡糊涂不知礼的，早急了！"

> 作者是写宗法、社会的伦理观念，而不是写探春不近人情。 如以现代人的观念批评探春便不合理；平儿的忽然出现，更是巧妙安排，更衬托出探春的严正，一丝不苟。

李纨急得只管劝，赵姨娘只管还唠叨。 忽听有人说：

"二奶奶打发平姑娘说话来了。"

赵姨娘听说，方把嘴止住。 只见平儿走来，赵姨娘忙陪笑让坐，又忙问：

"你奶奶好些？ 我正要瞧去，就只没得空儿。"

李纨见平儿进来，因问她来作什么。 平儿笑道：

"奶奶说：赵姨奶奶的兄弟没了，恐怕奶奶和姑娘不知有旧例。 若照常例，只得二十两；如今请姑娘裁度着，再添些也使得。"

探春早已拭泪痕，忙说道：

"又好好的添什么？ 谁又是二十四个月养的？ 不然，也是出兵放马，背着主子逃出命来过的人不成？ 你主子真个倒巧：叫我开了例，她做好人，拿着太太不心疼的钱，乐得做人情！ 你告诉她：我不敢添减，混出主意。 她添，她施恩，等她好了出来，爱怎么添怎么添！"

　　平儿一来时已明白了对半，今听这话，越发会意。见探春有怒色，便不敢以往日喜乐之时相待，只一边垂手默侍。

　　时值宝钗也从上房中来，探春等忙起身让坐。未及开言，又有一个媳妇进来回事。因探春才哭了，便有三四个小丫鬟捧了脸盆、巾帕、靶镜等物来。此时探春因盘膝坐在矮板榻上，那捧盆丫鬟走至跟前，便双膝跪下，高捧脸盆；那两个丫鬟，也都在旁屈膝捧着巾帕并靶镜脂粉之饰。

　　平儿见侍书不在这里，便忙上来与探春挽袖卸镯，又接过一条大手巾来，将探春面前衣襟掩了。探春方伸手向脸盆中盥沐，媳妇便回道：

　　"奶奶，姑娘：家学里支环爷和兰哥儿一年的公费。"

　　平儿先道：

　　"你忙什么？你睁着眼看见姑娘洗脸，你不出去伺候着，倒先说话来！二奶奶跟前，你也这样没眼色来着？姑娘虽然恩宽，我去回了二奶奶，只说你们眼里都没姑娘，你们都吃了亏，可别怨我！"

　　吓得那个媳妇忙陪笑说：

　　"我粗心了！"

　　一面说，一面忙退出去。

　　探春一面匀脸，一面向平儿冷笑道：

　　"你迟了一步，没见还有可笑的。连吴姐姐这么个办老了事的，也不查清楚了，就来混我们。幸亏我们问她。她竟有脸说忘了！我说她回二奶奶事也忘了再找去，我料着你主子未必有耐性儿等她去找！"

> 写平儿乖巧识大体，捧探春着笔不多，却大见功夫。

　　平儿笑道：

　　"她有这么一次，包管腿上的筋早折了两根。姑娘别信她们。那是她们瞅着大奶奶是个菩萨，姑娘又是腼腆小姐，固然是托懒来混。"说着，又向门外说道："你们只管撒野！等奶奶大安了，咱们再说！"

门外的众媳妇都笑道：

"姑娘，你是个最明白的人。俗语说，'一人作罪一人当'，我们并不敢欺蔽主子。如今主子是娇客；若认真惹恼了，死无葬身之地！"

平儿冷笑道：

"你们明白就好了。"又陪笑向探春道："姑娘知道，二奶奶本来事多，那里照看得这些？保不住不忽略。俗语说："旁观者清。'这几年，姑娘冷眼看着，或有该添该减的去处，二奶奶没行到，姑娘竟一添减。头一件，与太太有益；第二件，也不枉姑娘待我们奶奶的情义了。"

话未说完，宝钗李纨皆笑道：

"好丫头！真怨不得凤丫头偏疼她！本来无可添减之事，如今听你一说，倒要找出两件来斟酌斟酌的，不辜负你这话。"

探春笑道：

"我一肚子气，正要拿她奶奶出气去，偏她碰了来，说了这些话，叫我也没了主意了。"

一面说，一面叫进方才那媳妇来，问："环爷和兰哥家学里这一年的银子，是做那一项用的？"

那媳妇便回说：

"一年学里吃点心，或者买纸笔，每位有八两银子的使用。"

探春道：

"凡爷们的使用，都是各屋里月钱之内：环哥的是姨娘领二两，宝玉的是老太太屋里袭人领二两，兰哥儿是大奶奶屋里领。怎么学里每人多这八两？原来上学去的是为这八两银子？从今日起，把这一项蠲了。——平儿，回去告诉你奶奶，说我的话，把这一条务必免了。"

平儿笑道：

"早就该免。旧年奶奶原说要免来着，因年下忙，就忘了。"

那媳妇只得答应着去了，就有大观园中媳妇捧了饭盒子来。

侍书素云早已抬过一张小饭桌来。平儿也忙着上菜。探春笑道：

"你说完了话,干你的去罢,在这里又忙什么?"

平儿笑道：

"我原没事。二奶奶打发了我来,一则说话,二则怕这里的人不方便,叫我帮着妹妹们伏侍奶奶姑娘来了。"

探春因问：

"宝姑娘的怎么不端来一处吃!"

丫鬟们听说,忙出至帘外命媳妇们去说：

"宝姑娘如今在厅上一处吃,叫她们把饭送了这里来。"

探春听说,便高声说道：

"你别混支使人! 那都是办大事的管家娘子们,我们支使她要饭要茶的,连个高低都不知道! 平儿这里站着,叫她叫去!"

平儿忙答应了一声出来,那些媳妇们都悄悄的拉住笑道：

"那里用姑娘去叫? 我们已有人叫去了。"一面说,一面用绢子掸台阶的土,说："姑娘站了半天,乏了,这太阳地里歇歇儿罢。"

平儿便坐下。又有茶房里的两个婆子,拿了个坐褥铺下,说：

"石头冷。这是极干净的,姑娘将就坐一坐儿罢。"

平儿点头笑道：

"多谢!"

一个又捧了一碗精致新茶出来,也悄悄笑说：

"这不是我们常用的茶,原是伺候姑娘们的,姑娘且润一润罢。"

平儿遂欠身接了,因指众媳妇悄悄说道：

"你们太闹的不像了。她是个姑娘家,不肯发威动怒,这是她尊重,你们就藐视欺负她。果然招她动了大气,不过说她一个粗糙就完了,你们就现吃不了的亏! 她撒个娇儿,太太也得让她一二

"打老虎"以表现探春的魄力,与写凤姐打下人立威,方法不同,效果则一。

作者写探春严明,处处照应,处处都是功夫,没有一句废话。写平儿乖巧亦复如此。曹雪芹写人物真是出神入化。

717

分,二奶奶也不敢怎么。你们就这么大胆子小看她,可是'鸡蛋往石头上碰'?"

众人都忙道:

"我们何尝敢大胆子? 都是赵姨娘闹的!"

平儿也悄悄的道:

以凤姐赞探春,乃是一言九鼎。

"罢了。好奶奶们,'墙倒众人推。'那赵姨娘原有些颠倒,着三不着两,有了事就都赖她。你们素日那眼里没人,心术利害,我这几年难道还不知道? 二奶奶要是略差一点儿的,早叫你们这些奶奶们治倒了。饶这么着,得一点空儿,还要难她一难! 好几次没落了你们的口声。众人都说她利害,你们都怕她,惟我知道她心里也就不算不怕的。前儿我们还议论到这里,再不能依头顺尾,必有两场气生。那三姑娘虽是个姑娘,你们都横看了她。二奶奶在这些大姑子小姑子里头,也就只单怕她五分儿。你们这会子倒不把她放在眼里了!"

正说着,只见秋纹走来,众媳妇忙赶着问好,又说:

"姑娘也且歇歇,里头摆饭呢。等撤下桌来,再回话去罢。"

秋纹笑道:

"我比不得你们,我那里等得?"

说着,便直要上厅去。平儿忙叫快回来。秋纹回头见了平儿,笑道:

"你又在这里充什么外围子的防护?"

一面回身便坐在平儿褥上。平儿悄问:

"回什么?"

秋纹道:

"问一问,宝玉的月钱,我们的月钱,多早晚才领。"

平儿道:

"这什么大事? 你快回去告诉袭人,说我的话:凭有什么事,今日都别回。若回一件,管驳一件;回一百件,管驳一百件。"

秋纹听了,忙问:

"这是为什么?"

平儿与众媳妇等都忙告诉她原故,又说:

"正要找几处利害事与有体面的人来开例,作法子镇压,与众人作榜样呢。何苦你们先来碰在这钉子上?你这一去说了,她们若拿你们也作一二件榜样,又碍着老太太、太太;若不拿着你们做一二件,人家又说:'偏一个向一个。仗着老太太、太太威势的就怕,不敢惹,只拿着软的做鼻子头②。'你听听罢,二奶奶的事,她还要驳两件,才压得众人口声呢!"

秋纹听了,伸了伸舌头,笑道:

"幸而平姐姐在这里,没得臊一鼻子灰!趁早知会他们去。"

说着,便起身走了。接着宝钗的饭至,平儿忙进来伏侍。那时赵姨娘已去,三人在板床上吃饭,宝钗面南,探春面西,李纨面东。众媳妇皆在廊下静候,里头只有她们紧跟常侍的丫鬟伺候,别人一概不敢擅人。

这些媳妇们都悄悄的议论说:

"大家省事罢,别安着没良心的主意。连吴大娘才都讨了没意思,咱们又是什么有脸的?"

都一边悄议,等饭完回事。此时里面惟闻微嗽之声,不闻碗箸之响。

一时,只见一个丫头将帘栊高揭,又有两个将桌抬出。茶房内有三个丫鬟,捧着三个沐盆儿。见饭桌已出,三人便进去了。一回又捧出沐盆并嗽盂来,方有侍书、素云、莺儿三个人,每人用茶盘捧了三盖碗茶进去。

一时,等她三人出来,侍书命小丫头子:

"好生伺候着,我们吃饭来换你们,可又别偷坐着去。"

众媳妇们方慢慢的安分回事,不敢如先前轻慢疏忽了。探春气方渐平,因向平儿道:

"我有一件大事,早要和你奶奶商议,如今可巧想起来。你吃了饭快来。宝姑娘也在这里,咱们四个人商议了,再细细的问你奶奶可行可止。"

平儿答应回去。凤姐因问：

"为何去这半日？"

平儿便笑着将方才的原故细细说与她听了。凤姐儿笑道：

"好，好！好个三姑娘！我说不错。——只可惜她命薄，没托生在太太肚里。"

平儿笑道：

"奶奶也说糊涂话了。她就不是太太养的，难道谁敢小看她，不和别的一样看待么？"

凤姐叹道：

"你那里知道？虽然正出庶出是一样，但只女孩儿，却比不得儿子。将来作亲时，——如今有一种轻狂人，先要打听姑娘是正出是庶出，多有为庶出而不要的。殊不知庶出，只要人好，比正出的强百倍呢。将来不知那个没造化的，为挑正庶误了事呢；也不知那个有造化的，不挑正庶的得了去。"说着，又向平儿笑道："你知道我这几年生了多少省俭的法子，一家子大约也没个背地里不恨我的。我如今也是骑上老虎了，虽然看破些，无奈一时也难宽放。二则家里出去的多，进来的少，凡有大小事儿，仍是照着老祖宗手里的规矩，却一年进的产业，又不及先时。多俭省了，外人又笑话，老太太、太太也受委屈，家下人也抱怨刻薄。若不趁早儿料理省俭之计，再几年就都赔尽了！"

平儿道：

"可不是这话？将来还有三四位姑娘，还有两三个少爷们，一位老太太，这几件大事未完呢。"

凤姐儿笑道：

"我也虑到，这里倒也够了。宝玉和林妹妹，他两个，一娶一嫁，可以使不着官中钱，老太太自有体己拿出来。二姑娘是大老爷那边的，也不算。剩了三四个，满破着每人花上七八千银子。环哥娶亲有限，花上三千银子，若不够，那里省一抿子^③也就够了。老太太的事出来，一应都是全了的，不过零星杂项使费些，满破三五千两。如今再俭省些，陆续就够了。只怕如今平空再生出一两件事来，可就不了得了。咱们且别虑后事。你且吃了饭，快听她们商议什么。这正碰了我的机会，我正愁没个膀臂！虽有个宝玉，他又不是这里头的货，纵收伏了他，也不中用。大奶奶是个佛爷，也不中用。二姑娘更不中用，亦且不是这屋里的人。四姑娘小呢。兰小子和环儿更是个燎毛的小冻猫子，只等有热灶火炕让他钻去罢。真真一个娘肚子里跑出这样天悬地隔的两个人来，我想到那里就不服！再者：林丫头和宝姑娘，她两个人倒好，偏又都是亲戚，又不好管咱们家务事。况且一个是美人灯儿，风吹吹就坏了；一个是拿定了主意，'不干己事不张口，一问摇头三不知'，也难十分去问她。倒只剩下三姑娘一个，心里嘴里都也来得；又是咱家的正人，太太又疼她；虽然脸上淡淡的，皆因是赵姨娘那老东西闹的，心里却是和宝玉一样呢。比不得环儿，实在令人难疼！要依我的性子，早撵出去了！如今她既有这主意，正该和她协同，大家做个膀臂，我也不孤不独了。按正礼天理良心上论，咱们有她这一个人帮着，咱们也省些心，与太太的事也有益。若按私心藏奸上论，我也太行毒了，也该抽回退步，回头看看。再要穷追苦克，人恨极了，他们笑里藏刀，咱们两个，才四个眼睛两个心，一时不防，倒弄坏了。趁着紧溜之中，她出头一料理，众人就把往日咱们的根暂可解了。还有一件，我虽知你极明白，恐怕你心里挽不过来，如今嘱咐你：她虽是姑娘家，心里却事事明白，不过是言语谨慎。她又比我知书识字，更利害一层了。如今俗语说'擒贼必先擒王'，她如今要作法开端，一定是先拿我开端。倘或她要驳我的事，你可别分辩，你只越恭敬越说驳的是才好。千万别想着怕我没脸，和她一强就不好了。"

平儿不等说完，便笑道：

"你太把人看糊涂了！我才已经行在先了，这会子才嘱咐我！"

凤姐儿笑道：

"我是恐怕你心里眼里只有了我,一概没有他人之故,不得不嘱咐;既已行在先,更比我明白了。这不是你又急了,满嘴里'你'呀'我'的起来了!"

平儿道:

"偏说'你'! 你不依? 这不是嘴巴子? 再打一顿。难道这脸上还没尝过的不成?"

凤姐儿笑道:

"你这小蹄子儿,要掂多少过儿才罢? 你看我病的这个样儿,还来怄我呢! 过来坐下,横竖没人来,咱们一处吃饭是正经的。"

说着,丰儿等三四个小丫头子进来,放小炕桌。凤姐只吃燕窝粥,两碟子精致小菜。每日分例菜已暂减去。丰儿便将平儿的四样分例菜端至桌上,与平儿盛了饭。平儿屈一膝于炕沿上,半身犹立于炕下,陪着凤姐儿吃了饭,伏侍漱口毕,吩咐了丰儿些话,方往探春处来。

---

① 小月——小产。俗称生产为坐月子,所以小产叫小月。
② 做鼻子头——有藉口、做题目或以他人应名的意思。
③ 一抿子——一桩,一件。

第五十六回　敏探春兴利除宿弊
　　　　　　贤宝钗小惠全大体

话说平儿陪着凤姐吃了饭，伏侍盥漱毕，方往探春处来。只见院中寂静，只有丫鬟婆子，一个个都站在窗外听候。平儿进入厅中，她姐妹姑嫂三人正商议些家务，说的便是年内赖大家请吃酒，他家花园中事故。见她来了，探春便命她脚踏上坐了，因说道：

"我想的事，不为别的，只想着我们一月所用的头油脂粉，又是二两的事。我想咱们一月已有了二两月钱，丫头们又另有月钱，可不是又同刚才学里的八两一样重重叠叠？这事虽小，钱有限，看起来也不妥当，你奶奶怎么就没想到这个呢？"

> 曹雪芹世故之深，人情之练达，从买脂粉小事，可见一斑，今之"买办"亦莫不如此。

平儿笑道：

"这有个原故：姑娘们所用的这些东西，自然该有分例，每月每处买办买了，令女人们交送我们收管，不过预备姑娘们使用就罢了，没有个我们天天各人拿着钱，找人买这些去的。所以外头买办总领了去，按月使女人按房交给我们。至于姑娘们每月的这二两，原不是为买这些的；为的是一时当家的奶奶太太，或不在家，或不得闲，姑娘们偶然要个钱使，省得找人去；这不过是恐怕姑娘们受委屈的意思。如今我冷眼看着，各屋里我们的姐妹都是现拿钱买这些东西的，竟有了一半子。我就疑惑，不是买办脱了空，就是买的不是正经货。"

探春李纨都笑道：

"你也留心看出来了？脱空是没有的，只是迟些日子。催急了，不知那里弄些来，不过是个名儿，其实使不得，依然还得现买。

就用二两银子，另叫别人的奶妈子的弟兄儿子买来，方才使得。要使官中的人去，依然是那一样的，不知他们是什么法子。"

平儿便笑道：

"买办买的是那东西，别人买了好的来，买办的也不依他，又说他使坏心，要夺他的买办。所以他们宁可得罪了里头，不肯得罪了外头办事的。要是姑娘们使了奶妈子们，他们也就不敢说闲话了。"

探春道：

"因此，我心里不自在。饶费了两起钱，东西又白丢一半，不如竟把买办的这一项每月蠲了为是。此是第一件事。第二件：年里往赖大家去，你也去的，你看他那小园子，比咱们这个如何？"

平儿笑道：

"还没有咱们这一大半，树木花草也少多着呢。"

探春道：

"我因和他们家的女孩子说闲话儿，她说这园子除她们带的花儿，吃的笋菜鱼蟹，一年还有人包了去，年终足有二百两银子剩。从那日，我才知道，一个破荷叶，一根枯草根子，都是值钱的。"

宝钗笑道：

"看看膏粱纨绔之谈！你们虽是千金，原不知道这些事，但只你们也都念过书，识过字的，竟没看见过朱夫子有一篇《不自弃》的文么？"

探春笑道：

"虽也看过，不过是勉人自励，虚比浮词，那里真是有的？"

宝钗道：

"朱子都行了虚比浮词了？那句句都是有的。你才办了两天事，就利欲薰心，把朱子都看虚浮了。你再出去，见了那些利弊大事，越发连孔子也都看虚了呢！"

探春笑道：

"你这样一个通人，竟没看见姬子书①？当日姬子有云：'登利禄之场,处运筹之界者,穷尧舜之词,背孔孟之道……'"

宝钗笑道:

"底下一句呢?"

探春笑道:

"如今断章取义,念出底下一句,我自己骂我自己不成?"

宝钗道:

"天下没有不可用的东西,既可用,便值钱。难为你是个聪明人,这大节目正事竟没经历。"

李纨笑道:

"叫人家来了,又不说正事,你们且对讲学问!"

宝钗道:

"学问中便是正事。若不拿学问提着,便都流入市俗去了。"

三人取笑了一回,便仍谈正事。探春又接说道:

"咱们这个园子,只算比他们的多一半。加一倍算起来,一年就有四百银子的利息。若此时也出脱生发银子,自然小器,不是咱们这样人家的事;若不派出两个一定的人来,既有许多值钱的东西,任人作践了,也似乎暴殄天物。不如在园子里所有的老妈妈中,拣出几个老成本分,能知园圃的,派她们收拾料理。也不必要她们交租纳税,只问她们一年可以孝敬些什么。一则园子有专定之人修理,花木自然一年好似一年了,也不用临时忙乱;二则也不致作践,白辜负了东西;三则老妈妈们也可借此小补,不枉成年家在园中辛苦;四则也可省了这些花儿匠,山子匠,并打扫人等的工费。将此有馀以补不足,未为不可。"

宝钗正在地上看壁上的字画,听如此说,便点头笑道:

"善哉! 三年之内,无饥馑矣。"

李纨道:

"好主意! 果然这么行,太太必喜欢。省钱事小,园子有人打扫,专司其职,又许他去卖钱,使之以权,动之以利,再无不尽职的了。"

平儿道：

"这件事，须得姑娘说出来。我们奶奶虽有此心，未必好出口。此刻姑娘们在园里住着，不能多弄些玩意儿陪衬，反叫人去监管修理，图省钱，——这话断不好出口。"

宝钗忙走过来，摸着她的脸，笑道：

"你张开嘴，我瞧瞧你的牙齿舌头是什么做的。从早起来到这会子，你说了这些话，一套一个样子，也不奉承三姑娘，也不说你们奶奶才短想不到。三姑娘说一套话出来，你就有一套话回奉。总是三姑娘想得到的，你们奶奶也想到了，只是必有个不可办的原故。这会子又是因姑娘们住的园子，不好因省钱令人去监管。你们想想这话。要果真交给人弄钱去的，那人自然是一枝花也不许掐，一个果子也不许动了。姑娘们分中，自然是不敢讲究，天天和小姑娘们就吵不清。她这远愁近虑，不亢不卑，她们奶奶就不是和咱们好，听她这一番话，也必要自愧的变好了。"

探春笑道：

"我早起一肚子气，听她来了，忽然想起她主子来：素日当家使出来的好撒野的人，我见了她更生气了。谁知她来了，避猫鼠儿似的，站了半日，怪可怜的，接着又说了那些话。不说她主子待我好，倒说'不枉姑娘待我们奶奶素日的情意了'！这一句话，不但没了气，我倒愧了，又伤起心来。我细想，我一个女孩儿家，自己还闹得没人疼，没人顾的，我那里还有好处去待人！"口内说到这里，不免又流下泪来。

李纨等见她说得恳切，又想她素日赵姨娘每生诽谤，在王夫人跟前，亦为赵姨娘所累，也都不免流下泪来，都忙劝她：

"趁今日清净，大家商议两件兴利剔弊的事情，也不枉太太委托一场。又提这没要紧的事做什么？"

平儿忙道：

"我已明白了。姑娘说谁好，竟一派人就完了。"

探春道：

"虽如此说,也须得回你奶奶一声儿。我们这里搜剔小利,已经不当,——皆因你奶奶是个明白人,我才这样行;若是糊涂,多歪多妒的,我也不肯:倒像抓她的乖②的似的。岂可不商议了行吗?"

平儿笑道:

"这么着,我去告诉一声儿。"

说着,去了。半日方回来,笑道:

"我说是白走一趟。这样好事,奶奶岂有不依的!"

探春听了,便和李纨命人将园中所有婆子的名单要来,大家参度,大概定了几个人。又将她们一齐传来,李纨大概告诉给她们。众人听了,无不愿意。也有说:"那片竹子单交给我,一年工夫,明年又是一片。除了家里吃的笋,一年还可交些钱粮。"这一个说:"那一片稻地交给我一年,这些玩的大小雀鸟的粮食,不必动官中钱粮,我还可以交钱粮。"

探春才要说话,人回:

"大夫来了,进园瞧史姑娘去。"

众婆子只得去领大夫。平儿忙说:

"单你们有一百个也不成个体统。难道没有两个管事的头脑儿,带进大夫来?"

回事的那人说:

"有吴大娘和单大娘,她两个在西南角上聚锦门等着呢。"

平儿听说,方罢了。

众婆子去后,探春问宝钗如何。宝钗笑答道:

"'勤于始者怠于终,善其辞者嗜其利。'"

探春听了,点头称赞,便向册上指出几个来与她三人看。平儿忙去取笔砚来。她三人说道:

"这一个老祝妈,是个妥当的,况她老头子和她儿子,代代都是管打扫竹子,如今竟把这所有的竹子交与她。这一个老田妈,本是种庄家的,稻香村一带,凡有菜蔬稻稷之类,虽是玩意儿,不必认真大治大耕,也须得她去再细细按时加些植养,岂不更好?"

探春又笑道：

"可惜蘅芜院和怡红院这两处大地方，竟没有出息之物！"

李纨忙笑道：

"蘅芜院里更利害！如今香料铺并大市大庙卖的各种香料香草儿，都不是这些东西？算起来，比别的利息更大！怡红院别说别的，单只说春夏两季的玫瑰花，共下多少花朵儿？还有一带篱笆上的蔷薇、月季、宝相、金银花、藤花，这几色草花，干了卖到茶叶铺、药铺去，也值好些钱。"

探春笑着点头儿，又道：

"只是弄花草没有在行的人。"

平儿忙笑道：

"跟宝姑娘的莺儿，她妈就是会弄这个的。上回她还采了些晒干了，编成花篮、葫芦，给我玩呢。姑娘倒忘了么？"

宝钗笑道：

"我才赞你，你倒来捉弄我了。"

三人都诧异问道：

"这是为何？"

宝钗道：

"断断使不得。你们这里多少得用的人，一个个闲着没事办，这会子我又弄个人来，叫那起人连我也看小了。我倒替你们想出一个人来。怡红院有个老叶妈，她就是焙茗的娘，那是个诚实老人家。她又合我们莺儿妈极好。不如把这事交与叶妈，她有不知的，不必咱们说给她，就找莺儿的娘去商量了。那怕叶妈全不管，竟交与那一个，这是她们私情儿，有人说闲话，也就怨不到咱们身上。如此一行，你们办的又公道，于事又妥当。"

李纨平儿都道：

"很是。"

探春笑道：

"虽如此，只怕她们见利忘义呢。"

　　平儿笑道:

　　"不相干。前日莺儿还认了叶妈做干娘,请吃饭吃酒,两家和厚的很呢。"

　　探春听了方罢了。又共斟酌出几个人来,俱是她四人素昔冷眼取中的,用笔圈出。

　　一时,婆子们来回:"大夫已去。"将药方送上去。三人看了,一面遣人送出外边去取药,监派调服;一面探春与李纨明示诸人:某人管某处,按四季,除家中定例用多少外,馀者任凭你们采取去取利,年终算帐。探春笑道:

　　"我又想起一件事:若年终算帐,归钱时,自然归到帐房,仍是上头又添一层管主,还在他们手心里,又剥一层皮。这如今我们兴出这件事,派了你们,已是跨过他们的头去了,心里有气,只说不出来,你们年终去归帐,他还不捉弄你们等什么? 再者,这一年间,管什么的,主子有一全分,他们就得半分:这是每常的旧规,人所共知的。如今这园子是我的新创,竟别入他们的手,每年归帐,竟归到里头来才好。"

　　宝钗笑道:

　　"依我说,里头也不用归帐。这个多了,那个少了,倒多了事。不如问她们谁领这一分的,她就揽一宗事去。不过是园里的人动用。我替你们算出来了,有限的几宗事:不过是头油、胭粉、香纸,每一位姑娘几个丫头都是有定例的;再者,各处笤帚、簸箕、掸子并大小禽鸟、鹿、兔吃的粮食。不过这几样,都是她们包了去,不用帐房去领钱。你算算,就省下多少来?"

　　平儿笑道:

　　"这几宗虽小,一年通共算了,也省的下四百多银子。"

　　宝钗笑道:

　　"却又来! 一年四百,二年八百两。打租的房子也能多买几间,薄沙地也可以添几亩了。虽然还有敷馀,但她们既辛苦了一年,也要叫她们剩些贴补。自家虽是兴利节用为纲,然也不可太过。要再省上二三百银子，失了大体统也不像。所以这么一行，外头帐房里一年少出四五百银子，也不觉的很艰啬了；她们里头却也得些小补；这些没营生的妈妈们也宽裕了；园子里花木也可以每年滋长繁盛；就是你们也得了可使之物：这庶几不失大体。若一味要省时，那里搜寻不出几个钱来？凡有些余利的，一概入了官中，那时里外怨声载道，岂不失了你们这样人家的大体？如今这园里几十个老妈妈们，若只给了这个，那剩的也必抱怨不公。我才说的：她们只供给这个几样，也未免太宽裕了。一年竟除这个之外，她每人，不论有余无余，只叫她拿出若干吊钱来，大家凑齐，单散与这些园中的妈妈们。她们虽不料理这些，却日夜也都在园中照料。当差之人，开门闭户，起早睡晚，大雨大雪，姑娘们出入，抬轿子，撑船，拉冰床，一应粗重活计，都是她们的差使。一年在园里辛苦到头，这园内既有出息，也是分内该沾带些的。——还有一句至小的话，越发说破了：你们只顾了自己宽裕，不分与她们些，她们虽不敢明怨，心里却都不服，只用'假公济私'的，多摘你们几个果子，多掐几枝花儿，你们有冤还没处诉呢。她们也沾带些利息，你们有照顾不到的，她们就替你们照顾了。"

众婆子听了这个议论，又不去帐房受辖制，又不与凤姐儿去算帐，一年不过多拿出若干吊钱来，各各欢喜异常，都齐声说：

"愿意！强如出去被他们揉搓着，还得拿出钱来呢！"

那不得管地的听了每年终无故得钱，更都喜欢起来，口内说：

"她们辛苦收拾，是该剩些钱贴补的；我们怎么好稳吃三注呢？"

宝钗笑道：

"妈妈们也别推辞了，这原是分内应当的。你们只要日夜辛苦些，别躲懒，纵放人吃酒赌钱，就是了；不然，我也不该管这事。你们也知道，我姨娘亲口嘱托我三五回，说，大奶奶如今又不得闲，别的姑娘又小，托我照看照看。我若不依，分明是叫姨娘操心。我们太太又多病，家务也忙，我原是个闲人，就是街坊邻舍，也要帮个忙儿，何况是姨娘托我？讲不起众人嫌我。倘或我只顾沽名钓誉的，那时酒醉赌输，再生出事来，我怎么见姨娘？你们那时后悔也迟了，就连你们素昔的老脸也都丢了。这些姑娘们，这么一所大花园子，都是你们照管着，皆因看的你们是三四代的老妈妈，最是循规蹈矩，原该大家齐心顾些体统。你们反纵放别人，任意吃酒赌博。姨娘听见了，教训一场犹可，倘若被那几个管家娘子听见了，她们也不用回姨娘，竟教导你们一场，你们这年老的反受了小的教训。虽是她们是管家，管的着你们，何如自己存些体面，她们如何得来作践呢？所以我如今替你们想出这个额外的进益来，也为的是大家齐心，把这园里周全得谨谨慎慎的，使那些有权执事的看见这般严肃谨慎，且不用她们操心，她们心里岂不敬服？也不枉替她们筹划些进益了。你们去细细想想这话。"

众人都欢喜说：

"姑娘说的很是。从此，姑娘奶奶只管放心。姑娘奶奶这样疼顾我们，我们再要不体上情，天地也不容了！"

刚说着，只见林之孝家的进来，说：

"江南甄府里家眷昨日到京，今日进宫朝贺，此刻先遣人来送礼请安。"说着，便将礼单送上去。探春接了，看道："上用的妆缎蟒缎十二匹。上用杂色缎十二匹。上用各色纱十二匹。上用宫绸十二匹。宫用各色缎纱绸绫二十四匹。"

李纨探春看过，说：

"用上等封儿⑧赏他。"

因又命人去回了贾母。贾母命人叫李纨、探春、宝钗等都过来，将礼物看了。李纨收过一边，吩咐内库上人说：

"等太太回来看了再收。"

贾母因说：

"这甄家又不与别家相同，上等封儿赏男人，只怕转眼又打发女人来请安，预备下尺头。"

一语未了，果然人回：

"甄府四个女人来请安。"

贾母听了,忙命人带进来。那四个人都是四十往上年纪,穿带之物皆比主子不大差别。请安问好毕,贾母便命拿了四个脚踏来。她四人谢了坐,等着宝钗等坐了,方都坐下。贾母便问:

"多早晚进京的?"

四人忙起身回说:

"昨儿进的京。今儿太太带了姑娘进宫请安去了,所以叫女人们来请安,问候姑娘们。"

贾母笑问道:

"这些年没进京,也不想到就来。"

四人也都笑回道:

"正是。今年是奉旨唤进京的。"

贾母问道:

"家眷都来了?"

四人回说:

"老太太和哥儿,两位小姐,并别位太太,都没来,就只太太带了三姑娘来了。"

贾母道:

"有人家没有?"

四人道:

"还没有呢。"

贾母笑道:

"你们大姑娘和二姑娘,这两家,都和我们家甚好。"

四人笑道:

"正是。每年姑娘们有信回来说,全亏府上照看。"

贾母笑道:

"什么'照看'?原是世交,又是老亲,原应当的。你们二姑娘更好,不自尊大,所以我们才走的亲密。"

四人笑道:

"这是老太太过谦的。"

贾母又问:

"你这哥儿,也跟着你们老太太?"

四人回说:

"也跟着老太太呢。"

贾母道:

"几岁了?"又问:"上学不曾?"

四人笑说:

"今年十三岁。因长的齐整,老太太很疼,自幼淘气异常,天天逃学,老爷太太也不便十分管教。"

贾母笑道:

"也不成了我们家的了? 你这哥儿叫什么名字?"

四人道:

"因老太太当作宝贝一样,他又生的白,老太太便叫作宝玉。"

贾母笑向李纨道:

"偏也叫个宝玉。"

李纨等忙欠身笑道:

"从古至今,同时隔代,重名的很多。"

四人也笑道:

"起了这小名儿之后,我们上下都疑惑,不知那位亲友家也倒像曾有一个的,只是这十年来没进京来,却记不真了。"

贾母笑道:

"那就是我的孙子。——人来。"

众媳妇丫头答应了一声,走近几步。贾母笑道:

"园里把咱们的宝玉叫了来,给这四个管家娘子瞧瞧,比他们的宝玉如何。"

众媳妇听了,忙去了,半刻,围了宝玉进来。四人一见,忙起身笑道:

"吓了我们一跳! 要是我们不进府来,倘若别处遇见,还只当我们的宝玉后赶着也进了京呢！"

一面说，一面都上来拉他的手，问长问短。宝玉也笑问个好。

贾母笑道：

"比你们的长的如何？"

李纨等笑道：

"四位妈妈才一说，可知是模样儿相仿了。"

贾母笑道：

"那有这样巧事？大家子孩子们，再养的娇嫩，除了脸上有残疾，十分丑的，大概看去都是一样齐整，这也没有什么怪处。"

四人笑道：

"如今看来，模样是一样，据老太太说，淘气也一样。我们看来，这位哥儿，性情却比我们的好些。"

贾母忙笑问：

"怎么？"

四人笑道：

"方才我们拉哥儿的手说话，便知道了。若是我们那一位，只说我们糊涂。慢说拉手，他的东西，我们略动一动，也不依。所使唤的人，都是女孩子们。"

四人未说完，李纨姐妹等禁不住都失声笑出来，贾母也笑道：

"我们这会子也打发人去见了你们宝玉，若拉他的手，他也自然勉强忍耐着。不知你我这样人家的孩子，凭他有什么刁钻古怪的毛病，见了外人，必是要还出正经礼数来的。若他不还正经礼数，也断不容他刁钻去了。就是大人溺爱的，也因为他一则生的得人意；二则见人礼数，竟比大人行出来的还周到，使人见了可爱可怜，背地里所以才纵他一点子。若一味他只管没里没外，不给大人争光，凭他生的怎样，也是该打死的。"

四人听了，都笑说：

"老太太这话正是。虽然我们宝玉淘气古怪，有时见了客，规矩礼数比大人还有趣，所以无人见了不爱，只说：为什么还打他？

殊不知他在家里无法无天,大人想不到的话偏会说,想不到的事偏
会行,所以老爷太太恨的无法。就是任性,也是小孩子的常情;胡
乱花费,也是公子哥儿的常情;怕上学,也是小孩子的常情;都还治
的过来。第一,天生下来这一种刁钻古怪的脾气如何使得?"

　　一语未了,人回:"太太回来了。"王夫人进来问过安。她四人
请了安,大概说了两句。贾母便命:"歇歇去罢。"王夫人亲奉过茶,
方退出去。四人告辞了贾母,便往王夫人处,说了一会子家务,打
发她们回去。不必细说。

　　这里贾母喜得逢人便告诉:也有一个宝玉,也都一般行景。众
人都想着:天下的世宦大家,同名的这也很多,祖母溺爱孙子也是
常事,不是什么罕事,皆不介意。独宝玉是个迂阔呆公子的心性,
自谓是那四人承悦贾母之词。后至园中去看湘云病去,湘云因说
他:

　　"你放心闹罢。先还'单丝不成线,独树不成林';如今有了个
对子了,闹利害了,再打急了,你好逃到南京找那个去。"

　　宝玉道:

　　"那里的谎话,你也信了? 偏又有个宝玉了?"

　　湘云道:

　　"怎么列国有个蔺相如,汉朝又有个司马相如呢?"

　　宝玉笑道:

　　"这也罢了,偏又模样儿也一样,这也是有的事吗?"

　　湘云道:

　　"怎么匡人看见孔子,只当是阳货呢?

　　宝玉笑道:

　　"孔子阳货虽同貌,却不同名;蔺与司马虽同名,而又不同貌。
偏我和他就两样俱同不成?"

　　湘云没了话答对,因笑道:

　　"你只会胡搅,我也不和你分证。有也罢;没也罢,与我无干。"
说着,便睡下了。

宝玉心中便又疑惑起来："若说必无，也似必有；若说必有，又并无目睹。"心中闷闷，回至房中榻上，默默盘算，不觉昏昏睡去，竟到一座花园之内。宝玉诧异道：

"除了我们大观园，竟又有这一个园子？"

正疑惑间，忽然那边来了几个女孩儿，都是丫鬟。宝玉又诧异道：

"除了鸳鸯、袭人、平儿之外，也竟还有这一干人？"

只见那些丫鬟笑道：

"宝玉怎么跑到这里来？"

宝玉只当是说他，忙来陪笑说道：

"因我偶步到此，不知是那位世交的花园。姐姐们带我逛逛。"

众丫鬟都笑道：

"原来不是咱们家的宝玉！他生的也还干净，嘴儿也倒乖觉。"

宝玉听了，忙道：

"姐姐们这里，也竟还有个宝玉？"

丫鬟们忙道：

"'宝玉'二字，我们家是奉老太太、太太之命，为保佑他延年消灾，我们叫他，他听见喜欢；你是那里远方来的小厮，也乱叫起来！仔细你的臭肉，不打烂了你的！"

又一个丫鬟笑道：

"咱们快走罢，别叫宝玉看见。"又说："同这臭小子说了话，把咱们薰臭了！"

说着，一径去了。

宝玉纳闷道：

"从来没有人如此荼毒我，她们如何竟这样的？莫不真也有我这样一个人不成？"

一面想，一面顺步早到了一所院内。宝玉诧异道：

此回作者安排个甄宝玉不是无的放矢，贾宝玉梦见甄宝玉更是别具匠心，是一百十五回"证同类宝玉失相知"的伏笔。那次真正见面，促使宝玉幻想落空，希望破灭，是暗示宝玉在世界上无一知己，这才是大寂寞、大孤独。黛玉之死，再加上希望的破灭，不出家何待？此回的伏笔，增强了以后宝玉出家的气势。

“除了怡红院，也竟还有这么一个院落？”

忽上了台阶，进了屋内，只见榻上有一个人卧着，那边有几个女儿做针线，或有嬉笑玩耍的。只见榻上那个少年叹了一声，一个丫鬟笑问道：

“宝玉，你不睡又叹什么？想必为你妹妹病了，你又胡愁乱恨呢。”

宝玉听说，心下也便吃惊。只见榻上少年说道：

“我听见老太太说，长安都中也有个宝玉，和我一样的性情，我只不信。我才做了一个梦，竟梦中到了都中一个大花园子里头，遇见几个姐姐，都叫我臭小厮，不理我。好容易找到他房里，偏他睡觉，空有皮囊，真性不知往那里去了！”

宝玉听说，忙说道：

“我因找宝玉来到这里，原来你就是宝玉？”

榻上的忙下来拉住，笑道：

“原来你就是宝玉！这可不是梦里了？”

宝玉道：

“这如何是梦？真而又真的！”

一语未了，只见人来说：

“老爷叫宝玉。”

吓得二人皆慌了。一个宝玉就走，一个便忙叫

“宝玉快回来！宝玉快回来！”

袭人在旁，听他梦中自唤，忙推醒他，笑问道：

“宝玉在那里？”

此时宝玉虽醒，神意尚自恍惚，因向门外指说：

“才去不远。”

袭人笑道：

“那是你梦迷了。你揉眼细瞧，是镜子里照的你的影儿。”

宝玉向前瞧了一瞧，原是那嵌的大镜对面相照，自己也笑了。早有丫鬟捧过漱盂茶湓来漱了口。麝月道：

"怪道老太太常嘱咐说：'小人儿屋里不可多有镜子：人小魂不全，有镜子照多了，睡觉惊恐做胡梦。'如今倒在大镜子那里安了一张床，有时放下镜套还好；往前去，天热困倦，那里想的到放它？比如方才就忘了。自然先躺下照着影儿玩来着，一时合上眼。自然是胡梦颠倒的；不然，如何叫起自己的名字来呢？不如明日挪进床来是正经。"

一语未了，只见王夫人遣人来叫宝玉。

宝玉听王夫人唤他，忙至前边来，原来是王夫人要带他拜甄夫人去。宝玉自是欢喜，忙去换衣服，跟了王夫人到那里。见甄家的形景，自与荣宁不甚差别，或有一二稍盛的。细问，果有一宝玉。甄夫人留席，竟日方回。宝玉不信。因晚间回家来，王夫人又吩咐预备上等的席面，定名班大戏，请过甄夫人母女。后二日，她母女便不作辞，回任去了。无话。

① 姬子书——系作者杜撰，下面四句文章也是借书中人探春的口气瞎编的。本书下文明说是取笑之谈。
② 抓他的乖——抢先做别人要做的事情叫作抓乖。
③ 封儿——赏封。对奴仆们开发赏钱，把它装在红纸封套里，叫作赏封。

第五十七回

慧紫鹃情辞试莽玉
慈姨妈爱语慰痴颦

这日，宝玉因见湘云渐愈，然后去看黛玉。正值黛玉才歇午觉，宝玉不敢惊动，因紫鹃正在回廊上手里做针线，便上来问她：

"昨日夜里咳嗽的可好些？"

紫鹃道：

"好些了。"

宝玉笑道：

"阿弥陀佛！宁可好了罢！"

紫鹃笑道：

"你也念起佛来，真是新闻！"

宝玉笑道：

"所谓'病急乱投医'了。"

一面说，一面见她穿着弹墨绫薄绵袄，外面只穿着青缎夹背心，宝玉便伸手向她身上抹了一抹，说道：

"穿这样单薄，还在风口里坐着，时气又不好，你再病了，越发难了。"

紫鹃便说道：

"从此咱们只可说话，别动手动脚的。一年大，二年小的，叫人看着不尊重，打紧的那起混帐行子①们背地里说你。你总不留心，还自管和小时一般行为，如何使得？姑娘常吩咐我们，不叫和你说笑。你近来瞧她，远着你还恐远不及呢！"

说着，便起身携了针线，进别的房里去了。

> 有很多回作者没有写宝玉黛玉的恋情，此回一开头写紫鹃，便予人一非比寻常的感觉。自四十五回后是宝钗的胜利，但这一回作者却将宝玉黛玉的真情完全公开了，发挥了欲扬先抑的效果。

　　宝玉见了这般景况，心中像浇了一盆冷水一般，只瞅着竹子发了一回呆。因祝妈正在那里刨土种竹，扫竹叶子，顿觉一时魂魄失守，随便坐在一块山石上出神，不觉滴下泪来。直呆了一顿饭的工夫，千思万想，总不知如何是可。偶值雪雁从王夫人屋里取了人参来，从此经过，忽扭头看见桃花树下石上一人，手托着腮颊，正出神呢。不是别人，却是宝玉。雪雁疑惑道：

　　"怪冷的，他一个人在这里做什么？春天凡有残疾的人肯犯病，敢是他也犯呆病了？……"

　　一边想，一边就走过来，蹲着笑道：

　　"你在这里做什么呢？"

　　宝玉忽见了雪雁，便说道：

　　"你又做什么来找我？你难道不是女儿？她既防嫌，不许你们理我，你又来寻我，倘被人看见，岂不又生口舌？你快家去罢。"

> 雪雁此时出现，安排亦巧。

　　雪雁听了，只当是他又受了黛玉的委屈，只得回至屋里。黛玉未醒，将人参交给紫鹃。紫鹃因问她：

　　"太太做什么呢？"

　　雪雁道：

　　"也睡中觉呢，所以等了这半天。姐姐，你听笑话儿：我因等太太的工夫，和玉钏儿姐姐坐在下屋里说话儿，谁知赵姨奶奶招手儿叫我。我只当有什么话说，原来她和太太告了假，出去给他兄弟伴宿坐夜，明儿送殡去，跟她的小丫头子小吉祥儿没衣裳，要借我的月白绫子袄儿。我想：她们一般也有两件子的，往这地方去，恐怕弄坏了，自己的舍不得穿，故此借别人的穿。借我的，弄坏了也是小事，只是我想她素日有什么好处到咱们跟前？所以我说：我的衣裳簪环，都是姑娘叫紫鹃姐姐收着呢。如今先得去告诉她，还得回姑娘，费多少事，别误了你老人家出门，不如再转借罢。"

　　紫鹃笑道：

　　"你这个小东西儿倒也巧：你不借给她。你往我和姑娘身上推，叫人怨不着你。她这会子就去呀？还是等明日一早才去呢？"

雪雁道：

"这会子就去，只怕此时已去了。"

紫鹃点头。雪雁道：

"只怕姑娘还没醒呢，是谁给了宝玉气受？坐在那里哭呢。"

紫鹃听了，忙问：

"在那里？"

雪雁道：

"在沁芳亭后头桃花底下呢。"

紫鹃听了，忙放下针线，又嘱咐雪雁：

"好生听叫。要问我，答应我就来。"

说着，便出了潇湘馆，一径来寻宝玉。走至宝玉跟前，含笑说道：

"我不过说了那么句话，为的是大家好。你就一气跑了这风地里来哭，弄出病来还了得！"

宝玉忙笑道：

"谁赌气了？我因为听你说的有理，我想你们既这样说，自然别人也是这样的，将来渐渐的都不理我了——我所以想到这里，自己伤起心来了。"

紫鹃也便挨他坐着。宝玉笑道：

"方才对面说话，你还走开，这会子怎么又来挨着我坐？"

紫鹃道：

"你都忘了？几日前头，你们姐儿两个正说话，赵姨娘一头走进来，——我才听见她不在家，所以我来问你——正是，前日你和她才说了一句'燕窝'就不说了，总没提起，我正想着问你。"

宝玉道：

"也没什么要紧。不过我想着宝姐姐也是客中，既吃燕窝，又不可间断，若只管和她要，也太托实^②。虽不便和太太要，我已经在老太太跟前略露了个风声，只怕老太太和凤姐姐说了。我告诉她的,竟没告诉完。如今我听见一日给你们一两燕窝,这也就完了。"

紫鹃道:

"原来是你说了,这又多谢你费心。我们正疑惑老太太怎么忽然想起来,叫人每一日送一两燕窝来呢? 这就是了。"

宝玉笑道:

"这要天天吃惯了,吃上三二年就好了。"

紫鹃道:"在这里吃惯了,明年家去,那里有这闲钱吃这个?"

宝玉听了,吃了一惊,忙问:

"谁家去?"

紫鹃道:

"妹妹回苏州去。"

宝玉笑道:

"你又说白话。苏州虽是原籍,因没了姑母,无人照看,才接了来的。明年回去找谁,可见撒谎了。"

紫鹃冷笑道:

作者此处再提起燕窝真好记性,宝玉说"也太托实"更有深意。他比黛玉了解宝钗。宝钗送燕窝实是"藏奸"。作者至此吐露消息,真好耐性。紫鹃激将,是欲擒故纵的好手法,因此一激又出现高潮。

"你太看小了人! 你们贾家独是大族,人口多的? 除了你家,别人只得一父一母,房族中真个再无人了不成? 我们姑娘来时,原是老太太心疼她年小,虽有叔伯,不如亲父母,故此接来住几年。大了该出阁时,自然要送还林家的。终不成林家女儿在你贾家一世不成? 林家虽贫到没饭吃,也是世代书香人家,断不肯将他家的人丢给亲戚,落的耻笑。所以早则明年春,迟则秋天,这里纵不送去,林家亦必有人来接的了。前日夜里姑娘和我说了:叫我告诉你,将从前小时玩的东西,有她送你的,叫你都打点出来还她;她也将你送她的打点在那里呢。"

宝玉听了,便如头顶上响了一个焦雷一般。紫鹃看他怎么回答,等了半天,见他只不作声。才要再问,只见晴雯找来,说:

“老太太叫你呢。谁知在这里。”

紫鹃笑道：

“他这里问姑娘的病症，我告诉了他半天，他只不信，你倒拉他去罢。”

说着，自己便走回房去了。

晴雯见他呆呆的，一头热汗，满脸紫胀，忙拉他的手，一直到怡红院中。袭人见了这般，慌起来了，只说时气所感，热身被风扑了。无奈宝玉发热事犹小可，更觉两个眼珠儿直直的起来，口角边津液流出，皆不知觉。给他个枕头，他便睡下；扶他起来，他便坐着；倒了茶来，他便吃茶。众人见了这样，一时忙乱起来，又不敢造次去回贾母，先要差人去请李嬷嬷来。

一时，李嬷嬷来了。看了半天，问他几句话，也无回答；用手向他脉上摸了摸，嘴唇人中上着力掐了两下，掐得指印如许来深，竟也不觉疼。李嬷嬷只说了一声：“可了不得了！”“呀”的一声，便搂头放声大哭起来。急得袭人忙拉她说：

“你老人家瞧瞧可怕不可怕，且告诉我们去回老太太、太太去。你老人家怎么先哭起来？”

李嬷嬷捶床捣枕说：

“这可不中用了！我白操了一世的心了！”

袭人因她年老多知，所以请她来看。如今见她这般一说，都信以为实，也哭起来了。晴雯便告诉袭人方才如此这般。袭人听了，便忙到潇湘馆来，见紫鹃正伏侍黛玉吃药，也顾不得什么，便走上来问紫鹃道：

“你才和我们宝玉说了些什么话？你瞧瞧他去！你回老太太去，我也不管了！”

说着，便坐在椅上。

黛玉忽见袭人满面急怒，又有泪痕，举止大变，更不免也着了忙，因问：

> 作者先用紫鹃逼出宝玉真情，随后又用袭人逼出黛玉真情，手法巧妙，效果奇佳，作者将这一对恋人和这一对丫头写得活龙活现。

"怎么了?"

袭人定了一回,哭道:

"不知'紫鹃姑奶奶'说了些什么话,那个呆子眼也直了,手脚也冷了,话也不说了! 李妈妈掐着也不疼,已死了大半个了! 连妈妈都说不中用了,那里放声大哭,只怕这会子都死了!"

黛玉听此言,李嬷嬷乃久经老妪,说不中用了,可知必不中用,哇的一声,将所服之药,一口呕出,抖肠搜肺,炙胃煽肝的,哑声大嗽了几阵。一时面红发乱,目肿筋浮,喘的抬不起头来。紫鹃忙上来捶背。黛玉伏枕喘息了半晌。推紫鹃道:

"你不用捶,你竟拿绳子来勒死我是正经!"

紫鹃说道:

"我并没说什么! 不过是说了几句玩话,他就认真了。"

袭人道:

"你还不知道他那傻子,每每玩话认了真?"

黛玉道:

"你说了什么话,趁早儿去解说,他只怕就醒过来了。"

紫鹃听说,忙下床,同袭人到怡红院。谁知贾母王夫人等已都在那里了。贾母一见了紫鹃,便眼内出火,骂道:

"你这小蹄子和他说了什么?"

紫鹃忙道:

"并没敢说什么,不过说几句玩话。"

谁知宝玉见了紫鹃,方"嗳呀"了一声,哭出来了。众人一见,都放下心来。贾母便拉住紫鹃,——只当她得罪了宝玉,所以拉紫鹃——命她赔罪。谁知宝玉一把拉住紫鹃,死也不放,说:

"要去连我带了去!"

众人不解,细问起来,方知紫鹃说要回苏州去一句玩话,引出来的。贾母流泪道:

"我当有什么要紧大事,原来是这句玩话!"又向紫鹃道:"你这孩子,素日是个伶俐聪敏的,你又知道他有个呆根子,平白的哄他做什么?”

薛姨妈劝道:

“宝玉本来心实,可巧林姑娘心思也深,他们两人厮混惯了。比别的姊妹更不同。这会子热剌剌的说一个去,别说他是个实心的傻孩子,便是冷心肠的大人,也要伤心。这并不是什么大病,老太太和姨太太只管万安,吃一两剂药就好了。”

正说着,人回:

“林之孝家的赖大家的都来瞧哥儿来了。”

贾母道:

“难为他们想着,叫他们来瞧瞧。”

宝玉听了一个“林”字,便满床闹起来说:

“了不得了! 林家的人接她们来了,快打出去罢!”

贾母听了,也忙说:

“打出去罢!”

又忙安慰说:“那不是林家的人,林家的人都死绝了。再没有人来接她。你只管放心罢!”

宝玉道:

“凭她是谁! 除了林妹妹,都不许姓林!”

贾母道:

“没姓林的来。凡姓林的都打出去了。”

一面吩咐众人:“以后别叫林之孝家的进园来,你们也别说‘林’字儿。——孩子们,你们听了我这句话罢?”

众人忙答应,又不敢笑。

一时,宝玉又一眼看见了十锦槅子上陈设的一只金西洋自行船,便指着乱说:

“那不是接她们来的船来了? 湾在那里呢!”

贾母忙命拿下来。袭人忙拿下来。宝玉伸手要,袭人递过去。宝玉便掖在被中,笑道:“这可去不成了!”一面说,一面死拉着紫鹃不放。

> 此处写宝玉心理十分生动,宝玉爱黛玉之深,于此可见。

一时，人回："大夫来了。"贾母忙命快进来。王夫人、薛姨妈、宝钗等暂避入里间。贾母便端坐在宝玉身旁。王太医进来，见许多的人，忙上去请了贾母的安，拿了宝玉的手，诊了一回。那紫鹃少不得低了头。王太医也不解何意，起身说道：

"世兄这症，乃是急痛迷心。古人曾云：'痰迷有别：有气血亏柔饮食不能熔化痰迷者，有怒恼中痰急而迷者，有急痛壅塞者。'此亦痰迷之症，系急痛所致，不过一时壅蔽，较别的似轻些。"

贾母道：

"只说怕不怕，谁和你背药书呢？"

王太医忙躬身笑道：

"不妨，不妨。"

贾母道：

"果真不妨？"

王太医道：

"实在不妨。都在晚生身上。"

贾母道：

"既这么着，请外头坐，开了方儿。吃好了呢，我另外预备谢礼，叫他亲自捧了，送去磕头；要耽误了，我打发人去拆了太医院的大堂！"

王太医只管躬身陪笑，说："不敢，不敢。"他原听说另具上等谢礼命宝玉去磕头，故满口说"不敢"，竟未听见贾母后来说拆太医院之戏语，犹说"不敢"。贾母与众人反倒笑了。

一时，按方煎药。药来服下，果觉比先安静。无奈宝玉只不肯放紫鹃，只说：

"她去了就是要回苏州去了！"

贾母王夫人无法，只得命紫鹃守着他，另将琥珀去伏侍黛玉。黛玉不时遣雪雁来探消息。这晚间宝玉稍安，贾母王夫人等方回去，一夜还遣人来问几次信。李奶妈带宋妈等几个年老人用心看守，紫鹃、袭人、晴雯等日夜相伴；有时宝玉睡去，必从梦中惊醒，不是哭了说黛玉已去，便是说有人来接。每一惊时，必得紫鹃安慰一番方罢。

彼时贾母又命将祛邪守灵丹及开窍通神散——各样上方秘制诸药——按方饮服，次日又服了王太医药，渐次好了起来。宝玉心下明白，因恐紫鹃回去，倒故意作出佯狂之态。紫鹃自那日也着急后悔，如今日夜辛苦，并没有怨意。袭人心安神定，因向紫鹃笑道：

"都是你闹的，还得你来治，——也没见我们这位呆爷，听见风儿就是雨，往后怎么好！"

且说此时湘云之症已愈，天天过来瞧看，见宝玉明白了，便将他病中狂态形容给他瞧，引的宝玉自己伏枕而笑。原来他起先那样，竟是不知的；如今听人说，还不信。无人时，紫鹃在侧，宝玉又拉她的手，问道：

"你为什么吓我？"

紫鹃道：

"不过是哄你玩罢咧，你就认起真来。"

宝玉道：

"你说的那样有情有理，如何是玩话呢？"

紫鹃笑道：

"那些话，都是我编的。林家真没了人了；纵有，也是极远的族中，也都不在苏州住，各省流寓不定。纵有人来接，老太太也必不叫她去。"

宝玉道：

"便老太太放去，我也不依！"

紫鹃笑道：

"果真的不依？只怕是嘴里的话。你如今也大了，连亲也定下了，过二三年再娶了亲，你眼睛里还有谁了？"

宝玉听了，又惊问：

"谁定了亲？定了谁？"

紫鹃笑道：

747

"年里我就听见老太太说要定了琴姑娘；不然，那么疼她？"

宝玉笑道：

"人人只说我傻，你比我更傻！不过是句玩话。她已经许给梅翰林家了。果然定下了她，我还是这个形景了？先是我发誓赌咒，砸这劳什子，你都没劝过吗？我病的刚刚的这几日才好了，你又来怄我！"一面说，一面咬牙切齿的，又说道："我只愿这会子立刻我死了，把心迸出来，你们瞧见了，然后连皮带骨，一概都化成一股灰，再化成一股烟，一阵大风，吹的四面八方都登时散了，这才好！"

一面说，一面又滚下泪来。紫鹃忙上来捂他的嘴，替他擦眼泪，又忙笑解释道：

"你不用着急，这原是我心里着急，才来试你。"

宝玉听了，更又诧异，问道：

"你又着什么急？"

紫鹃笑道：

此回作者弄的人仰马翻，只为逼出宝玉说出这几句话。气势之强，无以复加。

"你知道我并不是林家的人，我也和袭人鸳鸯一伙的。偏把我给了林姑娘使，偏偏她又和我极好，——比她苏州带来的还好十倍——一时一刻，我们两个离不开。我如今心里却愁她倘或要去了，我必要跟了她去的。我是合家在这里，我若不去，辜负了我们素日的情长；若去，又弃了本家。所以我疑惑，故说出这谎话来问你。谁知你就傻闹起来！"

宝玉笑道：

"原来是你愁这个。所以你是傻子！从此后再别愁了！我告诉你一句打趸儿®的话：活着，咱们一处活着；不活着，咱们一处化灰，化烟，如何？"

紫鹃听了，心下暗暗筹画。忽有人来回：

"环爷兰哥儿问候。"

宝玉道：

"就说难为他们，我才睡了，不必进来。"

婆子答应去了。紫鹃笑道：

"你也好了，该放我回去瞧瞧我们那一个去了。"

宝玉道：

"正是这话。我昨夜就要叫你去，偏又忘了。我已经大好了，你就去罢。"

紫鹃听说，方才叠铺盖妆奁之类。宝玉笑道：

"我看见你文具儿里头有两三面镜子，你把那面小菱花的给我留下罢。我搁在枕头旁边，睡着好照，明日出门带着也轻巧。"

紫鹃听说，只得与他留下。先命人将东西送过去，然后别了众人，自回潇湘馆来。

黛玉近日闻得宝玉如此形景，未免又添些病症，多哭几场。今紫鹃来了，问其原故，已知大愈，仍遣琥珀去伏侍贾母。夜间人静后，紫鹃已宽衣卧下之时，悄向黛玉笑道：

"宝玉的心倒实：听见咱们去，就这么病起来。"

黛玉不答。紫鹃停了半晌，自言自语的说道："一动不如一静。我们这里就算好人家，别的都容易，最难得的是脾气、性情，都彼此知道的了。"

黛玉啐道：

"你这几天还不乏，趁这会子不歇一歇，还嚼什么蛆？"

紫鹃笑道：

"倒不是白嚼蛆，我倒是一片真心为姑娘。替你愁了这几年了：又没个父母兄弟，谁是知疼着热的？趁早儿，老太太还明白硬朗的时节，作定了大事要紧。俗语说，'老健春寒秋后热'，倘或老太太一时有个好歹，那时虽也完事，只怕耽误了时光，还不得趁心如意呢。公子王孙虽多，那一个不是三房五妾，今儿朝东，明儿朝西？娶一个天仙来，也不过三夜五夜，也就撂在脖子后头了。甚至

749

于怜新弃旧，反目成仇的，多着呢。娘家有人有势的，还好；要像姑娘这样的，有老太太一日好些，一日没了老太太，也只是凭人去欺负罢了。——所以说，拿主意要紧。姑娘是个明白人，没听见俗语说的'万两黄金容易得，知心一个也难求。'"

黛玉听了，便说道："这丫头今日可疯了！怎么去了几日，忽然变了一个人？我明日必回老太太，退回你去，我不敢要你了。"

紫鹃笑道：

> 黛玉表面矜持，内心却痛苦无比，作者写她的心理矛盾，丝丝入扣。

"我说的是好话，不过叫你心里留神，并没叫你去为非作歹。何苦回老太太？叫我吃了亏，又有什么好处？"说着，竟自己睡了。

黛玉听了这话，口内虽如此说，内心未尝不伤感。待她睡了，便直哭了一夜，至天明，方打了一个盹儿。次日，勉强盥漱了，吃了些燕窝粥。便有贾母等亲来看视了，又嘱咐了许多话。

且说，薛姨妈因看见邢岫烟生得端雅稳重，且家道贫寒是个钗荆裙布的女儿，便欲说给薛蟠为妻。因薛蟠素昔行止浮奢，又恐糟踏了人家女儿。正在踌躇之际，忽想起薛蝌未娶，看他二人恰是一对天生地设的夫妻，因谋之于凤姐儿。

凤姐儿笑道：

"姑妈素知我们太太有些左性的，这事等我慢谋。"

因贾母去瞧凤姐儿时，凤姐儿便和贾母说：

"姑妈有一件事要求老祖宗，只是不好启齿。"

贾母忙问何事，凤姐儿便将求亲一事说了。贾母笑道：

"这有什么不好启齿的？这是极好的好事。等我和你婆婆说，没有不依的。"

因回房来，即刻就命人去叫邢夫人过来，硬作保山。邢夫人想了一想，薛家根基不错，且现今大富，薛蝌生得又好，且贾母又作保山，将计就计，便应了。

贾母十分喜欢，忙命人请了薛姨妈来。二人见了，自然有许多谦词。邢夫人即刻命人去告诉邢忠夫妇。他夫妇原是来此投靠邢夫人的，如何不依？早极口的说："妙极！"贾母笑道：

"我最爱管闲事，今日又管成了一件事，不知得多少谢媒钱？"

薛姨妈笑道：

"这是自然的。纵抬了整万银子来，只怕不稀罕。但只一件：老太太既是作媒，还得一位主亲才好。"

贾母笑道：

"别的没有，我们家折腿烂手的人还有两个。"

说着，便命人去叫过尤氏婆媳二人来。贾母告诉她原故，彼此忙都道喜。贾母吩咐道：

"咱们家的规矩，你是尽知的，从没有两亲家争礼争面的。如今你算替我在当中料理，不可太省，也不可太费，把他两家的事周全了回我。"

尤氏忙答应了。薛姨妈喜之不尽，回家命写了请帖，补送过宁府。尤氏深知邢夫人情性，本不欲管，无奈贾母亲自嘱咐，只得应了。惟忖度邢夫人之意行事。薛姨妈是个无可无不可的人，倒还易说。这且不在话下。

如今薛姨妈既定了邢岫烟为媳，合宅皆知。邢夫人本欲接出岫烟去住，贾母因说：

"这又何妨？两个孩子，又不能见面。就是姨太太和她一个大姑子，一个小姑，又何妨？况且都是女孩儿，正好亲近些呢。"邢夫人方罢。

那薛蝌岫烟二人，前次途中，曾有一面之遇，大约二人心中皆如意。只是那岫烟未免比先时拘泥了些，不好和宝钗姐妹共处闲谈；又兼湘云是个爱取笑的，更觉不好意思。幸她是个知书达礼的，虽是女儿，还不是那种佯羞诈愧，一味轻薄造作之辈。

宝钗自那日见她起，想她家业贫寒；二则别人的父母都是年高有德的人，独她的父母偏是酒糟透了的人，于女儿分上平常；邢夫人也不过是脸面之情，亦非真心疼爱；且岫烟为人雅重，——迎春是个老实人,连她自己尚未照管齐全,如何能管到她身上——凡闺阁中家常一应需用之物,或有亏乏,无人照管,她又不向人张口:宝钗倒暗中每相体贴接济,也不敢叫邢夫人知道,也恐怕是多心闲话之故。如今却是众人意料之外奇缘,作成这门亲事。岫烟心中先取中宝钗,有时仍与宝钗闲话,宝钗仍以"姊妹"相呼。

这日,宝钗因来瞧黛玉,恰值岫烟也来瞧黛玉,二人在半路相遇。宝钗含笑唤她到跟前,二人同走至一块石壁后,宝钗笑问她:

"这天还冷的很,你怎么倒全换了夹的了?"

岫烟见问,低头不答。宝钗知道又有了原故,因又笑问道:

"必定是这个月的月钱又没得?凤姐姐如今也这样没心没计了。"

岫烟道:

"她倒想着不错日子给的。因姑妈打发人和我说道:一个月用不了二两银子,叫我省一两给爹妈送出去;要使什么,横竖有二姐姐的东西,能着些搭着就是了。姐姐想,二姐姐是个老实人,也不大留心。我使她的东西,她虽不说什么,她那些丫头妈妈,那一个是省事的?那一个是嘴里不尖的?我虽在那屋里,却不敢很使唤她们。过了三天五天,我倒拿些钱出来,给她们打酒买点心吃才好。因此,一月二两银子还不够使。如今又去了一两,前日我悄悄的把绵衣服叫人当了几吊钱盘缠。"

宝钗听了,愁叹道:

"偏梅家又合家在任上,后年才进来。若是在这里,琴儿过去了,好再商议你的事,离了这里就完了。如今不完了他妹妹的事,也断不敢先娶亲的。如今倒是一件难事。再迟两年,我又怕你熬煎出病来。等我和妈妈再商议。"

宝钗又指她裙上一个碧玉珮,问道:

"这是谁给你的?"

岫烟道:

"这是三姐姐给的。"

宝钗点头道：

"她见人人皆有，独你一个没有，怕人笑话，故此送一个，这是她聪明细致之处。"

岫烟又问：

"姐姐此时那里去？"

宝钗道：

"我到潇湘馆去。你且回去把那当票子叫丫头送来，我那里悄悄的取出来，晚上再悄悄的送给你去，早晚好穿；不然，风闪着还了得！——但不知当在那里了？"

岫烟道：

"叫做什么恒舒，是鼓楼西大街的。"

宝钗笑道：

"这闹在一家去了！ 伙计们倘或知道了，好说人没过来，衣裳先来了。"

岫烟听说，便知是他家的本钱，也不答言，红了脸，一笑走开。

宝钗也就往潇湘馆来，恰正值她母亲也来瞧黛玉，正说闲话呢。宝钗笑道：

"妈妈多早晚来的？ 我竟不知道。"

薛姨妈道：

"我这几日忙，总没来瞧瞧宝玉和她，所以今日瞧他两个。 都也好了。"

黛玉忙让宝钗坐下，因向宝钗道：

"天下的事，真是想不到的 拿着姨妈和大舅母说起，怎么又作一门亲家？"

薛姨妈道：

"我的儿，你们女孩儿家那里知道？ 自古道：'千里姻缘一线牵。'管姻缘的有一位月下老儿，预先注定，暗里只用一根红线，把这两个人的脚绊住，凭你两家那怕是隔着海呢，若有姻缘的，终久有机会作成了夫妇。 这一件事，都是出人意料之外。 凭父母本人都愿意了,或是年年在一处,以为是定了的亲事,若是月下老人不用红线拴的,再不能到一处。比如你姐妹两个的婚姻,此刻也不知在眼前,也不知在山南海北呢!"

宝钗道:

"惟有妈妈说话动拉上我们!"

一面说,一面伏在母亲怀里笑说:"咱们走罢。"

黛玉笑道:

"你瞧瞧!这么大了,离了姨妈,她就是个最老道的;见了姨妈,她就撒娇儿。"

薛姨妈将手摩弄着宝钗,向黛玉叹道:

"你这姐姐,就和凤哥儿在老太太跟前一样。着了正经事,就有话和她商量;没有了事,幸亏她开我的心。我见了她这样,有多少愁不散的!"

黛玉听说,流泪叹道:

"她偏在这里这样,分明是气我没娘的人,故意来形容我!"

宝钗笑道:

"妈妈,你瞧她这轻狂样儿,倒说我撒娇儿!"

薛姨妈道:

"也怨不得她伤心,可怜没父母,到底没个亲人。"又摩挲着黛玉,笑道:"好孩子,别哭。你见我疼你姐姐你伤心,不知我心里更疼你呢!你姐姐虽没父亲,到底有我,有亲哥哥,这就比你强了。我常和你姐姐说,心里很疼你,只是外头不好带出来。他们这里人多嘴杂,说好话的人少,说歹话的人多。不说你无依靠,为人做人配人疼;只说我们看着老太太疼你,我们也泦上水①去了。"

黛玉笑道:

"姨妈既这么说,我明日就认姨妈做娘。姨妈若是弃嫌,就是假意疼我。"

薛姨妈道:

"你不厌我认了。"

宝钗忙道:

"认不得的。"

黛玉道:

"怎么认不得?"

宝钗笑道:

"我且问你: 我哥哥还没定亲事, 为什么反将邢妹妹先说给我兄弟了? 是什么道理?"

黛玉道:

"他不在家, 或是属相生日不对, 所以先说与兄弟了。"

宝钗笑道:

"不是这样。我哥哥已经相准了, 只等来家才放定, 也不必提出人来。我说你认不得娘的, 细想去。"

说着, 便和她母亲挤眼儿发笑。

黛玉听了, 便一头伏在薛姨妈身上, 说道:

"姨妈不打她, 我不依!"

薛姨妈搂着她笑道:

"你别信你姐姐的话, 她是和你玩呢。"

宝钗笑道:

"真个妈妈明日和老太太求了, 聘作媳妇, 岂不比外头寻的好?"

黛玉便拢上来要抓她, 口内笑道:

"你越发疯了!"

薛姨妈忙笑劝, 用手分开方罢。又向宝钗道:

四十五回作者写宝钗送燕窝笼络黛玉, 黛玉不察, 反而感激宝钗。此回又写薛姨妈假惺惺、黛玉便欲认她作娘, 她们母女两人一拉一唱, 捉弄黛玉有伤忠厚, 作者又用紫鹃一逼, 逼出薛姨妈的狐狸尾巴。曹雪芹写得十分含蓄, 不仔细推寻, 看不出宝钗母女藏奸。作者一触及宝玉、黛玉、宝钗的三角关系, 便有神来之笔。

"连邢姑娘我还怕你哥哥糟蹋了她, 所以给你兄弟, 别说这孩子。我也断不肯给他。前日老太太要把你妹妹说给宝玉, 偏生又有了人家; 不然, 倒是门子好亲事。前日我说定邢姑娘, 老太太还取笑说: '我原要说她的人, 谁知她的人没到手, 倒被她说了我们一个去了!' 虽是玩话, 细想来, 倒也有些意思。我想宝琴虽有了人家,我虽无人可给,难道一句话也没说?我想你宝兄弟,老太太那样疼他,他又生得那样,若要外头说去,老太太断不中意,不如把你林妹妹定给他,岂不四角俱全?"

黛玉还怔怔的听,后来见说到自己身上,便啐了宝钗一口,红了脸,拉着宝钗,笑道:

"我只打你!为什么招出姨妈这些老没正经的话来?"

宝钗笑道:

"这可奇了!妈妈说你,为什么打我?"

紫鹃忙跑来笑道:

"姨太太既有这主意,为什么不和老太太说去?"

薛姨妈笑道:

"这孩子急什么?想必催着姑娘出了阁,你也要早些寻一个小女婿子去了。"

紫鹃飞红了脸,笑道:

"姨太太真个倚老卖老的!"

说着,便转身去了。黛玉先骂:

"又与你这蹄子什么相干!"后来见了这样,也笑道:"阿弥陀佛!该,该,该!也臊了一鼻子灰去了。"

薛姨妈母女及婆子丫鬟都笑起来。

一语未了,忽见湘云走来,手里拿着一张当票,口内笑道:

"这是什么帐篇子?"

黛玉瞧了,不认得。地下婆子都笑道:

"这可是一件好东西!这个乖不是白教的!"

宝钗忙一把接了看时,正是岫烟才说的当票子,忙着摺起来。薛姨妈忙说:

"那必是那个妈妈的当票子失落了。回来急的她们找,那里得的?"

湘云道:

"什么是当票子?"

众婆子笑道:

"真真是位呆姑娘! 连当票子也不知道。"

薛姨妈叹道:

"怨不得。她真真是侯门千金,而且又小,那里知道这个? 那里去看这个? 就是家下人有这个,她如何得见? 别笑她是呆子,若给你们家的姑娘看了,也都成了呆子呢。"

> 作者用湘云黛玉的话讥笑开当铺的,是诛心之笔。

众婆子笑道:

"林姑娘才也不认得。别说姑娘们,就如宝玉倒是外头常走出去的,只怕也还没见过呢。"

薛姨妈忙将原故讲明。湘云黛玉二人听了,方笑道:

"这人也太会想钱了。姨妈家当铺也有这个么?"

众人笑道:

"这更奇了。'天下老鸹一般黑',岂有两样的?"

薛姨妈因又问:

"是那里拾的?"

湘云方欲说时,宝钗忙说:

"是一张死了没用的,不知是那年勾了帐的。香菱拿着哄她们玩的。"

薛姨妈听了此话是真,也就不问了。

一时,人来回:"那府里大奶奶过来请姨太太说话呢。"薛姨妈起身去了。这里屋内无人时,宝钗方问湘云何处拾的。湘云笑道:

"我见你令弟媳的丫头篆儿悄悄的递给莺儿,莺儿便随手夹在书里,只当我没看见。我等他们出去了,我偷着看,竟不认得,知道你们都在这里,所以拿来大家认认。"

黛玉忙问:

"怎么她也当衣裳不成? 既当了,怎么又给你?"

宝钗见问,不好隐瞒她两个,便将方才之事,都告诉她二人。黛玉听了,"兔死狐悲,物伤其类",不免也要感叹起来了。湘云听

757

了,却动了气,说道:

"等我问着二姐姐去! 我骂那起老婆子丫头一顿,给你们出气,何如?"

说着,便要走出去。宝钗忙一把拉住,笑道:

"你又发疯了,还不给我坐下呢!"

黛玉笑道:

"你要是个男人,出去打一个抱不平儿;你又充什么荆轲聂政? 真真好笑!"

湘云道:

"既不叫问她去,明日索性把她接到咱们院里一处住去,岂不是好?"

宝钗笑道:

"明日再商量。"

说着,人报:

"三姑娘四姑娘来了。"

三人听说,忙掩了口,不提此事。

---

① 混帐行子——混帐,指糊涂和不讲理的坏人。行子,犹如说东西,用以指人,是贱称。
② 托实——过于不自外、太不客气的意思。
③ 打趸儿——对事物而言,是整的,非零碎的。对言语而言,是总结性的,"打趸儿的话",犹如现在说"总而言之"。
④ 泝上水——泝,游水。泝上水是说专往上游泝水,就是巴结有势力的人,走上层的意思。